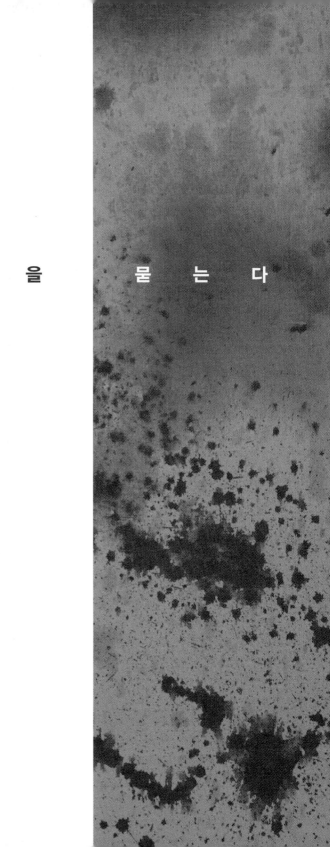

천 안 함 을   묻 는 다

천안함을 묻는다

의문과 쟁점

강태호 엮음

창비
Changbi Publishers

민군합동조사단이 지난 5월 20일 천안함사건에 대한 조사결과를
발표했을 당시만 해도 그건 중간 조사결과였다. 국회 천안함 진상조
사특별위원회의 민주당 최문순 의원의 말처럼 합조단 발표도, 감사
원 발표도 다 중간발표일 뿐이었다. 국회 특위도 진상규명을 진행하
고 있던 중이었다. 세가지 모두 진실을 밝히는 중간단계에 있을 뿐
이었다. 그러나 5월 15일 발견된 어뢰 후미부의 추진체, 프로펠러 등
의 '결정적 증거물'을 통해 어느새 이 모든 것이 최종발표가 되어버
렸다. 실제로 합조단이 그뒤로 새로운 조사결과를 내놓은 건 없었다.
이제 천안함사건은 모두 종결된 것처럼 되고 있다.

　우리는 아직도 46명의 젊은이들의 목숨을 순식간에 앗아간 천안
함의 진실에서 멀리 있다. 무엇보다도 7월 9일 유엔 안보리의 천안함
의장성명이 그걸 보여준다. 의장성명은 이도저도 아닌 정체불명의
문건이 됐다. 유엔은 천안함 침몰이 북한에 의한 공격이라는 합조단
의 조사결과를 인정하지 않았다. "안보리는 천안함 침몰을 초래한 공
격을 규탄한다"면서도 동시에 "이번 사건과 관련이 없다고 하는 북

한의 반응, 그리고 여타 관련 국가들의 반응에 유의한다"고 했다. 천안함을 공격한 주체가 누구인지는 어디에도 없었다. 의장성명의 결론은 누구나 자신의 입장에서 해석하게끔 되어 있다. 이에 신선호 유엔주재 북한대사는 자신들의 '외교적 승리'라고 말했다. 한국정부의 김영선 외교부 대변인은 의장성명을 환영한다고 말했다. 이명박정부는 공격을 규탄한다는 문구가 들어가 있고 우리를 공격할 대상은 북한밖에 없으니 당연히 북한을 지칭하는 성명이라고 해석할지도 모르겠다. 그러나 북한을 규탄하지도 않았고, 북한의 사과나 책임자 처벌도, 재발방지 약속도 없었다. 중국 때문에, 러시아 때문에 어쩔 수 없다고 할 것인가? 우리 정부가 중국과 러시아에 항의할 것이며 끝까지 책임을 물을 것이라는 얘기도 없다. 동해와 서해에서의 한미합동훈련은 안보리에서 드러난 무기력하고 무리한 외교를 감추기 위한 무력시위로 보일 뿐이다.

이명박정부는 내외로부터 '천안함 역풍'을 맞았다. 6·2 지방선거가 천안함 침몰을 내세운 북풍에 대한 국민의 심판이었다면, 안보리 의장성명은 북한을 고립시켜 굴복을 받아내려 했던 이 정부의 천안함 외교가 실패했다는 걸 보여준다.

최문순 의원은 합조단의 조사결과를 '누가, 언제, 어디서, 어떻게, 왜, 무엇을'이라는 기사작성 육하원칙에 빗대 그 어떤 요건도 제대로 갖추지 못했다고 혹평했다(『오마이뉴스』 2010.6.24). '누가'라는 물음에 합조단은 북한 연어급 잠수정이라고 답하는데 이것의 실체는 확인할 수 없는 정보 또는 첩보 수준에 머물러 있다. '언제'와 '어디서'도 계속 오락가락하더니 결국 규명되지 않았다. 한 예로 KNTDS(한국해군전술지휘통제씨스템)상에서 천안함이 사라진 좌표와 해군이 발표한 침몰원점 사이에는 600m라는 차이가 나며 이에 따라 KNTDS

상에서 천안함이 사라진 시간은 국방부가 실제 침몰시각으로 밝힌 9시 22분과 3분이나 차이가 난다. '어떻게'도 쏘나 탐지병이 북 잠수정은 고사하고 어뢰공격마저도 탐지를 못했다고 하니 알 수 없는 일이 되어버렸다. 그러다보니 확인할 수 없는 정보와 가정적인 추론에만 근거해, 모선의 지원을 받은 북 잠수정이 공해를 우회 침투해 사상 최초로 버블제트 어뢰로 공격을 해서 천안함을 침몰시켰다는 가설만이 있을 뿐이다. '왜'는 북한의 적개심, 복수심 때문이라는 것인데, 이 역시 북한 지도부의 지휘체계에 의해 명령이 내려진 것이었음을 드러내는 정보는 전혀 없다. 유일하게 남는 것은 '무엇을' 즉 천안함이라는 침몰의 대상만 있다는 사실뿐이다.

안보리 의장성명이 이 지점에서 한걸음도 더 나아가지 못한 건 어찌 보면 당연하다. 러시아와 중국은 북한이 이번 사건에 어떤 역할을 했는지를 입증하는 확실한 증거를 요구했다. 천안함 조사결과는 그걸 보여주지 못했다. 특히 한국을 방문해 이 사건을 직접 조사했던 러시아 조사단은 실제로 사건이 발생한 시간, 스크루 손상 형태, 어뢰잔해의 부식 정도 등에서 의문을 제기하며 어뢰에 의한 피격이 아니라 기뢰에 의한 수중폭발 가능성을 제시했다(『한겨레』 2010.7.27). 천안함사건의 발목을 잡은 건 중국과 러시아라기보다는 합조단의 부실한 조사결과를 과신한 이명박정부 아닌가?

안보리에 서한을 보내 천안함 조사결과에 의문을 제기한 참여연대를 두고 이 정부가 보여준 대응은 그만큼 옹색한 처지에 있다는 방증이었다. 참여연대만이 아니다. 천안함에 의문을 제기한 많은 이들이 공격을 받았다. 도올 김용옥 교수는 5월 23일 서울 봉은사 일요법회에서 "(천안함) 조사결과 발표를 봤지만 나는 0.0001%도 설득을 당하지 못했다"고 비판했다. 그러자 뉴라이트 등 보수단체는 그를 국가보안법 위반 혐의로 고발(형사1부 배당)했다. 그뿐만이 아니다. 김태영 국방장관은 박선원 전 청와대 통일외교안보전략비서관을 명예훼손 혐의로 고소(공안1부)했으며, 해군은 민주당 추천으로 민군합동조사단에 참여한 신상철 위원을 명예훼손 혐의로 고소(공안1부)했다. 민주노동당 이정희 의원은 면책특권을 보장받는 국회에서의 발언임에도 합참 소속 대령 7명에 의해 명예훼손 혐의로 고소(형사1부)당했다. 천안함과 관련된 인터넷상의 문제제기는 허위사실 유포 사건으로 첨단범죄수사부가 동원돼 수사에 나섰다. 이심전심으로 역할을 나눈 듯 고소·고발 주체도 제각각이고 검찰은 이를 공안사건으로 보고 있다. 이 정부를 비롯한 국내 보수세력은 그들만이 아는 '진실' 앞에 제기되는 상식과 의문을 불온시하며 침묵을 강요하고 있다.

그런 점에서 천안함의 비극은 우리 시대의 본질적이고 핵심적인 문제들에 닿아 있다. 백낙청 6·15공동선언실천남측위원회 명예대표가 밝혔듯이 천안함 침몰의 진실규명은 남북관계 개선과 민주주의 수호라는 두가지 목표를 묶어주는 당면과제가 되고 있다(『프레시안』 2010.6.10). 그 결과는 남북관계는 물론이고 국가안보를 포함해 이명박정부의 운명마저 좌우할 수 있는 사안이 될 수 있다. 천안함에 대해 묻지 않을 수 없고, 그 답을 찾는 일을 멈출 수 없는 이유다.

이명박 대통령은 5월 24일 대국민 담화를 발표하면서 천안함사건을 한반도 정세의 전환점으로 규정했다. 하지만 전환점을 맞이한 것은 한반도 정세가 아니라 오히려 지난 10년의 남북한 화해협력의 흐름을 '잃어버린 10년'으로 규정하고 역주행하던 이명박정부의 대북정책이 아닌가?

이명박정부의 집권 반환점은 물리적으로는 2010년 8월이지만, 정치적으로는 6·2 지방선거였다. 지방선거의 참패 이후 영포회와 선진

국민연대라는 이명박정부의 사조직인 권력의 비선라인이 수사대상이 되고 있는 건 우연이 아니다. 이는 천안함과 함께 이 정권을 비극으로 몰고갈지도 모를 사건의 징후이자 사전경고다.

이 책은 크게 5부로 구성되어 있다.

제1부는 천안함사건의 발생부터 조사결과가 나올 때까지의 흐름을 일목요연하게 정리했다. 단순한 기록으로서가 아니라 초기에는 거의 고려되지 않았던 가정, 즉 북한이 이 사건에 개입되어 있을지 모른다는 가정이 어떤 계기와 단계를 거쳐 북한 옥죄기라는 목표를 향해 나아가게 됐는지를 짚었다. 거기엔 진실 여부와 상관없이 천안함 문제를 하나의 방향으로 끌고가려는 안보담론이 분명히 존재하고 있었다. 또한 천안함사건을 통해 바라본 현 정권의 민주주의 기본 철학의 빈곤을 짚어냈다.

제2부는 5월 15일 현장에서 수거한 어뢰 후미부 추진체와 프로펠러 등 합조단이 내놓은 '결정적 증거'와 이를 근거로 "천안함은 북한제 어뢰에 의한 외부 수중폭발의 결과로 침몰되었다는 결론에 도달"했다는 발표를 출발점으로 삼았다. 합조단이 말하는 '결정적 증거'가 오히려 '결정적 의문'을 뒷받침하는 증거가 되고 있다는 문제의식이다. 이명박 대통령은 5월 24일 대국민 담화에서 이 결정적 물증을 근거로 "국제사회의 책임있는 어떤 나라도 천안함사태가 북한에 의해 자행되었음을 부인할 수 없게 됐다"고 말했다. 그러나 유감스럽게도 바로 그 천안함 조사결과가 나온 순간 천안함은 '진실'이 아니라 '의혹'에 직면했다. 아마 합조단이 결정적 물증을 내놓지 않았다면 근본적 의문은 제기되지 않았을지도 모른다. 이들 물증이 없었다면 조사결과가 부실하다는 비판을 받았을지언정, 이 정부가 천안함 침몰을 북한의 도발이나 소행으로 간주하거나 판단한다 해도 그걸 부인하

거나 무시하기는 어려웠을 것이다.

합조단은 이른바 '결정적 증거'로 모든 걸 설명하려 했다. 실험과 정보, 증언은 어뢰에 의한 공격을 설명하는 데만 집중됐다. 그러나 천안함 침몰과 이 결정적 증거물이 어떤 연관성을 갖는지를 보여주는 정보와 실험은 불확실하거나 잘못됐다는 반론에 직면했다. 합조단은 ① 천안함은 외부폭발(버블제트)로 파괴되었다 ② 그 외부폭발은 '1번 어뢰'의 폭발이었다 ③ '1번 어뢰'는 북한 어뢰였다는 세 가지 핵심적인 '과학적 증거'를 내놨다. 그러나 이 과학적 증거와 실험들은 도리어 버블제트의 부재를 보여주고 있으며, 버블제트와 1번 어뢰와 천안함 선체의 절단을 연결시켜주는 고리인 이른바 흡착물질 또한 폭발이 존재하지 않았음을 보여줌으로써, 북한의 어뢰공격이라는 결론을 내릴 근거가 전혀 없다는 과학적인 반론에 의해 부정되고 있다. 게다가 합조단은 어뢰공격을 결정적으로 뒷받침하는 버블제트의 경우 그에 의해 나타날 수 있는 수많은 현상들이 존재함에도, 절단면의 양상 그리고 완결되지도 못한 씨뮬레이션 이외에 어떤 신뢰할 만한 증언이나 구체적 증거물들을 제시하지 못했다. 이렇게 결정적 물증들이 의문투성이인데다가, 군이 발표한 천안함이 침몰한 '해군 좌표' 지점과, KNTDS상에서 나타난 침몰지점의 좌표가 불일치한다는 의문 등에 입각해보면 합조단의 조사결과는 한층 그 신뢰성을 의심받을 수밖에 없다.

천안함 조사결과는 왜 이런 근본적 의문들에 직면하게 됐는가?

제3부는 천안함의 조사결과에 대한 이런 의문들이 군의 정보통제와 선별 정보공개 그리고 합조단이 애초부터 안고 있던 문제들로부터 초래되었음에 주목한다. 그건 천안함 침몰원인 규명을 위한 조사과정에서 정부와 군이 군사기밀 제도를 내세워 정보를 독점하면서,

필수정보는 비공개하고 군에 유리한 일부 정보는 편의적이고 선택적으로 공개했기 때문이다. 그러고는 의혹을 제기하는 시민들에 대한 정치적·법적 제재를 남용했다. 의혹이 또다른 의혹을 낳고, 문제는 또다른 문제를 낳은 것이다. 감사원의 감사는 그런 잘못을 바로잡기는커녕 반복했다. 그런 점에서 감사원의 감사는 합조단의 조사결과와 닮은 꼴이었다. 6월 10일 발표된 감사결과는 불확실하기 짝이 없던 어뢰피격이라는 초기 정황을 기정사실화함으로써 사건 초기에 절대적으로 정보가 부족한 상황에서 '모든 가능성을 열어두고' 신중한 대응을 했던 일부 군 인사들을 징벌하도록 했다. 감사원 감사는 국민적 의혹을 해소하는 것이 아니라 반대로 의혹들을 키운 셈이 됐다.

앞서 언급한 대로 이명박 대통령은 5월 24일 대국민 담화를 발표하면서 천안함사건을 한반도 정세의 전환점으로 규정했다. 그러나 제4부에서 다루고 있듯이 중국과의 갈등을 무릅쓰고 무리하게 추진하다 벽에 부닥친 안보리 외교, 냉전시대의 적대관계로 회귀한 남북관계, 국방개혁은 실종된 채 추진된 전시작전통제권 전환 연기라는 시대역행적 결과만을 남긴 한미동맹 등, 이 전환점은 전혀 다른 의미가 될 수밖에 없다. 그건 이 정부가 남북관계·외교·국방 등 모든 영역에서 천안함의 덫에 갇혀버렸다는 걸 보여주고 있다. 정부 스스로도 천안함의 출구전략이 절실한 상황이 되어버렸다.

제5부는 좌담을 통해 천안함사건을 어떻게 볼 것이며, 이 사건의 올바른 해법은 무엇인가, 천안함의 출구전략이 필요하다고 말하는데 그 의미는 무엇인가를 정리했다. 천안함의 해법은 합조단의 조사결과가 말 그대로 중간결과이자 하나의 가설일 뿐 객관적이고 과학적으로 입증된 것이 아니라는 점을 전제로 해야 한다. 즉 이 전제 하에 초당적 기구를 구성해 천안함사건을 초래한 원인을 밝혀냄으로

써 그동안 제기됐던 근본적 의문들을 해소하는 데서 출발해야 한다. 마찬가지로 남북의 군사적 대립이 해소되지 않고 서해가 긴장의 바다, 냉전의 바다로 남아 있는 이상 천안함사건의 근본적 해결은 불가능하다. 그런 점에서 천안함사건은 한반도 비핵화와 평화체제 수립이라는 목표 아래 그동안 추진해온 외교안보정책을 새롭게 수립하는 전환점이 되어야 할 것이다. 군사적 응징과 억지가 아닌, 보다 큰 틀에서 한반도의 평화와 안정이라는 정책의 방향을 제시할 때만이 중국과 러시아 등의 지지를 얻을 수 있을 것이다. 지금과 같이 범인을 잡아 처벌하려는 차원에 그쳐서는 안된다. 그 한계를 넘어서지 못하는 한 천안함의 덫에서 빠져나올 수 없다. 해법은 보다 큰 틀에서 찾아야 한다.

좌담과 새로 씌어진 몇몇 글을 제외한 나머지 글들은 천안함사건이 발생한 직후부터 7월말의 현 시점까지 각 필자들이 주요 언론의 지면이나 인터넷 등에 발표한 글을 단행본의 구성에 맞도록 수정·보완 작업을 거친 것이다. 그에 따라 어떤 글은 기존에 발표된 해당 필자의 여러 글들을 하나로 묶어 종합정리하기도 했다. 또한 책으로 엮는 과정에서 새롭게 제기된 문제들과 유엔 안보리 의장성명 채택 등 현실의 새로운 상황전개도 최대한 반영했다. 다만, 하나의 사건을 여러 각도에서 조명함에 따라 다소 중복되는 내용이 있을 수밖에 없었는데, 그런 부분은 각 글의 완결성과 맥락을 고려해 최소한만 덜어냈음을 알린다.

우리가 이 책에서 말하고자 하는 바는 천안함사건의 진상을 있는 그대로 드러내야 한다는 것 그 이상도 이하도 아니다. 정부와 군이 주장하는 대로 이 사건이 북한의 어뢰공격에 의해 일어났을 가능성도 전적으로 배제할 수는 없다. 그러나 그러한 주장이 납득되기에는 상식적인 그리고 과학적인 차원에서 풀리지 않는 의문점들이 너무나 많다. 현재와 같이 폐쇄적이고 일방적인 주장만으로는 설득력이 없을뿐더러 국민적 의혹을 증폭시킬 뿐이다. 이 책이 2010년 한반도를 냉전적 대결로 몰아간 천안함사건을 이해하는 데 길잡이가 됨과 동시에, 천안함이 제기한 의문들에 대한 답을 찾아내는 진지한 노력으로 이어지는 징검다리가 될 수 있길 바란다.

이 책에는 천안함사건에 대해 객관적이고 신뢰할 만한 문제제기를 하는 글들을 위주로 묶었으며, 그 내용에 대해서는 사전에 법률적 자문을 받았음을 밝혀둔다. 천안함사건을 다루면서 필자들은 국방부의 발표와 합조단의 공식자료, 언론기사뿐만 아니라 수많은 블로그와 트위터에 올라온 글들과 열띤 토론, 댓글 들로부터 많은 도움과 영감을 얻었다. 이 책에 글을 실은 필자들은 천안함의 진실이 밝혀지기를 바라는 많은 이들의 이름을 대신한 것일 뿐이다. 잘못된 것은 잘못된 것이라고 당당히 말하는 깨어 있는 시민들이 없었다면, 이 책은 만들어질 수 없었을 것이다.

2010년 7월 27일
엮은이 강태호

차례

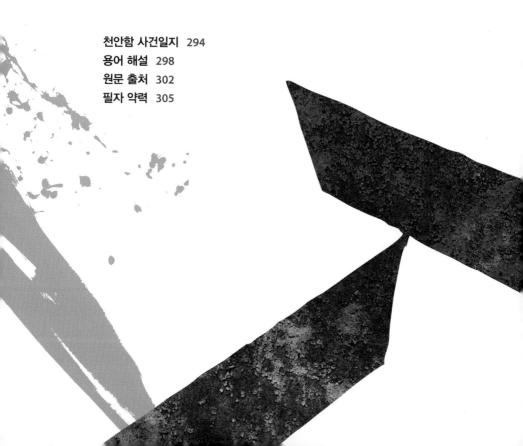

사진으로 보는 천안함사건

위 2010년 3월 16일, 평택 해군2함대 부두에서 천안함 출항. 천안함은 연안 경비 및 초계(哨戒) 임무를 맡는 1200톤급의 함정으로, 출항 당시 장병 104명이 타고 있었다.

아래 2010년 3월 26일 밤, 천안함은 백령도 서남쪽 해상에서 침몰했다. 국방부는 수차례 번복 끝에 사고 발생시각을 9시 22분으로 최종발표했다. 사진은 4월 1일 국방부가 공개한 TOD(열상감지장비) 영상의 일부로 침몰 중인 배의 일부를 흐릿하게 볼 수 있다. ⓒ 미디어오늘

위 사고상황을 접수한 해군2함대사령부는 밤 9시 45분을 기해 '서풍 1'(해군 작전예규상 가장 강도 높은 단계의 군사대비태세)을 발령했고, 밤 10시 55분 속초함은 백령도 북서쪽에서 시속 72km로 북상하는 미확인 물체를 포착, 130여발의 함포를 쐈다. 사진은 실종자 수색에 동원된 해군 대잠 링스헬기. ⓒ Military Today

아래 정부는 3월 26일 밤 10시부터 27일 새벽까지, 또한 27일 오전에 걸쳐 두 차례 긴급안보관계장관회의를 열어 대책을 모색했다. ⓒ 연합뉴스

위 3월 26일 밤 11시 20분, 합참은 첫 보도자료를 내고 "21시 45분경 백령도 서남방 해상에서 임무수행 중이던 아(我) 함정의 선저(바닥)가 원인미상으로 파공되어 침몰 중"이라고 알렸다.

아래 3월 28일 오전, SSU(해군해난구조대)가 사고해역 부근에서 실종자 구조작업을 개시했다. 3월 30일 UDT 소속의 한주호 준위가 수색작업 중 순직하면서 구조작업은 4월 2일까지 잠정 중단되었다.
ⓒ 연합뉴스

위 4월 2일 오후 8시, 수색작업에 참여했던 저인망어선 금양98호가 조업구역으로 돌아가던 중 옹진군 대청도 인근에서 침몰, 승선했던 9명 중 2명이 사망하고 7명이 실종되었다. ⓒ 민중의소리

아래 4월 7일, 민군합동조사단은 천안함사고 발생시각 등에 대한 조사결과를 발표했고, 더불어 천안함 생존장병의 기자회견이 열렸다. ⓒ 민중의소리

위 4월 15일, 천안함 함미가 침몰 20일 만에 인양되어 그 모습을 드러냈다. 함미가 인양되던 4월 15일, 실종자 중 36명의 시신을 수습했다. ⓒ 연합뉴스

아래 4월 24일, 천안함 함수가 인양되어 바지선에 탑재된 채 평택으로 이송됐다. 해군은 침몰해역의 실종자 수색을 공식적으로 중단했다(실종 6명 미발견). 다음날인 25일, 합조단은 기자회견을 통해 천안함의 침몰원인이 '비접촉식 외부폭발'이라고 발표했다. ⓒ 민중의소리

4월 24일, 평택2함대사령부로 옮겨진 천안함 선체(함수, 함미 등)는 일반인의 접근이 차단된 채 국방부와 민군합동조사단에게만 공개되었다.

위·가운데 5월 20일 합조단 발표자료에 게재된 함수 절단면과 함미 절단면의 사진이다. (출처: 국방부)

아래 국방부는 합조단 발표를 하루 앞둔 5월 19일, 절단면에 차단막을 쳐놓은 상태로 주요 언론사 기자들에게 천안함을 공개했다. ⓒ 미디어오늘

5월 18일, 정부는 주한 중국, 일본, 러시아 대사 등에게 천안함사건을 사전 브리핑하고, 다음날인 19일에는 30여개 국가에 천안함 조사결과를 비공개 브리핑했다. 5월 20일에는 합조단이 '북한제 250kg의 중어뢰가 천안함을 공격했다'는 요지의 조사결과를 발표하며 침몰해역 부근에서 인양한 어뢰 잔해를 공개했다. ⓒ 민중의소리(위), 구미시민뉴스(아래)

위 5월 20일의 합조단 발표에서 가장 주목받았던 '1번'이라는 표기. 현재 천안함사건의 결정적 의문점의 한 가지로 잉크소재가 북한제인가, 어뢰 표면의 페인트가 모두 벗겨진 상황에서 과연 이 잉크만이 유일하게 남을 수 있는가 등의 다양한 의혹들을 남겼다. ⓒ 민중의소리

아래 5월 24일, 이명박 대통령은 서울 용산 전쟁기념관에서 대국민 담화문을 발표했다. 이대통령은 "천안함 침몰은 대한민국을 공격한 북한의 군사도발"이라며 북한의 우리 해역 해상교통로 이용 차단과 남북간 교역 및 교류의 중단을 선언했다. ⓒ 연합뉴스

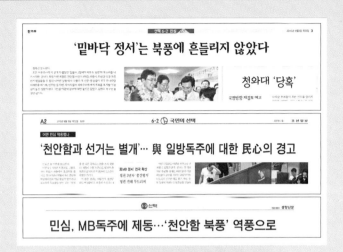

위 6·2 지방선거에서 천안함 역풍으로 인한 한나라당의 패배를 보도한 신문기사 헤드라인

아래 6월 10일, 참여연대가 유엔 안보리 의장 등에 천안함의 진상규명을 촉구하는 서한을 보내자 청와대, 국무총리실에서는 일제히 참여연대를 비난하고 나섰다. 극우보수단체들은 뒤이어 참여연대 앞에서 연일 시위를 벌였다. © 연합뉴스

위 6월 29일, 민군합동조사단은 한국기자협회, PD연합회, 전국언론노동조합 등 언론3단체를 대상으로 설명회를 열었다. 이날 토론회가 끝난 뒤 언론3단체는 조사결과의 오류가 여전하다고 지적하며 7월 2일 국회의 국정조사를 촉구하는 성명을 발표했다. 사진은 설명회에 참석한 언론3단체 소속 기자들. ⓒ 미디어오늘

아래 7월 9일, 유엔 안전보장이사회는 천안함 침몰을 '공격'이라고 규정하는 의장성명을 채택했다. 이명박 정부의 애초 목표였던 대북제재 결의안에서 낮춰진 의장성명이라는 점, 공격주체가 명시되지 않고 북한의 입장이 반영된 조항이 들어간 점 등 현정부의 외교정책의 실패라는 평가가 주를 이뤘다. ⓒ 연합뉴스

1

천안함사건,

100일의 기록

천안함사건 100일의 기록

—

권혁철

—

침몰의 육하원칙

2010년 3월 16일, 해군 초계함(哨戒艦)인 천안함이 경기도 평택 해군 2함대 부두를 출항했다. 천안함에는 장교와 부사관, 병사 등 장병 104명이 타고 있었다. 1200톤급인 천안함은 연안경비 및 초계임무를 맡는다. 한국 해군의 수상 전투함정은 배수량을 기준으로, 고속정, 초계함, 호위함, 구축함 순으로 규모가 커진다.

평택기지를 출항한 천안함은 백령도 근처 경비구역에 배치됐다. 3월 25일 서해 먼 바다에 풍랑주의보가 발효되어, 천안함은 경비구역을 벗어나 대청도 동남쪽으로 피항했다. 천안함은 다음날 26일 아침 6시 날씨가 좋아지자 풍랑을 피했던 곳을 출발해, 오전 8시 20분께 경비구역에 복귀했다. 이날 밤 8시 이후 천안함 장병 중 29명이 야간 당직근무를 서고 있었다. 나머지 인원은 고정식 자전거 등이 설치된 후타실(後舵室)에서 운동을 하거나 식당, 침실 등에서 쉬고 있었다.

작전 중인 군함에 탄 승조원의 하루는 전방 철책에서 근무하는 병사들과 비슷하다. 24시간 전투상황을 염두에 두기 때문에 경계태세 유지가 일상 그 자체다. 함정 당직은 근무가 24시간 빈틈없이 연속적으로 이뤄질 수 있도록 1일 3직제로 이뤄진다. 3직제란 3개 시간대로 나눠 3개 조가 8시간(주간 4시간·야간 4시간)씩 돌아가면서 근무하는 방식이다.

천안함의 사고 전 모습. 공식명칭은 'PCC-772 천안'으로 해군 제2함대에 배치되어 활동해왔다.

군 당국은 사건 당시, 팀장까지 모두 4명인 천안함 음탐사(音探士)가 3직제로 24시간 근무를 했으며 음파탐지기 쏘나(Sound Navigation and Ranging)도 제대로 작동하고 있었다고 밝혔다. 이는 민군합동조사단(이하 '합조단')의 발표내용 즉 북한 잠수함이 2~3km까지 접근하는 것을 천안함이 전혀 알아채지 못했다는 사실, 심지어 어뢰를 발사했는데도 피격 직전까지 전혀 몰랐다는 사실을 설명해주지 못함에 따라 여전히 논란이 되고 있다.[1]

사고 다음날인 3월 27일 국회에 출석한 이기식 합동참모본부 정보작전처장도 어뢰피격 가능성을 묻는 김장수 한나라당 의원의 질문에 "쏘나가 잠수정은 못 잡더라도 잠수정에서 어뢰를 쏘면 하이드로폰이펙터[2]의 음향신호가 강하게 나타난다"며 발사된 어뢰는 탐지와 회피가 가능하다고 설명하기도 했다.

3월 26일 밤 9시 21분께 천안함은 KNTDS[3]에서 북위 37도 55분 45

------

1 이 글을 마무리하는 시점에 나온 7월 20일 연합뉴스 보도에 따르면, 국방부는 국회제출자료에서 우리 해군이 보유한 초계함 20여척의 쏘나탐지기 수신대역을 두자릿수 이상 khz대라고 밝혔다. 반면 어뢰의 기동 소음은 한자릿수 khz대에 불과하다. 주파수 대역이 다르니 어뢰를 탐지할 능력이 지극히 제한적일 수밖에 없고, 잠수함의 기동 소음이 어뢰보다 낮은 점을 감안하면 대잠기능도 거의 없다는 뜻이 된다. 국방부가 지난 20여년 동안 초계함의 대잠기능이 거의 없었다는 사실을 알면서도 별다른 대책을 세우지 않았다는 점은 천안함사건에도 시사하는 바가 크다. 「모든 초계함 대잠기능 무용지물」, 연합뉴스 2010.7.20.

2 어뢰교란용 장비인 이펙터(effector)는 하이드로폰(hydrophones) 등으로 구성된다. 이펙터는 적 어뢰에 부착된 쏘나를 무력화하기 위해 적 쏘나로부터 방사되어 아군 함정에 맞아 반사되는 음향보다 더욱 강력한 음향신호를 발생시킨다. 이렇게 되면 적 어뢰에 부착된 쏘나는 목표물인 함정 대신 발사된 이펙터를 목표로 오인하여 추적하게 된다.

3 KNTDS(한국해군전술지휘통제씨스템, Korean Naval Tactical Data System)는 미 해군의 전술지휘통제체계(NTDS)를 한국화한 것으로 1995년 말 미국에서 도입하여 2함대에 처음 설치됐으며 지금까지 수천여억원이 투입되어 각 함대별로 설치되어온 최신

초, 동경 124도 36분 02초인 백령도 서남쪽 2.5km 수심 24m 바다 위를 항해하고 있는 것으로 나타났다고 국방부는 설명했다. 당시 천안함은 북서방향 6.3노트(시속 11.67km)로 항해 중이었다. 당시 바다 날씨는 남서풍이 20노트(37km), 파고는 3m 정도였다.

사건 후, 천안함이 왜 그 시간에 그곳에 있었는지 의문이 제기됐다. 백령도 근해에서 해상경계근무를 했던 해군 예비역과 백령도 주민들은 사고해역은 수심이 얕아 이전에는 천안함 같은 1200톤급 군함이 다니지 않았다고 증언했다. 이 때문에 천안함이 특수임무를 수행중이거나 암초에 부딪혀 좌초했다는 주장이 나왔다.

이에 대해 국방부는 "천안함이 2009년 11월 10일 대청해전 이전에는 백령도 서방의 경비구역 내에서 기동했지만 2009년 11월 24일자 2함대사 지침에 따라 백령도 서남방 지역으로 조정된 경비구역에서 작전하게 됐다"고 설명했다. 천안함이 특수임무를 수행하거나 피항한 것이 아니라 2함대가 정해준 경비구역에서 정상적인 임무수행 중이었다는 것이다.

나중에 군 당국은 천안함이 백령도에 근접한 것은 북한의 해안포나 지대함 미사일 등을 피하는 목적으로 백령도를 은폐·엄폐물로 활용하기 위해 레이더 음영(그늘)구역으로 이동한 것이라고 설명했다.

KNTDS 화면상에 기록된 자료에 따르면, 천안함이 발신하는 자함 위치신호가 오후 9시 21분 57초에 중단됐다. 1초 뒤인 오후 9시 21분 58초 백령도 지진파 관측소는 백령도 근해에서 리히터 규모 1.5의 지진파를 감지했다. 군 당국은 이를 근거로 천안함 사고가 밤 9시 22분

....
의 씨스템이다. 이 씨스템은 작전 중인 해군함정 레이더와 P-3C 등 대잠 초계기, 주요 도서의 레이더기지 등에서 잡힌 수백개의 항공기 및 선박들을 해군 함대사령부, 작전 사령부, 합참 지휘통제실의 대형전광판에 실시간으로 표시해준다.

에 발생했다고 발표했다. 사고 직후 천안함은 엔진과 통신이 멎고 20분 만에 선체 60%가 침수됐다.

밤 9시 28분, 천안함 포술장[4] 진아무개 대위가 핸드폰으로 2함대 상황실로 전화를 걸어 "배가 우측으로 넘어갔고 구조가 필요하다"며 구조 요청을 했다. 해군고속정과 해경경비정, 관공선이 긴급출동해 승조원 104명 가운데 함수 쪽에 있던 58명을 구조했다. 하지만 나머지 46명은 실종됐다.

해군 2함대사령부는 천안함 침몰사고 상황 접수 직후인 밤 9시 45분 '서풍 1'을 발령했다. '서풍 1'은 해군 작전예규상 명시돼 있는 가장 강도 높은 단계의 군사대비태세다. 이에 따라 대청도 남쪽에 있던 초계함인 속초함이 북방한계선 남단까지 급히 전진배치됐다. 오후 9시 47분 덕적도에 주둔하는 대잠 링스헬기에 백령도로 출동하라는 지시가 떨어졌다. 오후 9시 57분 2함대사령부는 대잠경계태세 A급을 발령했다.

천안함 침몰로 해상경계태세가 강화된 긴박한 상황에서 밤 10시 55분 속초함 사격통제레이더는 백령도 북서쪽에서 시속 72km로 북상하는 미확인 물체를 포착했다. 속초함은 9km 떨어져 있는 이 물체를 격파하기 위해 유효사거리 12km인 76mm 함포를 130여발 쐈다.

속초함이 사격한 이 물체의 실체는 아직까지 안갯속에 있다. 4월 1일, 국방부는 "사격 후 물체를 분석한 결과 레이더 상에서 표적이 한개에서 두개로 분리됐다가 다시 합치는 현상이 2회 반복됐기에 새떼라고 판단했다"고 밝혔다. 하지만 감사원은 6월 10일 감사결과 발표에서 "KNTDS, TOD(열상감시장비), 레이더싸이트 영상 및 조류 전문가

---

4 포술장은 함포, 미사일, 어뢰, 기뢰, 폭뢰, 탄약 등 무기체계의 운용·정비를 맡는 지위를 말한다.

자문 등을 통해 정밀조사했지만, 속초함이 추격·발포한 물체의 실체가 북한 반잠수정인지, 새떼인지 결론을 내리지 못했다”고 밝혔다.

속초함이 북방한계선 부근에서 함포사격을 하자, 3월 27일 0시 25분 북한 공군기 1대가 군사분계선 30km까지 접근했다. 국방부는 이 비행을 단순초계비행으로 설명했지만, 당시 청와대에서 열리고 있었던 긴급안보관계장관회의에서는 자칫 남북간 정면 군사대결로 번지는 게 아닌가 크게 긴장했던 것으로 알려졌다.

구조수색에서 선체인양까지

합참은 26일 밤 11시 20분 ‘3월 26일 21시 45분경 백령도 서남방 해상에서 임무수행 중이던 아(我)함정의 선저(바닥)가 원인미상으로 파공되어 침몰 중에 있어 인원을 구조하고 있음. 세부내용은 확인되는 대로 추가로 알려주겠음’이란 내용의 첫 보도자료를 냈다.

이 보도자료처럼 사고 초기에는 사고 원인, 당시 상황 등에 대해 알려진 게 거의 없었다. 정부는 사고 직후인 3월 26일 밤 10시부터 다음날 새벽, 3월 27일 오전 두 차례에 걸쳐 긴급안보관계장관회의를 열었다. 하지만 회의 후 ‘현재로는 사고원인을 정확하게 알 수 없으며, 구조작업에 전력을 다하겠다’는 알맹이 없는 발표에 그쳤다.

다음날인 3월 27일 날이 밝자 실종자 46명에 대한 수색작업이 시작됐다. 그러나 함미는 유실되어 찾지 못하다가 침몰한 후 60시간이 지나서야 겨우 발견됐다. 실종자의 생명을 구하려면 1분 1초라도 빨리 구조작업을 벌여야 했다. 하지만 구조작업은 더디게 진행됐다. 침몰해역의 조류가 3~4노트(시속 5.5~7.4km)로 빠른데다 물속이 탁해 앞이 전혀 보이지 않았기 때문이다. 실종자 수색작업은 조류가 멎는

정조(停潮) 시간에만 가능했다.

천안함 수색과 구조에 필수적인 기뢰탐색함, 구조함 등이 늦게 도착한 것도 구조가 늦어진 이유다. 진해에 집결해 있는 기뢰탐색함들은 최대속도로 운항해 백령도로 달려왔지만, 옹진함은 3월 28일 밤 9시 30분, 양양함은 3월 29일 밤 12시 30분에야 현장에 도착했다. 구조함인 광양함은 3월 26일 밤 10시에 출항했지만 총 864km 거리를 최대속도인 12노트로 운항하여, 3월 28일 오후 2시 40분에 현장에 도착하여 구조작업에 투입됐다.

더딘 구조작업에 실종자 가족과 여론의 비판이 거세졌다. 그런 와중에 3월 30일 오후 천안함 실종자 수색작업을 벌이던 해군특수전여단 UDT 소속 한주호 준위가 숨졌다. 4월 2일 밤에는 대청도 서쪽 30마일(48km) 해역에서 수색작업을 돕고 인천항으로 귀항하던 저인망 쌍끌이 어선 98금양호(99.5t)가 침몰해 선원 9명 중 2명은 사망, 나머지 7명은 실종됐다.

인명희생이 잇따르자 천안함 실종자 가족들은 4월 3일 구조수색작업 중단을 요청하는 기자회견을 했다. 이에 따라 4월 4일부터는 해군이 천안함 실종자 구조수색작업에서 선체인양작업으로 전환했다. 그 뒤, 남기훈 상사(4월 3일), 김태석 상사(4월 7일), 방일민 하사 등 36명(4월 15일), 박보람 하사(4월 22일), 박성균 하사(4월 24일) 등 총 40구의 시신을 수습했고 끝내 6명의 시신은 발견되지 않았다.

사고 초기 군 당국은 "모든 가능성을 열어놓고 조사 중"이란 이유로 사고원인과 사고경위에 대해 입을 다물었다. 군 당국이 정보를 내놓지 않자 기자들은 해군 출신 전역자나 학계, 선박건조 전문가들을 인터뷰해 그들 나름의 논리와 경험을 통해 침몰원인을 추정했다.

가장 먼저 제기된 게 북한 공격설이다. 북한이 배후라고 볼 수 있는 정황이나 증거는 확인된 바 없었지만, 과거 남북 해군이 세차례나 교전을 벌였던 북방한계선 근처에서 우리 해군 함정이 침몰했으니 북한말고 누가 이런 공격을 했겠느냐는 게 이 주장의 근거였다.

훈련 중인 우리 해군이나 미국 해군이 오폭했다는 주장도 나왔고, 유류고나 화약고에서 사고가 일어난 내부폭발이라는 주장도 나왔다. 암초 등에 부딪힌 뒤 침몰했다는 좌초설, 선박 노후화로 인해 침몰했다는 피로파괴설도 나왔다. 70년대 한국군이 북한군의 백령도 상륙을 막기 위해 해저에 깔아둔 기뢰가 폭발했을 가능성도 제기됐다.

북풍의 전조(前兆)

사태 초기 이명박 대통령의 '신중한' 입장은 주목할 만했다. 이대통령은 천안함 침몰 직후인 3월 28일 안보관계장관회의와 3월 30일 백령도 방문 때 "모든 가능성을 염두에 두고 조사하되 섣부르게 예단해서는 안된다"고 말했다.

4월 2일 국회 긴급현안질문에 출석한 김태영 국방장관이 사고원인과 관련해 기뢰보다는 어뢰 가능성이 높다고 답변하자, 청와대 국방비서관이 제동을 거는 메모를 보냈다. 메모에는 "VIP(대통령)께서 장관님의 답변이 어뢰 쪽으로 기우는 것 같은 감을 느꼈다고 한다. (침몰원인은) 초계함을 건져봐야 알 수 있으며 어느 쪽에도 치우치지 않는다고 말해달라"고 적혀 있었다.

북한소행설에 거리를 두던 이명박 대통령이 합조단장을 민간인으로 교체하고 미국 등 국제전문가들의 조사단 참여를 지시하자 보수진영의 반발이 터져나왔다. 조갑제 전 『월간조선』 대표는 4월 2일, "북한군의 도발이었음을 추정하게 하는 증거들이 속속 드러나고 있는데도 대통령만이 '증거가 아직 없다'라고 우기는 일은 무엇보다도 사실이 아니므로 중단해야 한다. 이명박씨가 김정일의 변호사역을 맡고 싶으면 대통령직을 그만두고 해야 한다"고 비난했다.

사태 초기 실종자 구조에 허둥댄 국방부는 말바꾸기와 숨기기로 일관해 의혹과 불신을 증폭시켰다. 국방부는 처음엔 사고 발생시간을 밤 9시 45분으로 발표했다가, 밤 9시 30분, 밤 9시 25분, 밤 9시 22분으로 세번씩이나 고쳤다. 또한 "더이상 없다"고 호언장담하던 TOD[5] 동영상을 두차례나 추가로 내놓는 등 허둥지둥 대처했다. 가장 기초적인 사실관계마저 흔들리면서 군의 발표와 설명에 대한 신뢰도 무너지기 시작했다.

백령도 해병초소에서 TOD로 촬영한 영상이 최초 공개된 것은 3월 30일이다. 국방부가 자발적으로 공개한 것이 아니라 『한겨레』가 'TOD 영상이 있다'는 보도를 내보내자 마지못해 공개한 것이다. 하지만 국방부가 공개한 동영상은 TOD로 찍은 40분짜리 영상을 1분 20초로 편집한 것이다. TOD 영상이 더 있는데 은폐했다는 논란이 불거지자 이틀 뒤 군은 TOD 영상을 추가로 공개했다. 국방부는 "더이상 영상은 없다"며 큰소리쳤지만 4월 7일, 사고 전 운항 장면(9시 4분 6초부터 3초간), 사고 후 분리된 함수-함미 장면(9시 24분 18초부터 1분 1초간), 함수 침몰 장면(9시 25분 20초부터 10시 9분 3초까지) 등이 담긴 새로운 TOD 영상을 공개해야 했다.

국방부가 TOD 영상을 공개한 4월 7일, 경기도 성남국군수도병원

---

5 TOD(Thermal Observation Device)는 열영상관측장비, 전방감시용 열상장비, 열영상 탐지기 등 다양한 이름으로 불린다. 가시광선이 아닌 적외선을 감지하여 영상으로 보여주기 때문에 빛이 전혀 없는 캄캄한 밤에도 사람과 물체의 위치 및 동태를 파악할 수 있다.

에서는 생존장병 57명(중상 1인 제외)의 기자회견이 열렸다. 그뒤 생존장병들이 격리된 것이 아니냐는 의혹이 국회 천안함특위에서 제기되었고, 6월 21일 국방부는 '천안함 생존자 부대배치 현황' 자료를 통해 이를 간접적으로 시인했다.

한편, 4월 4일 정부는 구조수색작업을 선체인양작업으로 전환했고 이에 따라 크레인 선박 등이 침몰지역 부근으로 이동했다. 4월 12일 천안함을 수심이 얕은 곳으로 옮기는 과정에서 함미 일부가 물 밖으로 모습을 드러냈고, 4월 15일 함미가 인양됐다. 함미 인양 뒤 사태의 국면이 바뀌기 시작했다. 윤덕용 합조단장은 4월 16일 함미 인양에 따른 현장조사 결과 발표를 통해 "천안함 함미의 선체 절단면과 선체 내외부에 대한 육안검사를 실시한 결과, 내부폭발보다는 외부폭발의 가능성이 높다"고 밝혔다. 이 발표 후 정부의 입장은 북한소행설 쪽으로 급격하게 기울었다. 김태영 국방부장관은 4월 16일 대국민담화를 발표해, 천안함사태를 '국가안보 차원의 중대한 사태'라고 규정했다. 안보 차원의 중대한 사태라는 표현은 천안함이 단순사고가 아니라 북한의 공격으로 인해 침몰했을 가능성을 지칭한 것이다. 사태 초기 비교적 신중해 보이던 이명박 대통령도 4월 19일 제39차 라디오연설에서 '명확한 침몰원인 규명과 단호한 대응방침'을 밝혔다.

4월 24일 천안함 함수가 인양됐고, 다음날인 4월 25일 합조단은 현장조사 결과 발표를 통해 "비접촉식 수중폭발 가능성이 크다"고 설명했다(함수와 함미 인양 당시에는 발견하지 못했던, 가스터빈실과 터빈실을 감싸고 있던 격실은 5월 19일 인양되어 평택 2함대사령부로 옮겨졌다). 이 발표대로라면 비접촉식 수중폭발을 일으킨 게, 다시 말해 공격수단이 어뢰인지, 기뢰인지 가리는 문제만 남은 셈이었다.

사고 직후부터 북한소행설에 무게를 두던 보수언론들은 합조단이 '외부폭발 가능성'을 밝힌 뒤 '외부충격=북한소행'으로 단정지었다. 4월 29일 치러진 순직장병 46명의 영결식을 분기점으로 천안함 사태는 수색구조와 희생자 추모 국면에서 사고원인 규명과 가해자 응징 국면으로 급격하게 전환했다.

이명박 대통령이 5월 4일 국방부에서 전군 주요지휘관회의를 직접 주재하고 이 장면이 공중파 방송으로 생중계됐다. 애초 김태영 국방장관이 주재하기로 예정됐던 이 회의를 대통령이 주재하면서 6월 2일 지방선거를 앞두고 현 정부가 천안함사태를 정치적으로 활용하려는 게 아니냐는 우려가 나오기 시작했다.

이명박 대통령은 전군지휘관회의에서 "현재까지 분명한 사실은 천안함은 단순한 사고로 침몰하지 않았다는 것"이라고 밝혔다. 단순한 사고가 아니라는 주장은 사실상 북한 공격을 염두에 둔 것이다.

하지만 이때까지 북한소행설을 주장하는 쪽의 아킬레스건은 심증은 있지만 물증이 없다는 것이었다. 5월초부터 북한의 소행임을 입증할 결정적인 증거인 이른바 '스모킹건'(smoking gun)[6]에 대한 보수언론의 보도가 이어졌다. 천안함 선체와 해저에서 검출된 RDX[7] 화약

---

6 스모킹건(smoking gun)은 범죄·사건 등을 해결하는 데 있어서의, 흔들리지 않는 '결정적 증거(단서)'를 말한다. 영국의 추리소설 작가 코넌 도일(Arthur Conan Doyle, 1859~1930)이 쓴 표현 '스모킹 피스톨'(smoking pistol)에서 유래했으며 미국의 워터게이트(Watergate) 사건을 통해 널리 알려졌다. 범죄뿐 아니라 사건에 있어서의 명백한 증거, 또는 어떤 가설을 증명할 수 있는 과학적 증거도 스모킹건이라고 한다.

7 RDX(Reserch Development Explosive)는 헥사겐(hexogen)의 다른 이름이며, 백색의 결정성·비수용성 고폭약으로 TNT보다 폭발력이 1.6배 크고 점화 속도 면에서는 1.3배 빠른 화약물질을 말한다.

성분이 어뢰에 사용되는 강력한 고폭약(고성능 폭약)이며, 절단면 부근에서 북한 어뢰의 성분과 비슷한 알루미늄 등이 발견돼 합조단이 침몰원인을 어뢰의 공격이라고 결론을 내렸다는 보도가 잇따랐다.

하지만 이들이 보도한 '팩트'들은 5월 20일 합조단의 조사결과 발표에 비춰보면 부정확한 추측보도에 불과한 것으로 확인됐다. RDX는 2차대전 때부터 사용된 폭약 성분으로 모든 국가의 군과 산업현장에서 보편적으로 사용되고 있기 때문에, RDX 검출이 어뢰공격의 근거가 될 수 없다는 게 합조단의 설명이다. 합조단은 그나마 검출된 폭약 성분이 나노그램(10억분의 1그램) 수준의 극미량이라, 의미있는 분석을 할 수 없었다고 말했다. 천안함 선체 중 상당부분이 알루미늄 재질이라 알루미늄 성분 검출을 어뢰공격의 증거로 삼은 것은 애초부터 어불성설이었다. 오보로 밝혀졌지만 당시 홍수처럼 쏟아진 이런 보도들은 북한 공격설을 기정사실인 양 널리 퍼뜨리는 여론몰이를 톡톡히 했다.

북풍, 우리 시대의 구명보트?

5월 20일 오전 합조단은 "북한제 250kg 중어뢰가 천안함을 공격했다"는 조사결과를 발표했다. 발표를 뒷받침할 '결정적 증거물'은 바로 5월 15일 오전 사고 해역 근처에서 쌍끌이 어선이 건져올린 어뢰 추진체였다. 합조단은 이를 북한에서 제조된 'CHT-02D' 어뢰라고 설명했다.

합조단은 '이 어뢰가 천안함을 공격했다'는 근거로 첫째, 폭발로 발생한 흡착물질인 알루미늄 산화물 분석 결과, 둘째, 어뢰추진체의 한글 '1번' 표시, 셋째, 어뢰와 천안함 함체의 비슷한 부식 정도, 넷

째, 어뢰추진체와 북한 어뢰 설계도의 일치 등을 제시했다.

국방부 당국자들은 합조단 발표 뒤 "더이상 의혹제기가 없을 정도로 완벽한 증거가 나왔다"고 자신했지만, 합조단이 제시한 이런 근거들은 시간이 갈수록 흔들리고 있다.

첫째, 흡착물질과 관련해 합조단은 어뢰의 폭약에 포함돼 있던 알루미늄 가루가 폭발하며 천안함 선체와 어뢰추진체에 비결정질(원자가 불규칙적으로 배열된 것) 알루미늄 산화물이 하얗게 눌어붙었다고 설명했다. 하지만 이승헌 미국 버지니아대 교수(물리학) 등은 알루미늄이 폭발상황을 거치고 난 뒤에도 모두 비결정질이 되는 것은 불가능하다며 실험을 통해 의문을 제기했다.

둘째, 합조단은 파란색 잉크로 표시된 어뢰추진체의 '1번' 표시에 대해서도 6월 29일 기자협회 등 언론3단체를 상대로 한 설명회에서

"'1번' 표기의 잉크는 청색 유성매직으로, 분석 결과 '솔벤트 블루5' 성분이 검출됐다"고 밝혔다. 그러나 솔벤트 계열은 대다수 잉크에 쓰이는 성분이고, 합조단은 '1번' 잉크의 성분과 대조할 북한 잉크 시료를 확보하지 못해 1번과 북한의 연관성은 입증하지 못했다.

셋째, 비슷한 기간 바닷속에 가라앉아 있던 어뢰와 함수의 녹슨 정도도 중요한 대목이었지만, 합조단은 "어뢰추진체의 부식상태는 재질과 부위별로 최고 6배가량 부식 두께 차이가 심해 부식 기간이 얼마나 되는지 판단이 어렵다"고 설명했다. 한마디로 모르겠다는 것이다. 합조단은 5월 20일 발표 때는 "전문가들이 육안으로 관측해보니 부식 정도가 비슷하다"고 설명했던 터라 앞뒤가 맞지 않는다.

넷째, 합조단이 조사결과 발표 때 제시한 7m가 넘는 북한 어뢰의 실물크기 설계도도 해당 어뢰의 것이 아니었던 것으로 뒤늦게 밝혀졌다.

하지만 이런 의혹에 대해 국방부는 "제기된 의혹들은 지엽적인 것"이라며 "어뢰추진체가 인양된 이상 북한의 어뢰공격으로 천안함이 침몰했다는 결정적 증거가 확보된 것만은 분명하다"고 반박하고 있다.

합조단 발표 후 이명박 대통령이 5월 24일 오전 청와대가 아닌 서울 용산의 전쟁기념관에서 대국민담화문을 발표했다. 이대통령이 발표한 대북 대응조치는 첫째, 북한 선박에 대한 남한 해상교통로 봉쇄, 둘째, 남북 교역·교류 중단, 셋째, 북한 도발에 대한 적극적 억제 원칙 견지, 넷째, 천안함사태의 유엔 안전보장이사회 회부 등이다. 이대통령의 담화에는 1988년 이전의 냉전적 대립과 불신의 대북정책으로 되돌아가겠다는 뜻이 담겼다.

대통령 담화의 후속조처로 국방부는 한미연합대잠훈련 실시,

PSI(대량살상무기확산방지구상) 해상차단훈련 실시, 대형 확성기를 통한 대북심리전 재개, 북한 지역으로의 전단 살포 등 초강경 조치를 발표했다. 이에 대해 북한도 현 사태를 엄중한 전쟁국면으로 간주하고 전군이 만반의 전투태세에 돌입하고 이명박 대통령 임기동안 모든 관계를 단절하겠다고 맞불을 놓았다.

중앙일보 김진 논설위원은 5월 24일자 『중앙일보』에 실린 「국민이 3일만 참아주면」이란 칼럼에서 "천안함 같은 일을 당하면 정답은 북한의 비파곶 잠수함 기지를 폭파하는 것이다. (…) '만약 북한이 도발해도 국민이 3일만 참아주면 전쟁을 승리로 이끌 수 있다'"며 "전쟁을 결심할 수 있어야 전쟁을 피할 수 있다"라고 말했다. 전쟁불사론과 안보불안이 들불처럼 확산되면서 6월 2일 지방선거에서는 한나라당의 우세가 예상됐다. 하지만 뜻밖에도 지방선거에서 이명박정부는 '천안함 역풍'을 맞았다.

지방선거가 끝나자 정부의 대북 강경발언 수위가 눈에 띄게 낮아졌다. 5월 24일 발표 당시엔 내일이라도 실시할 것처럼 호언했던 한미연합대잠훈련, 대형 확성기를 통한 대북심리전, 북한 지역으로의 전단 살포 등에 대해 정부는 "유엔 안전보장이사회 논의 결과를 지켜봐야 한다"며 아울러 "시기를 특정할 수 없다"며 어물쩍 물러섰다.

여기에 감사원 감사 결과, 천안함 침몰사건에서 보여준 우리 군 당국의 대응이 한마디로 '총체적 부실' '종합부실쎄트'로 드러나면서, 단호한 대응을 주장하던 군의 목소리도 잦아들었다.

감사원은 6월 10일 내놓은 '천안함 침몰사건 대응실태' 중간발표를 통해, 전투예방·준비태세 및 상황보고·전파, 위기대응 조처, 군사기밀 관리 등에 있어서 국방부와 군의 대응에 다수의 문제점이 있었음을 지적했다. 감사원 감사 결과, 합참은 해군작전사령부로부터 사건발생 시각을 밤 9시 15분으로 통보받았으나 이후 9시 45분으로 수정해 김태영 장관에게 보고한 것으로 조사됐다. 감사원은 "합참이 사건시각을 고친 것은 초동대처 미흡과 경계 소홀이라는 비난을 받는 것을 피하기 위한 것"이라고 밝혔다.

국방부와 합참은 침몰사건 전후 TOD 동영상이 사건 당일 밤 9시 25분 38초부터 녹화돼 있다는 사실을 알면서도 3월 30일 최초공개 당시엔 9시 35분 8초 이후의 영상만을 편집해 공개했다. 감사원은 "군이 사고시각을 당일 밤 9시 45분에서 9시 30분으로 수정해 발표했는데, 추가 동영상이 언론에 나가면 이미 발표한 사고시각 유지가 어려워 숨긴 것으로 본다"고 밝혔다.

사고 후 위기관리도 도마에 올랐다. 국방부는 천안함 침몰 같은 위기상황에서는 규정에 따라 '위기관리반'을 소집해야 함에도 이를 소집하지 않은 채 김태영 국방장관에게는 위기관리반을 소집한 것처럼 허위보고했다. 이상의 합참의장은 천안함 사고가 있기 전 저녁 회식자리에서 술을 마셨고 27일 새벽 국방부 지휘통제실에서 이탈했던 것으로 감사결과가 발표됐다.

입장이 아니라 팩트로 말하라

3월 26일 발생한 천안함사건은 7월 3일로 100일이 지났지만 시간이 갈수록 사건의 진상이 명료해지기는커녕 의문들이 증폭되고 있다. 정부가 매번 말을 바꾼데다 6월 2일 지방선거를 앞두고 설익은 조사결과를 서둘러 발표한 데 따른 자업자득이다.

국방부 당국자들은 기자들이 합조단 조사결과에 의문을 제기하면 '입장이 아니라 팩트로 말하자'고 반박하곤 했다. 국방부는 이렇게 명확한 팩트(인양된 어뢰추진체)가 나왔는데 왜 우리 설명을 안 믿어주느냐고 하소연을 하곤 한다.

　뒤엉킨 실타래를 푸는 길은 평소 국방부의 주장처럼 하나의 입장이 아닌 팩트에서 다시 출발하는 방법밖에 없다. 국방부는 마냥 "조사결과를 믿어달라"고만 윽박지르지 말고 객관적인 민간전문가들과 함께 조사결과를 과학적으로 반박·재반박하는 과정을 거쳐 이를 정밀하게 검증해야 한다. 국회가 국정조사권을 발동해 과학적 검증을 주도하는 것도 적극적으로 고려해볼 만한 현실적 대안 중 하나다.

　　　　　　　　　　　권혁철 • 한겨레신문 정치부문 통일외교팀 기자

천안함사건의 흐름과 반전

—

정현곤

—

합조단의 조사결과 발표, 그리고 증명방법

5월 20일, 천안함사건과 관련한 민군합동조사단의 조사결과가 발표됐다. 서해 공해를 타고 들어온 북한 연어급(130톤급) 소형잠수함정의 어뢰공격에 의한 침몰이라는 것이다. 이 조사는 '북한의 어뢰공격'이라는 점만을 놓고 볼 때, 발표 이전부터 이미 결론을 내려놓고 있던 부분이어서 새삼스럽지는 않다. 이 발표의 요체는 역시 물증이랄 수 있는 어뢰 잔해가 핵심이다. 이 잔해는 매우 큰 실물이어서, 그간 아주 작은 파편만을 언급해왔던 조사단의 조사 흐름을 결정적으로 바꾼 것이다. 그야말로 "천운이 따랐기 때문에(쌍끌이 어선 선장)", 이 증거물은 5월 15일 아침에 발견될 수 있었다.

이 어뢰 잔해가 천안함사건과 직접 관련된 증거물이냐는 의문은 합조단 발표시 기자들에 의해서도 제기되었다. 쌍끌이 어선의 투입

시기와 인양방법, 어뢰의 부식상태와 선체의 부식 정도에 대한 비교, 나아가서는 어뢰에 표기된 '1번'의 의미와 북한 필적 증명방법 등의 질문이 그것이다. 이 질문들이 내포하고 있는 문제의식은, 그렇게 큰 증거물이 5월 15일에 가서야 비로소 발견되었다는 점으로 모아진다.

실제로 군과 합조단의 증거물 수색작업은 매우 일찍부터 진행되어왔다. 4월 2일자 연합뉴스는 파편 탐지를 위해 기뢰제거 탐색함 양양함과 옹진함이 이미 투입되었고, 쌍끌이 어선 10척도 사고 해상에서 부유물 회수작업을 돕고 있다고 보도한 바 있으며, 4월 15일에는 무인탐사정 '해미래호'가 폭발원점 500m 이내를 정밀탐사 중이라 보도하고 있다. 4월 16일 박정이 합참 전력발전본부장은 "직접적인 원인을 분석할 수 있는 파편 일부를 발견했고 (…) 현재 사건이 일어난 원점에서부터 무인잠수정과 쏘나(음탐기) 등을 이용해 정밀탐색하고 해저의 흙을 포함한 여러 물질까지 채취할 정도의 세심한 계획과 배려로 증거물 확보에 주력하고 있다"(연합뉴스 2010.4.16)고 밝히고 있다. 그리고 4월 27일자 연합뉴스 보도는 군이 갈고리가 설치된 형망(刑網)어선을 5척 투입하여 수색작업을 하고 있다는 정황도 알리고 있다. 형망어선은 개펄 바닥 30cm까지 훑어 파편을 수거할 수 있는 장비다. 이러한 작업을 통해 군은 4월 30일에 이르러 "미세한 3mm짜리에서 4~5cm까지"[1]를 찾아 분석하고 있다고 밝혔던 것이다. 한편 어뢰 잔해를 인양한 쌍끌이 어선의 경우는, "업체를 수소문해 4월 1일부터 1주일간 그물망을 제작"했고 "5월 3일 시험운용을 하"고 실제로는 "10일부터 작전을 시작했다"[2]고 한다. 여기서 기자들은 그렇게 오랜 기간 꼼꼼히 찾아다녔던 증거물이라는 것이, 찾고 보니 너

1 김태영 국방장관의 국회 국방위원회 답변. 연합뉴스 2010.4.30.
2 윤종성 합조단 과학수사분과장이 기자의 질문에 답한 내용.『동아일보』2010.5.21.

무나 큰 물체여서 5월 14일까지도 발견하지 못했다는 것을 잘 납득할 수 없었을 것이다. 특히 어뢰의 프로펠러에 씌어진 '1번'의 한글 표기는, 이것이 실제 현장에서 수거한 것인지에 대해 많은 의혹을 증폭시켰다.

5월 20일 함조단이 내놓은 '결정적 증거물' 어뢰추진체의 모습. © 구미시민뉴스

합조단이 찾은 어뢰의 프로펠러와 추진 후부, 샤프트(축, shaft), 모터 등은 그것을 북한이 제작한 것이라면 그 자체로 강력한 증거가 된다. 하지만 그 어뢰가 3월 26일 당시에 사용된 것임을 증명하는 것이야말로 북한 어뢰공격을 입증할 필수요건이다. 여기서 합조단은 함체의 여덟 곳에 묻은 흰색 알루미늄 산화물이 어뢰에서도 발견되었다는 점을 둘 간의 직접적 상관성으로 설명한다. 윤덕용 합조단 공동단장은 "흰색 흔적은 폭발물에서 나온 비결정성 알루미늄 산화물이 주류이며 어뢰에 담겨 있던 알루미늄 분말이 비결정체 산화물로 바뀐 것"[3]이고, 이 산화물의 성분을 분석해본 결과 어뢰의 것과 동일하

3 윤덕용 공동단장은 인터뷰에서 "폭발물이 터질 때 비결정성 알루미늄 흡착물이 생긴다는 것이 명확하게 규명된 것은 아니었습니다. 연구한 게 없었죠. 다만 반도체에

다고 설명했다.

일단 이 성분은 그간 합조단이나 군이 설명해왔던 화약성분인 RDX와는 다른 것으로 보인다. RDX는 발견 당시에는 어뢰의 증거로 설명되었다. 5월 7일자 연합뉴스 보도에 따르면 정부 고위관계자는 "천안함 연돌(연통)과 절단면, 함미 절단면과 맞닿은 해저에서 각각 검출된 화약성분은 모두 TNT보다 위력이 강한 고폭약인 'RDX'인 것으로 확인"되었고, 따라서 "이 화약은 기뢰가 아닌 어뢰에서 사용되었기 때문에 합조단에서 어뢰 폭발로 결론을 내린 상태"라고 말한 점에서 확인된다. 그리고 알루미늄의 경우 RDX와 병렬적으로 표현되면서, 폭발력을 높이기 위해 화약에 섞는 것으로 설명되고 있다.

그러나 RDX는 그것이 어뢰공격을 증명할 수 있는 증거가 아니라는 점 때문에 의미를 상실해버렸다. 5월 10일 김태영 국방장관은 국방부 기자실을 직접 찾아 "RDX는 2차대전 때부터 사용된 폭약성분으로 옛 소련을 포함한 다수의 사회주의국가에서도 사용되었고 현재는 모든 국가의 군과 산업현장에서 보편적으로 사용되고 있다"고 해명했기 때문이다. 더불어 합조단 대변인 문병옥 해군 준장도 "어뢰뿐 아니라 기뢰도 RDX를 사용한다"(연합뉴스 2010.5.10)고 확인해주었다.

그러므로 알루미늄 산화물은 증명방법의 급격한 전환을 의미한다고 할 수 있고, 그것은 전적으로 '결정적 증거물'인 어뢰 잔해의 발견에 의존한다. 어뢰 잔해에 남아 있던 알루미늄 산화물의 선체 발견 지점은 여덟 곳으로 설명되었는데, 그 물질이 선체에 두루 퍼져 있다고 추정한다면, 폭발과 동시에 솟구치는 물기둥과 더불어 선체 전체를 덮는 과정에서 그 흔적이 남았다고 볼 수 있다. 그런 점에서 이제

서 산화알루미늄을 만드는 데 증기상태에서 고온으로 급속 냉각을 시킬 때 비결정성 산화알루미늄이 생긴다는 논문은 있었죠"라고 말했다. 『동아일보』 2010.5.21.

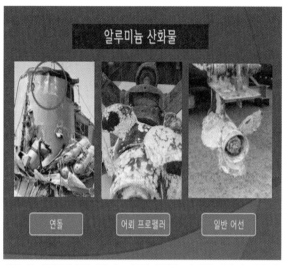

알루미늄 산화물의 발견지점 비교. (출처: 천안함조사 언론3단체 검증위원회)

는 물기둥 문제가 알루미늄 산화물의 존재를 해명할, 피해갈 수 없는 증명 사안이 된다.

물기둥을 어떻게 증명할 것인가? 이 문제는 함미가 인양된 직후인 4월 16일에 합조단이 버블제트 폭발로 추정했음에도, 생존자들이 일관되게 물기둥을 보지 못했다고 증언했기 때문에 설명이 어려웠던 부분이다. 그러나 어뢰 폭발의 결정적 증거로 제기된 선체의 산화알루미늄 존재는 물기둥이 없었다면 달리 설명할 수 있는 방법이 없다.

합조단은 발표문을 통해 이 문제에 대해 두가지 근거를 내놓았고, 추가 질의응답을 거쳐 총 네가지로 설명하고 있다. "충격으로 쓰러진 좌현 견시병의 얼굴에 물이 튀었다는 진술과, 백령도 해안 초병이 2~3초간 높이 약 100m의 백색 섬광 기둥을 관측했다는 진술내용"(합조단 발표문), "셋째는 생존자들이 천안함을 탈출할 때 좌현 외벽 부분에 현창과 같은 곳에 물이 고여 발목이 빠졌다는 진술도 있다. 넷째는 흡착물질 등 폭약이 폭발해서 발생한 잔재들이 함수에서 함미 포탑까지 검출되는 등 선체 전반에서 검출됐다"(이기봉 폭발유형분과장)는 것이 그것이다.

어뢰추진체라는 결정적 증거물에서 시작된 합조단의 논리적 흐름은 여기, 물기둥에까지 와서 크게 흔들린다. 설득력이 없기 때문이다. 결국 합조단의 발표문은 어뢰의 추진체라는 결정적 증거물 그 자체에만 머무르게 된다.

합조단이 어뢰의 잔해를 수거했다는 사실 외에 어떤 것도 증명하지 못한다는 것은 합조단 발표문의 논리적 구성에서도 잘 나타난다.

발표문은 먼저 함체 외형에 대한 설명에서 시작한다. 용골이 위쪽으로 휜 것, 외판의 급격한 꺾임, 선체의 파단(破斷), 함정이 좌우로 흔들리는 것을 방지해주는 함 안정기(stabilizer)에 나타난 강력한 압력 흔적, 선저부분의 수압 및 버블 흔적, 열 흔적이 없는 전선의 절단이 그것이다. 합조단은 이 지점에서 "수중폭발에 의한 강력한 충격파와 버블효과가 함정의 절단 및 침몰의 원인"(합조단 발표문)임을 확인하고 있는 것이다. 그런데 이 정도의 판단은 합조단 내에서는 육안인식이 가능했던 4월 16일경에 이미 내려졌음을 확인할 필요가 있다. 즉 4월 16일에 합조단의 윤덕용 공동단장은 내부폭발, 좌초설, 피로파괴설을 일축하면서 "함미 바닥면 근처에는 좌측에서 큰 힘이 작용해 선체를 포함한 철판들이 안쪽으로 휘어 있고, 우측에는 파손에 열려 있다"며 "우측에서 보면 마치 우측에서 폭발이 일어난 것처럼 보이지만 그런 형태의 파손은 외부폭발에 의해 일어난다는 것이 전문가들의 판단"(연합뉴스 2010.4.16)이라고 설명했던 것이다.

합조단 발표문은 그 다음 버블제트 폭발을 증명하는 방법으로 물기둥에 대한 증언과 시체의 상처, 지진파 등을 제시했는데, 앞서 지적한 대로 이 또한 함미 인수와 병사들의 주검 인양 과정에서 논의되고 의혹이 제기된 문제들이라는 점에서 새로운 결과는 아니다. 오히려 여기서는 물기둥이 있었다는 증언이 매우 미흡하고, 또 큰 충격파를 받은 것으로 보이지 않는 시신 상태에 대한 의문을 해소하지 못했기 때문에, 증명에 더 큰 어려움이 있었다고 할 수 있다.

다음으로 합조단 발표문은 씨뮬레이션과 폭발실험을 여러차례 진행하여 대략 250kg 정도의 화약이 해저 6~9m, 좌현 3m 정도에서 폭발했다는 것을 보여준다. 이 실험은 합조단이 매우 자신있게 내놓은 증명수단이고 실제와 가깝다고 할 수 있다. 논리적 설명, 즉 이 정도의 위치에서 이 정도의 폭발물이 작용하면 배의 변형상태가 이런 정도가 나온다는 점은 논리적으로는 완결적이라 할 수 있다.

그런데 여기까지의 설명은 어뢰가 아닌 기뢰를 놓고 설명해도 크게 차이나지 않는다. 결정적인 증거물인 어뢰 잔해는 바로 이 대목에서 나온다. 북한제 어뢰 잔해가 폭발지점 근처에서 발견되었다는 것이다.

그렇다면 북은 어떻게 공격을 하고 어떻게 모든 정보망을 피해 사라졌는가? 사실 합조단 발표문에서 가장 취약한 점이 이 부분이다. 여기서 '연어급 소형잠수함정이 중어뢰를 장착할 수 있는가?'라는 질문도 뒤따랐다. 5월 21일자 『동아일보』는 이 문제와 관련하여, 외부발사관을 장착하여 중어뢰를 발사할 수도 있다고 보도했지만 긴 잠항 시간과 흔적을 남기지 않은 기동을 고려해볼 때 납득하기 쉽지 않은 대목이다. 더군다나 다른 주변국의 잠수함정은 모두 자국의 모기지 또는 그 주변에서 활동하고 있었기 때문에 오직 북한 잠수정만이 이 사건과 관련된다고 주장한 부분(『동아일보』 2010.5.21)도 증명하기 쉽지 않아 보인다. 합조단의 황원동 정보분석분과장의 설명에 따라 "기지를 이탈해 수중 잠항이 시작되면 현재까지 개발된 세계 어느 나라 과학기술로도 분명히 추적이 제한된다"(『동아일보』, 2010.5.21)면, 타국의 잠수함정이 모두 잠항 중에 있지 않았다고 증명하기도 쉽지 않기 때문이다.

결론적으로, 합조단의 조사결과 발표는 5월 15일에 발견한 북한제 어뢰 잔해를 통해 모든 것을 대체하려 한다. 그런 점에서 이 발표문은 재판부의 판결문이라고 볼 수 없으며, 검사의 논고 범주에서 보더라도 너무나 많은 논리적 약점을 안고 있다고 할 수 있다.

천안함사건의 조사 흐름과 반전

천안함사건 조사 흐름은 몇단계의 전환을 이루게 된다. 우선 이 사건에 북한이 개입되어 있을지 모른다는 가정은, 초기에는 거의 고려되지 않았다. 그것은 북한 문제에 관한 한, 가장 신뢰할 수 있는 핵심 기관들의 정보 판단이 있었기 때문이다. 월터 샤프(Walter Sharp) 한미연합사령관은 천안함사건 발생 이틀째인 3월 28일에 '보도자료'를 내고 "청와대에서 발표한 바와 같이 북한군에 의한 어떠한 특이동향도 탐지하지 못했다"(연합뉴스, 2010.3.28)고 확인한다. 청와대, 국방부의 초기 판단을 이해하는 데는 다음의 기사가 도움을 준다.

청와대는 31일 북한의 반잠수정이 천안함 침몰을 전후해 인근 해역에서 기동했다는 일부 주장에 대해 "확인한 결과 전혀 사실이 아니다"고 일축했다. 청와대 핵심참모는 연합뉴스와의 통화에서 "그 부분은 전혀 신경 쓸 필요가 없다"면서 "전혀 사실이 아니다"고 밝혔다. 다른 청와대 관계자도 "이것저것 엮은 얘기로 첩보에 의해 맞춰봐도 얘기가 되지 않는다"면서 "첩보에 의해 확인한 결과 사실이 아니다"고 말했다. 그는 또 일각에서 북한 잠수정이 발사한 어뢰에 의해 천안함이 침몰했을 가능성도 제기하고 있는 데 대해 북한 잠수정의 작전수행능력 등을 감안할 때 사실이 아닐 것으로 분석했다. 국방부도 반잠수정 출몰설과 관련, "당시 북한에서 특이징후가 없었던 것으로 파악됐다"면서 "그런 사항이 없었기 때문에 비상이 내려지지 않은 것"이라고 설명했다.(연합뉴스 2010.3.31)

'북한 특이동향 없음'이라는 판단은 4월 6일까지 이어진다. 원세훈 국가정보원장은 4월 6일 국회 정보위원회에 출석하여 "천안함 침몰사고를 전후로 북한군의 특이동향은 없었다"고 발언했다.[4]

한편, 천안함에 대한 북한의 개입이 한국과 미국의 정보활동을 통해 부인되던 시기까지, 천안함 침몰원인에 대해서는 내부폭발, 암초충돌, 기뢰폭발, 어뢰공격 등 대략 네가지 정도의 의견이 검토되었던 것으로 알려졌으며, 여기서도 어뢰의 가능성은 매우 낮게 파악된다. 무엇보다도 어뢰의 음파가 탐지되지 않았다는 점이 크게 작용했던 것으로 보인다. 오히려 초기에는 기뢰 쪽에 무게가 실리기도 했다.[5]

....

4 원세훈 국가정보원장은 4월 6일 천안함 침몰과 관련, "북한의 관련성 유무를 단정하기는 어렵다"고 밝혔다. 그는 이날 국회 정보위에 출석, 이같이 보고한 데 이어 "천안함 침몰사고를 전후로 북한의 특이동향은 없었다"고 말했다고 정보위 간사인 한나라당 정진섭, 민주당 박영선 의원이 전했다. 특히 원원장은 "만약 북한이 연루됐다면 해군부대나 정찰국 단독으로 한 것은 아닐 것"이라며 "이 정도의 일은 김정일 북한 국방위원장의 승인 없이는 할 수 없으며, 이번에는 이와 관련한 특이한 동향이 없었다"는 취지로 보고했다고 복수의 정보위원이 전했다. 연합뉴스 2010.4.6.
5 3월 29일에 4차례의 안보관계장관회의 이후 청와대 관계자가 연합뉴스와 전화 통화한 내용에 의하면 "천안함 함장의 진술을 들어보거나 배의 상태 등으로 미뤄볼 때 사지선다형 문제에서 선택하라고 하면 기뢰폭발 가능성을 약간 더 높게 볼 수 있는 것

4월 2일에 김태영 국방장관은 국회 긴급현안 질의과정에서 "어뢰일 가능성이 좀더 실질적이 아닌가 생각한다"고 발언하여 무게중심을 어뢰쪽으로 옮기는 시도를 했으나 바로 그즈음에 청와대로부터 메모를 받았다. 김태영 장관은 이 메모에 대해 4월 7일에 해명했는데,[6] 그 전인 4월 4일에 이미 이 문제를 정리하기 위한 정부의 노력이 확인되고 있다. 국방부는 김태영 장관의 발언이 문제가 되자 "특정해서 예단해서 그런 것이 아니다"고 해명했고, 본인도 "연관성이 약한 것으로 본다"고 말했던 것으로 전해졌다(연합뉴스 2010.4.4). 4월 7일은 생존 장병들의 언론회견이 있던 날이었고, 그날 장병들은 일관되게 물기둥을 확인하지 못했다고 진술했는데, 이 진술은 김태영 국방장관이 어뢰 가능성의 근거로 말했던 백령도 초병의 섬광 관측보다도 더 명백했다. 결국 이 시기까지 정부는 어뢰나 기뢰 등으로 침몰원인이 이해되는 것을 경계했다고 볼 수 있다.

천안함 조사는 4월 15일에 함미가 인수되고 난 뒤, 육안 인식에 기초한 외부폭발 주장에 힘이 실리면서 매우 급격한 변화의 흐름을 타게 된다.

....

아니냐"고 했고, 김태영 장관도 폭발 직전 어뢰활동 탐지 여부에 대해서 "초계함에서 탐지장치를 운용했던 수병의 말에 의하면 그런 징후는 없었다고 한다"고 말하면서 기뢰는 탐지가 제한된다고도 했던 것이다. 연합뉴스 2010.3.29.

6 김태영 국방장관은 7일 국회 정치분야 대정부 질문에서 "대통령의 메모를 받은 것이냐"는 민주당 서갑원 의원의 질문에 "대통령의 메모는 아니고 비서실장이 저에게 쪽지를 줬으며, 실장은 청와대 국방비서관으로부터 받은 것"이라고 말했다. 김장관은 "당시 어느 의원이 원인을 놓고 어뢰와 기뢰만 놓고 질문하다 보니 당시 일부 언론매체에선 어뢰에 중점이 있는 것처럼 썼다"며 "장관(내) 의도는 그게 아닌데 일반에 잘못 알려질 수 있기 때문에 보좌진에서 메모를 써서 줬다"고 설명했다. 그는 "국회에서 묻는다고 부화뇌동해서 기뢰다, 어뢰다라고 답변을 해도 되느냐"는 거듭된 추궁에 "말을 하다 보니 기뢰. 어뢰로 좁혀져서 마치 그것처럼 돼서 다시 해명했다"고 답했다. 연합뉴스 2010.4.7.

결정적인 전환 시점은 4월 19일로 보인다. 김태영 국방장관은 그날 "우리는 사건 발생 순간에 북한의 행위라고 판단했다"(연합뉴스 2010.4.19)고 공개 언급했으며, 이명박 대통령 또한 "대통령으로서 천안함 침몰원인을 끝까지 낱낱이 밝혀낼 것"(연합뉴스 2010.4.19)이라고 언급하고 있다. 그리고 20일에 대통령은 야당 대표들과 회동하면서 "북한의 개입 여부는 물증이 나와야 하는 문제니까 여야 정치권은 가능하면 기다려 달라"(연합뉴스 2010.4.20)고 당부하기까지 한다. 그리고 바로 그 다음날인 4월 21일에 정부의 외교·안보부처 자원에서 천안함사건 대응 검토에 들어가는데, 북한의 소행을 전제로 대응책을 짜고 있음이 드러났다. 외교부는 이 문제를 안보리에 가져갈 것이라는 것, 국방부는 자위권 행사를 검토한다는 것, 통일부는 교역 중단을 검토한다는 사실 등이 흘러나왔다.

4월 25일에 합조단의 공개 브리핑이 있었다. 이 자리에서 합조단은 비접촉 수중폭발을 다시 한번 확인하면서도 가능한 무기체계로 기뢰와 어뢰를 모두 언급하고 있다. 이미 정부 차원에서 북한의 공격을 기정사실화하는 정황에서도, 합조단은 아직 기뢰가 아닌 어뢰라는 증명 수단을 찾지 못했음을 알 수 있다.

합조단이 세밀하게 탐색하여 찾아낸 작은 파편 증거물들의 수준이, 큰 경우도 4~5Cm 정도라는 것은 4월 30일 김태영 국방장관의 국회 보고에서 확인되었다. 그러다가 5월 7일에 어뢰 폭발의 증거로 폭발물 내 화약성분인 RDX 얘기가 흘러나왔다(연합뉴스 2010.5.7). 그러나 앞서도 말했듯이 이 주장은 전문가들의 반발에 부딪혀 5월 10일에 철회된다. 결국 5월 10일까지도 합조단은 '어뢰공격'을 증명하지 못했던 것이다.

그런데, 그로부터 3일 후인 5월 13일, 매우 주목할 만한 징후들이 나타난다. 이때 군은 7년 전에 확보한 북한의 훈련용 어뢰의 존재를 확인하면서, 발견된 파편들과의 상호 연관성을 비교분석하고 있음을 공개한다.

군 고위관계자는 13일 "천안함에서 수거한 금속 파편이 북한의 어뢰 재질과 유사한지를 비교하고 있다"면서 "우리 군은 북한의 어뢰를 가지고 있다"고 밝혔다. 군은 7년 전 우리 연안에서 북한의 훈련용 어뢰 1기를 수거해 확보하고 있다. 이 관계자는 "아주 작은 금속 파편 여러개를 수거해 이미 확보 중인 북한 어뢰 재질과 비교분석 중"이라며 "분석작업은 국립과학수사연구소에서 진행하고 있다"고 말했다. 그는 북한의 어뢰 프로펠러 파편을 발견했다는 일부 언론보도에 대해 "사실과 다르다"면서 "오는 20일 전후로 조사결과를 발표하기 위해 노력하고 있다"고 강조했다.(연합뉴스 2010.5.13)

그리고 그날 청와대 박형준 수석은 평화방송 라디오 〈열린 세상 오늘 이석우입니다〉에 출연하여, 천안함사건을 '외부공격'으로 표현한다.[7] 외부공격의 경우 그간의 '외부폭발' 수준에서 더 나아간 것으로 어뢰공격을 확정짓는 신호로 읽힌다. 5월 13일은 대통령이 주재하는

---

7 "그러니까 제가 말씀드렸지만요. 우리 안보상의, 이게 단순한 사고에 의한 침몰이 아니라는 것은 정부도 분명히 했습니다. 좌초나 사고에 의한 침몰이 아니고, 이것은 분명한 외부의 공격에 의한 침몰일 가능성이 매우 높다라고 보고 있는 것이지요. 그동안의 조사결과로도 그렇습니다. 그런 차원에서 보면 이건 국가안보의 중요한 사태라고 보고 있는 것이고요. 이 계기를 통해서 안보태세를 전반적으로 재점검하는 작업에 착수한 것이고, 결과가 객관적으로 확증가능한 정도로 나오면 거기에 따른 조치는 또 그 다음에 취해갈 것입니다."

국가안보총괄점검회의가 열리는 날이기도 했다. 그리고 알려진 대로 결정적 증거물인 북한 어뢰의 큰 잔해는 5월 15일 오전에 인양되었다.

진실의 문제, 그리고 의도된 '진실'의 문제

천안함의 진실은 무엇인가? 그런데 지금 이 질문의 답을 찾는 것 못지 않게 중요한 일이 있는 것처럼 보인다. 그것은 진실이 어떠하든가에 상관없이 하나의 방향으로 이 문제를 끌고 가려는 흐름이 분명히 존재하기 때문이다. 이 흐름에는 '북한 옥죄기'라는 목표가 있다고 느껴진다.

이 흐름은 적어도 4월 19일 이후에 가시권에 들어왔고 5월 20일 조사발표 이후에는 더욱 구체화되었다. 북한을 향한 외교부와 국방부, 통일부의 공격적인 조처들이 이것을 보여준다.

우리는 이 흐름을 급격한 안보담론의 형성으로 이해할 수 있다. 탈냉전 이후의 안보담론은 과거 냉전시기 전통적인 안보담론과는 차이가 있다. 냉전시기 안보담론의 형성은 국가의 책무로 이해되었다. 안보위협이 실제로 존재했던 상황이라 국민의 재산과 생명의 보호라는 책무는 구체적이었다. 그러나 탈냉전 이후 이러한 안보담론은 그 모양을 달리했다. 그것은 안보문제를 다루는 국가의 정책이 여러 선택지를 가질 수 있기 때문이다. 하나의 예로서 대북포용정책이 있다. 안보대상과의 새로운 협약을 통해 안보위협을 줄여가는 것이다. 이를 바탕으로 국가의 책무는 국민의 생활과 복지로 이동하는 것이다.

그러나 국가가 그러한 책무를 다하지 못하는 지경에 오면 안보담론은 전혀 새로운 형태로 조성된다. 우리는 그 예를 9·11 이후의 미국 부시 행정부에게서 본다. 안보위협의 실체가 없는 것은 아니나, 그것은 필연적이라기보다는 국가정책의 그릇된 방향에서 비롯되었다고 볼 수 있다. 국가정책의 오류는 결국 과장된 안보로 치장된다. 문제는 국민들의 대다수가 국가로부터 혜택을 받을 기회를 상실하게 되면서 그로 인한 고통을 겪는 와중에, 다시 국가가 설정한 공동의 적을 향해 자신의 분노를 표출하게 된다는 점이다. 이런 순환이 반복되면서 국가의 선택은 더욱 그릇된 구렁텅이로 빠져든다. 안보예산은 증액되며, 외부의 적에 대한 경계로 민주주의는 후퇴한다. 다시 그 실체를 인식하고서 지혜를 가동했을 때, 우리는 저만큼 지나온 퇴행의 길을 지켜볼 수밖에 없다. 지금의 안보담론은 분명 이러한 악순환의 전철을 밟고 있다.

천안함사건을 보며 위기위식을 느끼는 이유는, 이 사건을 계기로 안보담론의 위와 같은 구조화가 형성되고 있기 때문이다. 어떤 맥락이 이런 구조화로 귀결되었는가?

이러한 흐름에는 여러 힘이 복합적으로 작용한 것으로 보인다. 우선 군이 있다. 우리 군은 이미 남북의 군사적 긴장을 주도적으로 이끌어왔다. 적어도 북한의 NLL 공격을 전제로 한 것이지만 과거와는 다른 전술을 상정하고 있었다. 2009년 3월 10일자 『세계일보』 보도다. "북한의 NLL 도발 땐 우리 군은 F15K 전투기를 투입해 북 해안포 기지와 함정, 장사정포를 정밀타격한다는 시나리오를 마련한 것으로 보인다." 이러한 대응은 확전을 의미한다. 이 대응은 북한군 총참모부의 '대남 전면대결 태세' 천명(2009.1.17)에 대한 대응으로 비칠 수도 있지만 확전 전술이라는 측면에서 우리 군으로서는 새로운 움직임이 분명하다.

남북한 군의 긴장상태는 2010년초에 남북정상회담설이 부상하면서 숨고르기에 들어갔다고 볼 수 있다. 그러나 남북정상회담 논의는 남북의 상호인식에서 큰 차이를 드러내고 있다. 정확한 내막을 알 길이 없지만 적어도 그간에 문제가 되었던 국군포로나 납북자 문제는 정상회담의 장애요인이 아닌 것으로 보인다. 결정적인 것은 결국 핵 처리 문제였다고 짐작된다. 우리 정부는 핵물질의 제거를 요구한 것으로 보인다. 그것이 정상회담의 전제가 되자 북이 거절하는 형국이었을 것이다. 이러한 맥락에 의해, 그간 긍정적으로 기대되던 6자회담이 평화체제 문제라는 걸림돌에 직면한다. 현 정부는 당장 전시작전권 회수 문제를 재논의해야 할 형국에서 북한이 주한미군 문제를 거론할지도 모르므로 현재의 평화체제 논의를 위험하다고 간주할 것이다. 그 결과 정상회담의 정체와 더불어 6자회담의 형성도 부담이 될 수밖에 없다는 것이다. 그러나 적어도 올해 초까지는 이러한 역행이 정국의 주도 요인은 아니라고 볼 수 있다. 6자회담에 대한 미국의 의지나 중국의 고려 등 여러 외교 요인이 여전한 조건에서 남북관계의 급격한 냉각은 국가 전체가 선택하기에는 여전히 부담스러운 형국이기 때문이다.

정상회담 추진의 후퇴는 북한 화폐개혁에 대한 평가와 맞물려 대북제재의 효용가치를 극대화시켰다고 볼 수 있다. 당시 북한의 화폐개혁이 북한경제를 피폐하게 만들고, 주민들의 저항을 초래했다는 부정적 평가가 만연했다는 점에서, 지금 시기 북한과의 관계개선보다는 제재를 고려하는 편이 남북협상에서 더 유리할 것이라는 판단을 불러일으켰다는 것이다. 그것은 올 2월초의 금강산 협상에서 통일부가 북에 대해 매우 강경한 태도를 취한 점에서 확인된다. 통일부는 남북정상회담의 공식적인 협상주체였다.

다른 한편으로 2월초의 정국에서 6자회담과 관련하여 낙관을 경계하는 시민사회의 목소리가 있었음도 참조할 필요가 있다. "4월 핵안보 정상회의와 5월 NPT회의를 앞두고 북핵문제에 진전을 이루지 못하면, 오바마 행정부의 대북정책은 역으로 강경한 방향으로 흐를 가능성도 배제할 수 없다"[8]는 의견이 그것이다. 결과적으로만 본다면 이러한 부정적 전망이 들어맞았다고 볼 수도 있다.

국제적 흐름에서 세계 핵문제 해결을 통한 평화구축이라는 미국의 주된 관심이 오히려 자국의 안보와 대테러 경계에 집중되고, 남북관계의 기대치가 동요하는 와중에 국내에서 매우 중요한 힘겨루기가 진행된 사실도 주의 깊게 보아야 할 문제다. 적어도 세종시와 4대강 논의과정에서 정부의 아젠다 주도력은 무너졌다. 이와 더불어 공안정국을 주도하던 검찰이 한명숙 재판과 스폰서 문제로 상대적으로 무력해졌다는 점도 매우 중요한 요소다. 결국 그동안 이명박정부의 지지율을 지탱해준 주요소가 더욱 왜소해졌다. 하나는 이명박정부 출범 이후 북의 저자세로 형성되어온 대북관계에서의 우위, 또 하나는 원전 수주와 G20회의 유치 등 일종의 컨설턴트 경영식의 국가관리가 바로 그것이다. 이러한 이해는 정부 운영에서 6·2 지방선거가 매우 심각하게 고려될 수밖에 없었다는 점을 확인시킨다.

천안함사건의 조사 흐름에서 보여주듯이 급격한 반전은 4월 19일을 전후해서 이루어졌고 그후로는 하나의 방향성이 뚜렷해졌다. 어떤 방식의 북한 옥죄기를 구상하는 것인가? 유엔 제재의 강화가 있을 수 있다. 그것은 제재 1874호[9]의 강화를 포함하여 북이 다각적으

<hr />

8 정욱식 「6자회담 재개, 쟁점과 해결방향」, 한반도평화포럼 제6회 발표문. 2010.2.9.

9 유엔 안보리 제재 1874호는 2009년 5월 25일 북한이 벌인 2차 핵실험에 대응해 채택된 결의안이다. 기존의 대북 제재결의안 1718호보다 훨씬 강도 높은 안으로, 모든 무기류의 수출입을 금지하고 유엔회원국 영토 및 공해상에서 북한행·발 화물을 검색하

로 전개하는 대외 경제관계의 모든 고리들을 차단하는 흐름이 될 것이다. 여기서 한미군사훈련의 강화를 통한 군비경쟁도 가능한 선택지다. 남북관계에서는 북으로 가는 모든 돈줄을 막자는 것이 주된 방향으로 자리잡고 있다. 이 모든 과정에서 중국에 대한 외교적 압박을 성공시키는 것은 가장 큰 고심거리가 될 것이다. 중국은 천안함을 북의 행위라 인정하지 않는다. 그러나 명백한 증거물이 있다면 중국을 압박하기가 쉬울 것이다. 이 모든 바탕에는 대북제재의 효용가치를 극대화하고픈 욕구가 담지되어 있다. 급변사태라는 또 하나의 가설이 떠올랐던 본질적 이유가 여기에 있다.

북이 내비치고 있는 긴박한 움직임도 여기에 닿아 있다. 북은 대남관계에 대한 기대감을 이미 접은 것으로 보이지만 중국을 중심으로 한 국제협력을 통해 내부문제를 풀어가려는 자신의 의도도 위협받고 있다고 생각할 수 있다. 북으로서는 핵능력의 발전을 통해 비대칭의 구조화를 추구했고 어느정도 성과가 있었다는 점에서, 군사적 대응보다는 경제적 대응이 더 부담스러운 국면일 것이다.

이제 진실의 문제는 어떻게 될 것인가? 불평등한 정보게임이 분명한 상황에서 지금은 가설과 '검증'이 계속되고 이에 대한 '반증'이 이어지는 국면이다. 남이 찾은 어뢰가 북의 것이 분명하다는 전제가 철회되지 않는 한, 이 조건을 변경할 어떠한 조처도 발생하기 어렵다. 한편으로 천안함의 '진실' 만들기는 6·2 지방선거를 겨냥한 것이며 선거 이후에 소멸될 가능성도 거론되었지만, '결정적 증거물에 의한 어뢰피격'이라는 단정은 여전히 출구를 가로막고 있다.

는 등의 강력한 규제안을 담았다.

천안함의 진실에 접근하는 길에는 증명해야 할 많은 문제가 남아 있다. 진실은 그 모습을 드러내기까지 계속 추구될 것이다. 국민의 대표인 국회와 더불어 시민사회가 지혜를 모아야 할 때다.

정현곤 • 세교연구소 상임기획위원

臣에게 아직 열두 척의 배가 남아 있습니다

합조단의 천안함사건 조사 발표를 보고

———

김대호

———

1987년에 일어난 KAL 858기 폭파사건에 대한 나의 오랜 의혹은 신동진씨를 만나면서 말끔히 해소되었다. 신동진씨는 2000년대 초반 안기부 조작에 혐의를 두고 3년 이상 'KAL 858기 실종사건'을 취재한 사람이다. 이를 토대로 그는 관련 의혹을 집대성한 KBS 다큐멘터리 〈우리는 알고 싶다: KAL 858기 실종자 가족들의 호소〉(2003년 KBS 열린채널 방영)를 만들고, 『KAL 858, 무너진 수사발표』(창해 2004)라는 책을 썼다. 이런 인연으로 'KAL 858기 가족회'의 사무국장을 맡기도 했다. 그런데 놀랍게도 신동진씨는 노무현정부 시기인 2004년 11월, KAL 858기 사건 등을 규명하기 위한 국정원의 '과거사건 진실규명을 통한 발전위원회'에 참여했다. 그것도 국정원의 지목(요청)과 가족회의 추천을 동시에 받아서!

물론 그때까지만 해도 신동진씨는 '안기부 조작'에 혐의를 두고 있었다고 한다. 그런데 막상 위원회에 들어가서 방대한 수사자료를 자유롭게 들춰보고, 수많은 관련자들을 인터뷰하고 나서 비로소 수사결과를 신뢰하게 되었다고 한다. 그런데 그가 지지하고 신뢰한 것은 사건발생(1987.11.29) 45일 만에, 즉 김현희 압송(1987.12.15, 대통령선거 하루 전) 한달 만에 발표한 안기부 수사발표 자료(1988.1.15)가 아니라, 서울행정법원이 KAL 858기 유가족들의 '정보공개청구소송'을 받아들여 '수사·재판기록 공개판결'(2004.2.3)을 통해 공개된 수사보고서다. 다시 말해 이것은 항공기폭파치사 등의 혐의로 불구속 기소되어(1989.2.3) 이듬해 대법원 사형선고(1990.3.27)로 종결된 김현희 재판에 제출된 수사보고서다. 두 수사자료가 밝힌 사건의 핵심 줄거리는 별로 다르지 않았지만 신뢰도의 차이는 매우 컸다고 한다.

초기 수사발표가 부실하여 조작냄새를 심하게 풍겼던 것은 당시 민정당, 안기부, 보수언론 등이 이 사건을 정치적으로 이용하려는 의사가 분명했기 때문이다. 따라서 많은 사람들이 오랫동안 품은 의혹도 정당했다고 생각한다. 아마 부실하기 짝이 없는 초기 수사발표만 기억하고 참여정부 시절 '진실위'의 검증결과를 알지 못하는 사람들은 아직도 조작이라고 생각하는 경우가 적지 않을 것이다. 하지만 이들을 탓할 일이 아니다. 오히려 정치적 목적으로 부실한 수사보고서를 발표하여 애먼 국정원 등을 의심하게 한 사람들이 지탄받아야 할 것이다.

진보와 보수를 초월하여 비판적 이성을 가진 사람들 사이에서 천안함 관련 의혹이 점점 증폭되는 것은 정부와 군 조사당국과 보수언론이 상식적 의문에 대한 해명 없이 친북좌파 시비나 일삼고, 또 한국정부의 공식 발표를 일단 신뢰하고 외교적 행동을 하는 미국, 유럽, 일본 등 우방국들의 정치적 지지를 근거로 수사발표가 진실이라고 강변하기 때문이다.

북한 공격설과 상식적 의문 사이

많은 사람들은 현 시점에 북한이 잠수함 도발을 해올 정치적 이유가 없다고 말한다. 하지만 나는 북한의 지독한 폐쇄성과 경직성에서 오는, 이념과 정서의 '시간지체'(시대착오)를 감안하면, 과거에 북한에 침투하여 납치·살인·파괴 등을 일삼았다고 주장하는 북파공작원들과 비슷한 심리를 가진 사람들이 조선로동당이나 조선인민군에 얼마든지 있을 수 있다고 생각한다. 그래서 나는 북한 잠수함이 은밀히 침투하여 남한 군함에 공격을 가했을 가능성을 결코 배제하지 않는다.

그럼에도 불구하고 천안함 침몰사건 이후 5월 24일 이명박 대통령의 담화에 이르는 일련의 발표와 사건 들은 상식에 어긋나는 점이 너무나 많다. 단적으로, 잠항한 잠수함을 탐지해내는 것이 기술적으로 어렵다는 것은 인정하더라도, 조사결과 발표대로 북한 잠수함이 멀리 공해상을 돌아서 침투했고 조용히 기다리다가 어뢰를 발사했으며 침투한 경로로 달아났다면, 적어도 전군 초비상이 걸린 상황에서 도주하는 잠수함이 포착되지 않을 리 없다. 이 잠수함의 잠항능력의 한계가 명백하기 때문이다. 그런데 침몰 직후 며칠 동안 군도 미국도 북한의 어떤 특이징후가 포착되지 않았다고 했다. 쏘나(sonar)에서의 이상징후 부재(어뢰탐지 불능)도 수수께끼다.

이해가 안 가는 것은 이뿐만이 아니다. 버블제트로 인한 물기둥 관련 진술의 불일치도 그중의 하나다. 천안함 생존자 중 누구도 이런 얘기를 한 사람이 없는 데 반해, 목격했다는 초병의 진술은 오락가락하면서도 흐릿하다. 그럼에도 불구하고 초병의 진술은 주요한 증거로 채택되었다. 또한 250kg의 고성능 폭약을 장착한 중어뢰에 의한 폭침으로 보기에는 석연찮은 점이 너무나 많다. 화약냄새의 부재, 죽은 물고기떼의 부재, 배의 파단면과 스크루의 손상 형태, 사망자들의 신체손상 형태, 배 내부의 온전한 형광등과 가지런한 탄약고 등. 더불어 모든 범죄(사건)수사의 기본 중의 기본인 사건발생 장소와 시각(9시 15분인지, 22분인지?)과 피해자의 궤적(항적)이 오락가락하면서도 불투명하다. 이를 속 시원하게 해명할 자료인 침몰 전후의 TOD(열상감시장비) 영상은 없다고 한다. 항적기록과 교신기록은 비공개다. 폭침(?) 당시의 상황을 생생하게 증언해줄 생존자들의 언론 접촉은 사실상 봉쇄되어 있다. 당시의 상황과 관련된 정보를 실시간으로 가장 풍부하게 접했을 합참의장 등 군 수뇌부의 대응도 어뢰에 의한 폭침 징후를 사전에 조금이라도 파악했다면, 있을 수 없는 대응이다. 어뢰부품의 녹슨 상태와 폭발 충격에 이어 50일간 바닷물의 부식작용을 견딘 '1번'이라는 파란 매직글씨도 미스터리다. 진정 무수히 많은 상식적 의문들이 해소되지 않았다.

합동조사단은 무엇을 놓쳤는가

이런 의문점이야 비판적 언론들이 많이 거론하고 있다. 그런데 어뢰에 의한 폭침이 맞다면 매우 중요한 증거로 채택되어야 함에도 군과 보수언론은 물론, 비판적 언론과 야당까지 소홀하게 취급하는 것이 있다.

첫째, 유실되었다가 발견된 천안함의 거대한 기관실이다. 기관실은 디젤엔진실과 가스터빈실로 이뤄져 있는데, 전자는 5월 중순경(정확한 시점은 밝히지 않았다) 인양했고, 후자는 조사결과 발표 하루 전에야 인양되었다. 분명한 것은 민군합동조사단의 발표대로 기관실이 어뢰폭발에 의해 근접타격을 받았다면, 어뢰공격을 뒷받침하는 증거의 보고(寶庫)가 아닐 수 없다는 점이다. 그런데 군도, 언론도, 야당도 너무 무관심했다. 5월 15일에 극적으로 건져올렸다는 어뢰 후미부 부품은, 어디서 얻었는지 모를―적어도 수출용 카탈로그에서 얻지는 않은―어뢰 설계도[1]와 함께 '결정적인 증거'로 채택되었고, 아직 제대로 된 결과가 나오지 않는 컴퓨터 씨뮬레이션 영상조차도 유력한 증거로 채택되었음에도 불구하고 말이다.

둘째, 폭발 원점의 해저 상태다. 실제 폭발이 일어났다면 해저에 폭발 흔적이 없을 리 없고, 그 주변에 어뢰 파편이 무수히 많을 수밖에 없다. 그야말로 증거의 보고인 것이다. 하지만 여기서 건져낸 증거는 파편치고는 엄청나게 크고 온전한 어뢰 후미부 부품뿐이다. 폭발 원점의 해저 상태에 대한 어떤 언급도 없다.

셋째, 휘어진 스크루다. 스크루 표면에 대한 정밀조사를 하면 밝혀질 중요한 의혹(해안단구 좌초설)이 있음에도 불구하고 이와 관련된 조사자료는 제출되지 않았다.

천안함 폭발 원인이 어뢰임을 뒷받침하는 증거들 중에서, 소수의 이해관계자가 은밀하게 조작하기 힘든 것은 한국지질자원연구원이 포착한 공중음파 데이터 정도가 아닐까 한다. 그러나 이마저도 버블제트 음파 파형과 천안함 침몰 직후 포착된 음파 파형이 다르다고 한다. 대한민국 국민으로서 합조단의 공식발표를 웬만하면 믿어주

---

1 5월 20일 합조단이 결정적 증거로 제시한 어뢰 설계도는 당초 북한의 수출용 카탈로그에서 얻었다고 했으나, 실제로는 아직도 출처가 불분명한 CD였고, 그나마 실물과 공개한 설계도의 사양(치수 등)이 다르다는 것을 지적하자, 합조단은 6월 29일 설명회에서 "실무자가 인쇄소에 잘못 전달"해서 생긴 착오였다고 해명했다.

고 싶지만, 상식적 의문이 잦아들지 않으니 그게 잘 안된다. 기관실, 폭발 원점의 해저면, 시신 상태, 죽은 물고기떼의 유무, 무수히 많은 어뢰 파편, 물기둥, 침몰 직후 황망한 생존 승무원들의 솔직한 진술, TOD, CCTV 영상 등에서 사후적으로 조작하기 힘든 과학적 증거가 얼마든지 나올 수 있는데 어찌된 셈인지 나오지 않고 있다.

쫴 깐깐한 사람들 중의 일부는 '증거 조작' 자체가 지극히 어렵기에 군의 발표를 믿어주어야 한다고 말한다. 일리가 있다. 사후 조작이 어려운 것은 여러 사람이 일관성있게 입을 맞추기가 어렵고, 행위가 수반하는 수많은 물리적·화학적 현상까지 창조하기 어렵기 때문이다. 따라서 암시장에 나오는 고대 유물의 진품 여부 검증과정에서 보듯이, 사후적으로 만들어낸 물리적·화학적 현상은 과학적 검증을 견뎌내기 쉽지 않다.

그런데 문제는 천안함사건에 관한 한 진술 검증작업도, 과학적 검증작업도 사실상 불가능하다는 데 있다. 생존 장병을 포함하여 거의 모든 증거자료는 병영에서 총을 든 초병에 의해, 또 군사기밀보호법에 의해 철통 방어되고 있다. KAL 858기 사건의 경우는 비교적 쉽게 접근할 수 있는 증거자료가 적지 않았다. 관련된 민간인(주로 외국인)들도 있었고, 작은 폭약에 의해 일어난 사건이기에 물리적 검증도 가능했다. 무엇보다도 국정원은 수사보고서에 자신이 있었기에 의혹설을 체계적으로 집요하게 제기해온 신동진씨 같은 사람을 진실위에 합류시켜 관련 수사자료를 다 공개했던 것이다. 그런데 천안함 관련 군과 합조단의 행태는 달라도 너무 다르다. 게다가 저비용으로 할 수 있는 간단한 검증·실험 항목도 그리 많지가 않다.

물론 수사의 공신력 제고를 위해 민간인 전문가와 외국인 전문가를 합조단에 넣긴 넣었다. 그런데 3월말에서 4월초부터 제기된 보수언론과 국방장관의 예단에 공공연하게 반기를 든 민간인 전문가는 민주당이 추천한 신상철씨(서프라이즈 대표)뿐이다. 신씨의 전언에 의하면 증거에 대한 접근과 독자적인 조사활동이 너무나 어렵다고 한다. 그리고 군이 주도적으로 선정한 외국 전문가라는 사람들에 대해서도, 군이 엄청난 무기와 군수품을 수입하는 힘있는 고객이라는 것을 감안하면, 신뢰를 보내기 쉽지 않다. 행여 이들이 외국 군수업자들과 직간접적으로 연결되어 있다면, 한반도의 긴장이 격화되고 북한 재래식 무기의 '우수성'이 입증되는 사태는 한국군 전력증강 예산의 폭발적 증가를 초래하여 엄청난 비즈니스 기회를 제공해줄 것이기 때문이다. 그런데 합조단의 발표에 공신력을 배가시킨 이들 외국 전문가들이 어디서 뭐 하던 사람인지, 누가 어떤 경위로 선발했는지 캐묻는 목소리는 너무나 미약했다.[2] 이는 천안함 기관실 수색에 목소리를 높이지 않는 것과 국회 차원의 조사특위를 제때 활성화시키지 못한 것과 함께 야당과 진보적 언론의 큰 실책인지도 모른다.

공포, 의무, 설마가 의혹을 억누른다

우리나라 검사들이 피의자를 의심하는 눈으로 살펴보면, 아니 비판적 이성의 눈으로 살펴보면, 지금 북한의 어뢰공격설을 믿게 하는 것은 과학적 증거가 아니라 '공포'와 '의무'와 '설마'다. 한국의 진정한 슈퍼파워인 보수언론과 국방장관 및 합조단과 대통령과 여당이 한목소리로 북한 잠수함이 범인이라고 말한다. 보수논객들은 이젠 '토'를 다는 사람들을 공공연하게 친북좌파나 유사시 전광석화처

---

2 국회 천안함진상조사특위 소속의 민주당 최문순 의원이 5월 31일 합조단의 명단을 공개했지만, 외국 전문가들의 명단은 여전히 베일에 싸여 있는 상황이다.

럼 제거해야 할 후방의 적으로 간주하고 있다. 대통령도 전쟁기념관에서의 특별담화를 통해 '국론분열 행위'에 총구를 겨누다시피 했다. 게다가 지금은 진짜 국지적 전쟁이 터질 가능성이 높다. 보도연맹 대학살사건도 그리 먼 과거가 아니다. 또한 민주노동당 가입 혐의를 받는 교사들 백수십명을 파면 등 중징계하는 '상식 적출'의 광풍이 불어닥치고 있다. 국가보안법도 칼집에서 스르르 나오고 있다.

이러니 어찌 공포가 엄습하지 않을 수 있겠는가? 공포뿐 아니다. 남북간 일촉즉발의 대치상황이니 군의 과도한 폐쇄성(비밀주의)도 용인해주어야 할 것 같고, 군의 발표는 무조건 믿어야 할 의무가 있는 것처럼 느껴진다. 군의 부실한 발표에 대해 비판적 상상력을 작동시키면 도저히 인정하고 싶지 않은 황당한 상상에 도달한다. '설마'가 사람 잡는다고 하지만, 선진국의 문턱에 와 있는 자랑스러운 대한민국의 군이 그럴 리 없다고 믿고 싶기에 고개를 설레설레 젓게 된다. '설마'가 정부 발표에 대한 솟구치는 의구심을 짓눌러, 불편한 상상을 외면하도록 하는 것이다.

그런데 나를 가장 통탄스럽게 하는 것은 증거에 대한 과학적 검증 문제가 아니다. 공포, 의무, 설마에 짓눌린 비판적 지성도 아니다. 오히려 진보와 보수를 초월한 지식사회의 역사적 교훈에 대한 지독한 망각이다. 인간이 물질적 이해관계 앞에 별것 아닌 존재라는 인문학적 통찰의 빈곤이다. 마지막으로 덧붙이자면 검찰, 군 등 폐쇄적 전문가집단에 대한 민주적 통제(문민통제) 등 민주주의 기본철학의 빈곤이다. 이 핵심에는 문민통제가 제대로 되지 않는 폐쇄적인 한국군에 대한 경계와 의심의 부재가 있다. 동시에 원칙, 진실, 민족의 운명과 담 쌓은 채 단기적 이익을 밝히는, 참으로 얍삽한 CEO 출신 대통령에 대한 견제장치의 부재가 있다.

인문학적 통찰과 민주주의 기본철학의 부재

역사를 들춰보면 1차대전을 비롯해 수많은 비극적 전쟁은 최고통치자의 세계관, 가치관, 이해관계 못지않게 군부 엘리뜨들의 세계관, 가치관, 이해관계에 의해 일어났다. 게다가 지금의 군은 병영에서 홀로 존재하는 것이 아니다. 천문학적 규모의 국방예산을 배경으로, 고가의 무기와 군수품을 구입하고, 거액의 연구용역(자문)비를 뿌려대는 힘있는 고객으로서 수많은 국내외 기업체 및 전문가집단을 관리·통제하고 있다. 게다가 지식과 정보가 권력인 시대에 군은 군사기밀이라는 이름 아래 합법적으로 많은 정보를 독점하고 통제한다. 바로 그렇기 때문에 삼권분립이 철저하고 정부에 대한 각종 감시·통제씨스템도 잘 갖추어진 미국에서조차 '미국 민주주의에 대한 새롭고 거대한 위협'으로 군산복합체(military-industrial complex)를 지목했던 것이다. 이는 1961년 1월 17일, 8년간 재임한 아이젠하워 대통령이 고별연설에서 한 얘기다.

국방장관, 해군총장, 천안함 함장과 고위급 장교들은 천안함 침몰의 원인이 어떻게 결론 나느냐에 따라 그 운명이 크게 바뀌는 이해관계자다. 게다가 한국에서 국방장관은 군에 대한 문민통제의 수단이 아니라, 합참의장과 참모총장 위에 있는 사실상의 상관이다. 특히 김태영 국방장관은 합참의장에서 군복을 벗자마자 바로 장관이 되었으니 말해 무엇 하겠는가! 국방장관의 직접적 지휘를 받는 국방부의 요직은 거의 군인 또는 군 출신들이다. 구조적으로 한국군은 문민통제가 잘 안 통하게 되어 있는 것이다.

천안함 침몰 이후 북한 공격설을 가장 앞서서 제기한 존재는 조·

중·동이고, 그와 앞서거니 뒤서거니 하던 사람이 바로 김태영 장관이다. 그래서 천안함 관련 국회 국방위 회의에서 답변 도중 VIP(이명박 대통령)로부터 '발언에 문제있다'는 메모까지 전해받았다. 동서고금을 막론하고 군은 '위계'와 '일사불란'을 중시한다. 따라서 군의 대선배이자, 합참의장에서 바로 영전한 국방장관의 예단과 의중이 합조단에 지대한 영향력을 주지 않을 수 있겠는가? 이것이 상식 아닌가?

이명박 대통령이 어떤 사람인가? 조선왕조실록의 전통을 되살려, 후세대의 엄정한 평가를 위해 남긴 노무현 전 대통령의 방대한 기록물을 훔쳐보려는 의도가 없었다면 할 수 없는 행위를 함으로써 '대통령 기록물 관리법'의 정신을 완전히 짓뭉개버린 사람이다. 아마 이명박 대통령은 후세대의 엄정한 평가를 위해 '마싸지'되지 않은 사료를 남긴다는 개념 자체가 없을 것이다. 통치자의 도덕적 신뢰라는 개념과 담을 너무나 높이 쌓은 사람이다. 단기적 이익 내지 임시변통을 위해 원칙을 너무나 가벼이 여기는 구시대적인 인물이다.

그러니 탁월한 전공(戰功)을 세우지 않았기에 관례상 무공훈장 수여대상이 될 수 없는 46명의 사망장병에게—생존장병에게는 주지 않고—화랑무공훈장을 준 것 아니겠는가? 이는 대한민국이 존속하는 한 영원한 영예가 되어야 할 무공훈장을 분노한 유가족을 달래기 위해 써버린 것을 의미한다. 그리고 합조단의 발표대로라면 천안함 폭침은 경계의 명백한 실패이자, 최악의 패전이자, 초동대응의 난맥상을 극명하게 드러낸 사건으로 군 최고통수권자로서의 책임 통감 표명과 관련자 문책이 마땅하다.

그런데 이명박 대통령은 립써비스로나마 '책임 통감'이니 '송구하다'는 말 한마디 하지 않았다. 책임을 물어 인사조치를 하기는커녕,

오히려 문민통제가 잘 안되는 상황에서 군의 대표이자 핵심 이해관계자이며 편향성도 강한 국방장관에게 조사를 주도하게 했다. 이대통령의 무원칙하고 몰상식한 행위의 정점은 부실하기 짝이 없는 수사결과를 지방선거운동 개시일에 발표하고, 이어 한반도를 전쟁 직전 상황까지 몰아간 대북 초강경 조치가 담긴 대국민 특별담화를 노무현 전 대통령 1주기 다음날이자, 선거법상 공표 가능한 마지막 여론조사일을 코앞에 두고 그것도 전쟁기념관에서 발표한 행위일 것이다.

암만 봐도 이명박 대통령은, 자신에게 단기적으로 이익이 된다면 아랫사람들이 올린 미심쩍은 보고서를 결코 검증하지 않을 사람으로 보인다. 아랫사람들이 하는 무원칙하고 몰상식한 행위를 직접 지시하지는 않더라도 눈감아줌으로써 은근히 조장하는 것처럼 보인다. 이런 추측이 맞다면, 노 전 대통령의 비극적 죽음과 천안함사건의 뿌리는 같다고 볼 수 있다. 결과적으로 이명박 대통령은 수백년 동안 수많은 생명들이 살아갈 아름드리 숲에 불을 싸질러 몇년의 높은 소출만 챙기고 떠나버리는 '화전민'적 정치행위를 한다고 할 수 있다. 그의 임기내 얼마나 많은 숲이 폐허로 바뀔지 상상만 해도 끔찍하다. 통치자의 기록문화, 검찰 등 사정기관의 정치적 중립화, 정치보복을 자제하고 전임자를 존중하는 풍토, 대화와 타협의 정치문화, 권력을 비즈니스모델로 여기지 않는 문화, 군의 정치적 중립에 대한 신뢰, 대통령의 발언에 대한 신뢰, 수백 수천만년 동안 만들어진 4대강 생태계, 전두환부터 노무현에 이르기까지 정착시키려고 노력해온 남북간의 긴장완화, 언론자유와 민주주의 등 어렵게 가꾼 상식과 원칙의 숲이 모조리 폐허로 변했다.

臣에게 아직 열두 척의 배가 있습니다

나는 이명박정권의 탄생을 역사의 '순리'로 본 사람 중의 하나다. 당시 민주, 진보, 개혁을 팔던 사람들이 너무나 한심했고, 이명박과 한나라당이 이들이 채우지 못한 것을 어느정도는 채워줄 수 있는 존재로 대중에 비쳤기 때문이다. 나는 수준 높은 보수정치가 수준 높은 진보정치의 산파가 됨을 믿기에, 이명박정권의 성공을 진심으로 기원했다. 그래서 2008년 촛불시위도 매우 안타깝고 불편한 마음으로 바라보았다. 그런데 정권 출범 2년여 만에 이렇게 역사가 급격히 뒷걸음칠 줄 몰랐다. 백주 대낮에 상식과 원칙과 비판적 지성이 맞아죽는 어두운 죽음의 시대가 될 줄 몰랐다. 그래서 어렵게 일구어낸 민주주의와 공화주의의 유산 중에서 훼손된 것을 헤아리기보다 남아 있는 것을 헤아리기가 빠른 상황이 되었다. 지금 남은 유산이 도대체 무엇인가? 다행히 고문에 의한 용공조작이 없다. 4·19를 초래한 투개표 조작 가능성도, 정치깡패도 없다. 군부의 쿠데타 위험도 없다. 그리고 아직은 이런 글을 인터넷에 올리고, 메일로 발송할 수가 있다.[3] 얼마나 다행인지!

명량대첩 직전 선조 임금에게, "아직 열두 척의 배가 남아 있고, 미천한 신하(이순신)는 죽지 않았다"(尙有十二 微臣不死)는 장계를 올리던 장면이 생각난다. 나도 역사에 장계를 올리고 싶다. 비록 상식과 원칙이 무참히 짓밟히는 야만의 시대가 해일처럼 밀려오지만, 아직은 고문도 투개표 조작도 없고 언론자유 공간도 다소 남아 있어, 깨어 있는 시민과 행동하는 양심이 힘을 합쳐 투표를 통해 이 깊은

---

3 이 글은 합조단 조사결과가 발표된 며칠 후이며 6·2 지방선거가 임박했던 5월 26일 『창비주간논평』(weekly.changbi.com)을 통해 발표되고 이메일로 전송된 칼럼이다.

어둠을 능히 물리칠 수 있다고!

| 부기 |

6·2 지방선거가 천안함 북풍몰이에도 불구하고 한나라당의 참패로 끝났지만, 이명박 대통령의 무원칙하고 몰상식한 행위는 계속되고 있는 것처럼 보인다. 단적으로 6월 중순에는 감사원 직무감사에 기대어, 어뢰공격으로 속단하지 않는 등 비교적 상식적이고 진중한 대응을 한 이상의 합참의장 등 군 수뇌부를 사실상 경질하고, 지극히 부실한 수사를 주도한 합조단의 장성들을 대장, 소장으로 승진시켰다. 뿐만 아니라 징계대상 장성들의 감사원 감사에 대한 이유있는 항변도 사실상 막고 있다.

김대호 • 사회디자인연구소 소장

2

결정적 증거,
결정적 의문
결정적

결정적 증거, 결정적 의문

—

서재정 · 이승헌

—

지난 3월 26일 천안함 침몰사고가 발생한 이래 온갖 유언비어가 떠돌았고, 언론의 여러가지 보도와 추측이 난무했다. 국방부 민군합동조사단이 천안함 사고원인을 발표한 뒤에도 이러한 논란이 종식되기는커녕 의혹은 더 커지고 조작을 의심할 만한 정황이 더욱 구체화되고 있다. 다시 말해 합조단의 보고서에는 해결될 수 없는 결정적인 모순이 존재하기 때문에, 설혹 합조단이 어느 특정 부분에 대한 의혹을 해소할 목적으로 내놓은 '증거'는 도리어 이 모순을 더욱 심화시키고 있다. 이 글에서는 합조단의 보고 중 '과학적 증거'로 제시한 세가지 증거를 과학적으로 분석하고, 그 결과 합조단의 세가지 핵심적 증거가 사실은 객관성이 없는 주관적 주장에 불과하고 과학적으로 해소될 수 없는 문제를 안고 있음을 지적하고자 한다. 뿐만 아니라 합조단이 제시한 '과학적 증거' 중 적어도 하나는 조작된 것이 거의 확실함을 과학적으로 입증할 것이다.

합조단은 세가지의 과학적 증거를 제시했다. ① 천안함은 외부폭발로 파괴되었다. ② 그 외부폭발은 '1번 어뢰'의 폭발이었다. ③ '1번 어뢰'는 북한 어뢰였다. 이 세가지 증거를 종합하면 북한 어뢰가 천안함 외부에서 폭발해서 천안함이 파괴, 침몰되었다는 결론을 내릴 수밖에 없다. 매우 논리적인 구조를 갖고 있는 주장이며, 이 세가지 증거가 확실하다면 북한이 천안함을 파괴했다는 결론도 확실할 것이다. 반면 합조단은 이 세가지 증거 모두를 입증해야 한다는 부담을 안고 있다. 이 가운데 한가지라도 입증되지 않으면 북한이 천안함을 파괴했다는 결론을 내릴 수 없기 때문이다.

우리는 합조단의 세가지 증거들을 과학적으로 엄밀히 분석했고, 이를 위해 실험실에서 시험과 씨뮬레이션을 시행했다. 또한 이미 과학적으로 입증된 연구사례와 기존 과학이론을 참고했다. 우리의 결론은 합조단의 세가지 과학적 증거들은 모두 ① 입증되지 않았으며, ② 치명적인 문제점을 안고 있고, ③ 조작의 가능성을 내포하고 있다는 것이다. 따라서 합조단은 천안함이 북한의 어뢰공격으로 파괴되었다는 결론을 내릴 근거가 전혀 없다.

1. '외부폭발'의 과학적 증거

어뢰가 선체를 직접적으로 가격하지 않고 외부폭발하는 경우 이 폭발에서는 세가지 현상이 발생한다. 첫째, 어뢰의 겉을 싸고 있던 금속외피와 어뢰의 내부를 구성하는 부품들이 파괴되며 파편과 파손부품들이 생긴다. 둘째, 어뢰의 폭약이 폭발하면서 순간적으로 발생하는 고온의 기체가 급속히 팽창하며 버블을 형성한다. 셋째, 폭약이 폭발하면서 엄청난 충격파가 발생한다. 그러나 천안함에서는 이세가지 중 어느 폭발흔적도 발견되지 않는다. 합조단은 '어뢰추진체'는 발견했으면서도 그 외의 파편과 부품들은 수거하지 못한 상태이고, 버블효과를 보여준다는 씨뮬레이션은 보고서를 발표한 5월 20일에도 완료되지 않았고(이 글을 마무리하는 2010년 7월 20일까지도 완료되지 않았거나 적어도 공개되지 않고 있다), 충격파 효과는 전혀 입증하지 못하고 있다.

1.1 파편과 부품은 모두 어디로 갔는가?

군은 천안함의 절단면과 해저에서 금속파편을 수거한 것으로 언론에 보도된 바 있으나, 이 금속파편은 어디서 발견됐으며 발견 당시의 상태가 어땠는지는 공개되지 않고 있다. 만약 이 금속파편들이 언론보도와 같이 어뢰의 외피였다면 파편의 숫자와 발견 위치는 어뢰가 폭발한 위치와 강도를 알 수 있는 중요한 근거가 될 것이다. 어뢰의 폭발위치가 합조단의 발표내로 천안함에 근접했다면 많은 수의 금속조각들이 천안함과 충돌, 선체에 박히거나 자국을 남겼을 것이며, 폭발위치가 원거리였다면 천안함에 남아 있는 파편은 소수일 것이다. 이론적으로 천안함과 접촉할 수 있는 금속조각의 수는 어뢰와 천안함 사이 거리의 제곱의 역에 비례한다. 언론에서 보도되는 것과 같이 극히 소수의 파편만이 발견되었다면 어뢰의 위치는 나머지 파편들이 천안함을 건드리지 않을 정도의 엄청난 원거리가 되어야 할 것이다. 이처럼 파편의 숫자와 위치, 박혀 있는 각도와 깊이를 측정하면, 파편이 천안함과 접촉한 순간의 모멘텀을 계산할 수 있고, 이를 역산하면 어뢰의 폭발 위치와 강도를 추정할 수 있다.

국방부는 6월 25일 발표한 「'박선원 브루킹스연구소 연구원'이 제기한 의혹에 대한 국방부 입장입니다」라는 글에서 "씨뮬레이션 결과 어뢰폭발시 추진체는 30m 이상 밀려나는 것으로 확인"되었다고 밝힌 바 있다. 추진체 정도의 무게를 가진 부품이 30m 이상 밀려났다면 그보다 가벼운 파편들은 훨씬 멀리 밀려났을 것이므로 천안함 쪽으로 밀려난 파편들은 당연히 함체와 충돌하여 함체에 구멍을 내거나, 박혀 있거나, 충돌의 흔적을 남기고 튕겨나갔을 것이다. 파편이 추진체와 같이 30m만 밀려났다고 하더라도 가스터빈실 좌우로 30m씩 파편의 흔적이 남아 있어야 정상일 것이다. 실제로 대부분의 파편은 추진체의 무게보다 적어도 100분의 1 이상 가벼울 것이고, 물체의 이동 거리는 그 질량에 반비례하므로 파편 대부분은 최소한 3000m는 이동했을 것이다. 따라서 천안함 좌현 함저에는 뱃머리에서부터 함미까지 파편이 무수히 박혀 있거나 그 충돌흔적이 있어야 한다는 추정이 가능하다. 그러나 천안함의 선체에서는 이러한 파편 흔적이 발견되지 않는다. 국방부의 주장대로 어뢰추진체를 30m 이상 밀어낼 정도의 폭발이 있었다면 자연히 뒤따라야 했을 일이 벌어지지 않은 것이다.

역으로, 폭발한 어뢰에 가장 근접해 있던 가스터빈실에서도 파편이 대량으로 발견되지 않았다는 것은 어뢰의 폭발력에도 불구하고 파편이 6m 이상 이동하지 못했다는 말이다. 합조단도 파편은 물의 저항 때문에 천안함을 가격하지 못했다고 한다. 우선, 그 주장이 맞다면 알루미늄과 같은 가벼운 재질로 만들어지고 크기도 작은 파편이 채 6m도 밀리지 않았는데, 추진체와 같이 크고 무거운 부품이 어떻게 30m 이상 밀려날 수 있느냐는 질문이 생긴다. 합조단은 그 질문에 과학적으로 답을 할 수가 없다. 명백한 모순이다.

이러한 모순을 무시하고 합조단의 주장이 맞다고 가정하면, 어뢰의 거의 모든 부품과 파편, 외피 조각은 폭발장소에서 6m 이상 이동하지 못했다는 추론이 가능하다. 모든 부품과 파편은 폭발 장소에서 6m를 넘기지 못한 위치에서 관성을 잃고 가라앉기 시작했을 것이므로, 해류의 방향과 속도에 따라 그 모든 부품과 파편은 일정한 패턴을 보이며 해저에 도착했을 것이다. 그렇다면 어뢰추진체가 발견된 지점 인근에서 어뢰의 모든 부품과 파편, 외피가 발견되어야 할 것이다. 그러나 합조단은 쌍끌이 어선을 5월 10일부터 운용하여 5월 15일 어뢰추진체를 인양하고, 증거물 추가인양을 위해 5월 20일까지 지속 운용했음에도 불구하고 다른 부품과 파편을 발견하지 못했다. 합조단의 주장대로 외부폭발이었기 때문에 파편이 천안함을 가격하지 않았다는 게 사실이라면 있을 수 없는 일이 일어난 셈이다.

어뢰가 폭발했다면 파편이 있는 것이 당연하고, 그 파편의 위치는 둘 중 하나일 것이다. 이들이 폭발에 의해 강하게 밀려나갔다면 천안함 함체에 다수가 박혀 있을 것이고, 폭발이 강하지 않아 천안함을 타격할 정도가 되지 않았다면 해저에 모두 가라앉았을 것이다. 후자의 경우 어뢰추진체가 발견된 지점 주위에서 무거운 부품들이 발견되기 시작해서 해류의 흐름에 따라 거리가 멀어지며 점차 가벼운 파편들이 발견되었을 것이다. 파편과 부품이 천안함에서도 발견되지 않고 어뢰추진체 인근에서도 발견되지 않았다면 어뢰가 폭발했다는 주장과 부합하지 않는다. 파편과 부품 및 외피 조각 대부분이 발견되지 않았다는 사실은 어뢰로 인한 외부폭발설에 심각한 의문을 제기한다.

1.2 버블효과는 있었는가?

어뢰나 기뢰 같은 수중폭발물은 폭발시 파편 이외에도 버블효과를 생산한다. 폭발물이 폭발하는 순간 발생하는 고열가스는 고속으로 팽창하며 일종의 풍선을 형성한다. 이 버블은 내부의 가스압력과 외부의 수압이 평형을 이루는 지점에서 팽창을 중단해야 하지만, 일종의 팽창 관성 때문에 이 지점을 넘어 과도 팽창한다. 이후 최대팽창점에 도달한 버블은 수압이 내부 가스압력보다 높기 때문에 수축에 들어가고, 이때 과대 수축되면 다시 팽창하는 싸이클을 반복한다. 함정이 최대팽창점 안에 있다면 함정은 버블의 팽창과 수축에 요동되고, 함정 공명현상까지 추가되면 함체가 절단될 수도 있다. 언론에 회자된 버블효과가 바로 이것이다. 여기서 합조단이 과학적으로 규명해야 할 부분은 어뢰와 같은 폭발물의 위치가 천안함에 버블효과를 미칠 만한 거리 내에 있었는가이다. 그 거리는 통상 다음과 같은 공식으로 결정된다.

$$R_{max}=3.50.(W^{1/3}/Z_0)^{1/3}\,[1]$$

그렇다면 버블효과로 천안함에 타격을 줄 버블 반지름은 위 공식의 답에서 나온 폭발물의 거리 안에 있는가? 결론부터 얘기하자면 버블효과는 천안함을 절단시킨 유력한 용의자로 부각되었으나, 합조단이 발표한 어뢰가 생산할 수 있는 버블효과는 천안함을 절단할 만한 위력이 되지 못한다. 버블효과를 보여준다는 동영상이 인터넷에 돌며 이것이 대단한 것처럼 인식되고 있지만, 실제로 버블효과만으로 선박을 절단시키는 것은 거의 불가능하다. 총 폭발량 250kg 정도

---

[1] $R_{max}=3.50.(W^{1/3}/Z_0)^{1/3}$. 이 수식은 버블효과를 표현하는 전형적인 공식으로 여기서 R_{max}는 버블의 최대팽창 반지름을, W는 폭발물 무게(kg)를, Z_0은 폭발깊이(m)+9.8을 말한다. Reid, Warren D. "The Response of Surface Ships to Underwater Explosions," Melbourne, Victoria, Australia: Defence Science and Technology Organisation, Department of Defence, 1996.

가 수심 6~9m에서 폭발할 때 물속에서 생성되는 풍선의 최대 반지름이 3m 정도이므로 천안함에 충격을 줄 수는 있었겠지만 그 충격의 크기는 30~80bar[2] 정도에 그친다. 가정에서 사용하는 에스프레소 커피머신의 압력이 15bar인 것에 비교하면 군함이 그 2~5배의 압력을 견디지 못하고 절반으로 절단되었다는 것은 상상하기 어렵다.

설령 이 정도의 버블압력으로 천안함이 절단될 수 있었다고 하더라도 합조단은 그 가능성조차 입증하지 못하고 있다. 합조단이 결과보고서를 발표하던 5월 20일 기자회견장에서 버블효과를 보여주는 씨뮬레이션 동영상이 상영되었지만, 정작 씨뮬레이션은 그때까지도 완료되지 않았다.[3] 그날까지 이뤄진 씨뮬레이션은 천안함이 부분적으로 파손되는 모습을 보여주지만 천안함이 절단되는 것까지는 보여주지 못하고 있었다. 그렇다면 합조단은 어떠한 근거로 버블효과가 천안함을 절단할 수 있었다고 주장하는가? 합조단은 아직까지도 그 근거를 제시하지 못하고 있다. 천안함이 버블효과로 절단될 수 있는 가능성에 의문을 제기한 서재정의 글[4]이 발표된 직후 『동아일보』는 합조단의 씨뮬레이션이 더 진전되었다며 그 결과를 보도했지만[5] 역시 천안함이 절단되는 과정을 보여주지는 못하고 있다.

더욱이 합조단과 『동아일보』가 공개한 씨뮬레이션은 천안함이 과

---

2 bar란 1m² 당 10만 N의 힘이 가해질 때의 압력을 말한다.

3 윤덕용 합조단 단장은 5월 24일 국회 천안함 침몰사건 진상조사특위에서 "최종 씨뮬레이션 결과는 오는 7월중 나올 것"이며 "물기둥까지는 아직 씨뮬레이션이 끝나지 않았다"고 인정했다. 아래의 『동아사이언스』기사도 합조단이 5월 20일 기자회견에서 보여준 씨뮬레이션은 폭발 후 0.5초까지임을 확인하고 있다. 「김국방 "北, 심리전 공격하면 즉각 대응"」, 연합뉴스 2010.5.24.

4 「한미연합 군사훈련은 북한에 유린되었는가」, 『프레시안』 2010.5.20.

5 「폭발후 1초까지… 천안함 배밑 이렇게 찌그러졌다」, 『동아일보』 2010.5.28.

연 버블효과로 손상을 입었는지에 의문을 갖게 한다. 버블은 기본적으로 구형이므로 버블이 천안함과 충돌하여 손상을 입혔다면 천안함의 선저(船底)를 거의 구형과 유사하게 변형시켰을 것이다. 물론 선저의 모양과 재질, 선체 내부구조 등에 따라 변형의 모습은 완벽한 구형과는 다소 다르게 나타나겠지만, 씨뮬레이션은 예상되는 변형의 모습이 크게 보아 구형을 띠고 있음을 보여준다. 그러나 실제로 천안함 선저의 피해양상은 구형이라기보다는 날카로운 물체에 밀려서 올라간 것 같은, 각이 진 모습을 하고 있다. 또 씨뮬레이션은 선저가 버블로 밀려올라가면서 가장 윗부분의 인장이 선체의 인장강도를 넘어서 일부분 찢어지는 모습을 보여주는데, 그 부분은 흘수선(吃水線)[6]을 훨씬 넘어서 갑판에 가까울 정도로 밀려 올라간다. 그러나 천안함은 가장 많이 밀려 올라간 함수부분도 4,107mm만이 밀려 올라

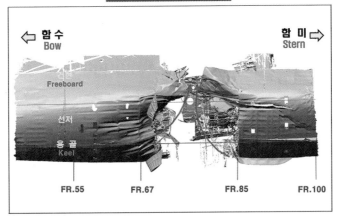

절단부위(좌현) (출처: 국방부)

....

6 흘수선은 해수면 바닥으로 들어간 배의 깊이를 말하며, '선저'와 비슷한 맥락에서 쓰인다.

함수 절단면 좌현(출처: 국방부)

0초   0.25초   1초

천안함 절단면의 씨뮬레이션

출처: http://news.donga.com/31all/20100528/28662533/1

갔고, 절단면도 역W의 모습을 하고 있어 ―자 모양의 씨뮬레이션 절
단선 모습과 현격히 불일치한다.

　씨뮬레이션은 함저가 밀려 올라간 최고점에서 두 부분이 다소 찢
어지지만, 천안함과 같이 함미 FR. 85에서 일직선으로 깨끗하게 통째
로 절단되는 모습과 함수 FR. 67에서 함체가 좌에서 우까지 절단되는
모습을 보여주지 못하고 있다.[7]

　마지막으로 지적할 것은 합조단은 외부폭발을 입증하기 위해 외
부폭발을 전제로 한 씨뮬레이션을 보여주고 있다는 점이다. 즉 합조
단은 버블효과로 천안함이 절단되어 침몰했다는 증거로 씨뮬레이션

<hr>

7　절단부위(좌현) 사진에 따르면 천안함 함미는 FR. 85에서 좌우 일직선으로 절단되고,
　천안함 함수는 FR. 67보다 조금 뒷쪽에서 절단이 된다. 'FR.'은 선박을 구성하는 Frame
　을 지칭하고 각 부분에는 함수에서 함미까지 일련번호가 부여된다.

을 보여주고 있지만, 설령 씨뮬레이션이 천안함의 절단과정을 보여
준다고 하더라도 씨뮬레이션이 어뢰의 외부폭발 증거가 될 수는 없
다. 씨뮬레이션은 250kg의 고성능폭약이 가스터빈실 중앙으로부터
좌현 3m, 수심 6~9m정도에서 폭발했다는 것을 전제하고 출발하기
때문이다. 이러한 전제가 성립한다는 가정하에 천안함에 어떠한 손
상이 가해질 수 있을까를 알아보는 씨뮬레이션이 그 전제를 입증할
수 없다는 것은 기본상식이다.

결론적으로 버블효과는 합조단이 만들어낸 버블(거품)에 불과하
다. 합조단은 외부폭발을 전제로 한 씨뮬레이션으로도 천안함의 절
단 가능성을 보여주지 못했을 뿐만 아니라, 씨뮬레이션이 보여주는
천안함의 파손형태는 천안함의 실제 파손모습과 일치하지 않는다.
버블효과가 있었음을 입증하는 근거가 없을 뿐만 아니라, 근거로 제
시한 씨뮬레이션은 오히려 버블효과가 없었음을 보여주고 있다.

1.3 충격파는 있었는가?

합조단은 천안함을 절단할 수 있는 버블효과는 고성능폭약 250kg
의 폭발로 생겨났다고 주장하는데, 그러한 규모의 폭발이 있었다면
그에 상응하는 충격파도 생겼을 것이다. 충격파가 생기지 않는 폭발
물은 없고, 어뢰의 경우 통상 폭발에너지의 대부분은 충격파로 전이
되기 때문이다. 합조단은 "천안함은 어뢰에 의한 수중폭발로 발생한
충격파와 버블효과에 의해 절단되어 침몰"했다며 충격파의 영향을
인정했고, 국방부도 폭발에너지의 53%가 충격파로 전환된다며 충
격파가 버블효과보다 큰 파괴력을 갖는다고 인정한 바 있다. 통상적
으로 어뢰에서 발생하는 충격파의 압력은 버블효과의 최고압력보다
6~10배 더 큰 것으로 알려져 있으므로 천안함이 버블효과로 타격을

입었다면 그에 따른 충격파에 의한 파괴는 6~10배 더 컸을 것이다.

합조단이 주장하는 것과 같은 버블효과가 실제로 천안함을 절단할 정도의 파괴력이 있었다면, 그보다 6~10배 강한 충격파는 천안함을 거의 전파(全破)하다시피 했을 것이다. 충격파는 폭약이 폭발하는 순간 주변의 매체(어뢰의 경우는 물)를 강하게 밀어내 생기는 파동으로, 음속보다도 빠른 속도로 이동하며 천안함에 강력한 충격을 주었을 것이기 때문이다. 큰 북을 옆에서 치기만 해도 그 음파로 인한 진동이 몸으로 느껴지는 것과 같은 원리다. K-9용 고폭탄[8]의 무게가 거의 50kg라고 한다면, 이러한 포탄 5개 규모의 폭발물이 3~6m의 거리에서 폭발한 것과 같은 충격을 받은 것이다. 호주 국방부 국방과학기술기구가 발표한 보고서에서 제시한 공식에 따라 그 충격의 크기를 계산하면 34.4~55.5 MPa(메가파스칼)[9], 이를 psi[10]로 환산하면 4989~8050psi가 나온다. 이 정도 충격이 주는 파괴력을 이해하기 쉽게 5psi의 파괴력과 비교를 해보자. 다음 사진은 5psi가 가옥에 미치는 파괴력을 보여준다.

합조단의 주장대로 폭발량 250kg 규모의 외부폭발이 있었다면 여기서 발생한 충격파가 천안함과 접촉하는 지점에서 최소한 5000psi의 압력이 가해졌을 것이며, 5psi로 집이 무너질 정도라면 이의 1000

---

8 고폭탄이란 폭발력이 TNT보다 강한 'high explosive'를 사용하는 포탄으로, 고폭탄의 무게가 50kg이라고 해도 폭약만의 무게는 그 절반도 되지 않으므로 어뢰의 폭약이 250kg이라면 실제로는 고폭탄 10개 이상이 한꺼번에 폭발한 것과 같은 충격파를 생성했을 것이다. 물은 공기보다 밀도가 높으므로, 이것까지 고려하면 어뢰 250kg에서 발생하는 충격파는 K-9용 고폭탄 10개보다 훨씬 더 클 것이다.

9 파스칼(Pa)은 압력을 측정하는 국제단위로 단위면적(m^2)당 작용하는 힘(N)을 뜻한다.

10 psi 또한 압력의 국제단위로, 1psi는 1평방인치의 사각형 위에 1파운드의 무게로 누르는 힘을 뜻한다. 1MPa=145.04psi

5psi가 가옥에 가하는 피해

배가 넘는 충격파는 무쇠로 만든 선박이라도 만신창이로 만들었을 것이다. 그러나 다음의 사진이 보여주는 것처럼 어뢰의 충격파를 가장 직접적으로 받았을 선미의 절단면은 너무나도 깨끗하다. 천안함 선저의 상태 또한 어뢰의 충격파 효과와 일치하지 않는다.

만약 조사단이 발표한 것과 같은 어뢰의 폭발이 있었다면 천안함은 충격파와 직접 맞닿은 부분이 만신창이가 됐을 뿐만 아니라, 다른 부분도 충격파의 2차적 충격을 받았을 것이다. 충격파의 효과를 이해하기 쉽도록 비유를 들어보자. 정차상태의 자동차를 다른 자동차

함미 절단면 (출처: 국방부)

가 들이받는 것과 같은 충격을 생각하면 될 것이다. 만약 정차상태에서 운전자가 안전벨트를 매고 있지 않았는데 뒤에서 다른 자동차의 추돌을 받았다면 차가 찌그러질 뿐만 아니라 운전자는 그 충격 때문에 앞으로 튕겨질 것이고 심한 경우에는 차 앞유리를 뚫고 나갈 수도 있다. 마찬가지로 천안함이 최소한 5000psi 정도의 충격을 밑에서부터 받았다면 안전벨트를 매고 있지 않던 선원들은 총알같이 위로 튕겨나갔을 것이다. 선원 대부분은 천장이나 다른 구조물과 부딪혀 골절이나 찰과상들을 입었을 것이고, 견시병같이 갑판이나 외부에 노출된 병사들은 허공으로 튕겨나갔을 것이다. 안전벨트를 매고 있던 선원은 벨트 부위에 멍이 들거나 골절상을 입었을 것이다.

그러나 조사단의 발표는 "충격으로 쓰러진 좌현 견시병의 얼굴에 물이 튀었다"고만 적시하고 있다. 다시 비유를 들자면 정차된 차 위에 사람이 서 있다가 다른 차가 뒤에서 달려와 충돌했는데 그 사람은 차 위에 쓰러지고 길바닥에 있던 물이 튀었다는 것과 같다. 함정이 갑자기 절단되면서 선체가 갑자기 가라앉거나 기우는 경우 선원들은 몸이 갑자기 공중에 붕 뜨는 기분이 되었다가 떨어질 것이다. 놀이기구를 타본 사람들은 경험해봤을 것이다. 함정이 좌초되었다면 자동차가 이물체에 걸렸을 때와 같이 요동이 생기며 선원들은 흔들림을 경험했을 것이고, 함정이 충격파를 맞았다면 선원들은 위로 튕겨 올라가며 골절상이나 찰과상을 입었을 것이다. 진실은 선원의 증언과 상태가 말해줄 것이다.

충격파는 선원들뿐만 아니라 배 안에 있는 모든 물건들에도 2차적 충격을 준다. 군함과 같이 쇠로 만들어진 물체는 특정부위에 타격이 가해져도 그 충격의 여진이 물체 전체로 전파된다. 커다란 종을 타종하는 경우 종의 특정부위만 충격을 받지만 충격의 여파로 종 전체가 떨림현상을 보이는 것과 같다. 따라서 천안함 특정부위가 충격파로 충격을 받았다면 선체 다른 부분도 그 충격의 여파로 떨림현상을 보였을 것이며, 선체 부품들의 이음매, 부착물, 무기체계 들도 그 여파로 원위치에서 이탈하거나 파손되었을 것이다. 그러나 합조단이 공개한 디젤기관실에서는 이러한 충격의 흔적을 찾을 수 없다. 모든 이음매들이 깨끗하게 남아 있을 뿐 아니라 심지어 확성기까지도 그대로 붙어 있다. 대형 자동차 사고가 났는데 충돌부분만 찌그러지고, 라디오도 멀쩡하고 에어컨 연결부분도 이상이 없을 뿐만 아니라 운전대 옆에 붙여 놓은 내비게이션마저 그대로 붙어 있는 것과 같다.

천안함의 디젤 기관실 (출처: 국방부)

더욱 이해하기 어려운 부분들은 다음의 사진 두 장이다. 합조단이 공개한 선체 내부 40mm 탄약고와 76mm 탄약고 사진에서 탄약들은 가지런히 정돈되어 있다. 이 사진들은 내부폭발설을 불식시키는 결정적 증거로 보인다. 즉 탄약이 폭발하지 않고 원상태대로 잘 보존되어 있었다는 물적 증거이므로 탄약이 내부에서 폭발한 것 아니냐는 내부폭발설은 더이상 설 자리가 없다. 그러나 이 '증거'는 충격파와 일치하지 않는다. 5000psi 정도의 충격을 받았다면 탄약들은 마구 흐트러지고 외부 손상이 있는 것이 정상이다. 또 충격이 밑에서부터 가해졌다면 탄약이 위로 튕겨지며 윗부분이 다시 떨어지고 아랫부분에 손상이 있을 것이다. 하지만 사진에서 보는 것과 같이 두세 개의 탄약을 제외하고는 모두 멀쩡하고, 찌그러진 것도 중간 부분이다. 또 탄약은 가지런히 정돈되어 있다. 다시 비유를 들자면 다량의 생수를 차의 트렁크에 가지런히 싣고는 운전 중에 뒤차에 받혔는데, 트렁크를 열어보니 생수병들이 흐트러짐 없이 원상태로 있는 것과 같다고 할 수 있다.

천안함 내부의 40mm 탄약고(좌)와 76mm 탄약고(우) (출처: 국방부)

1.4 '외부폭발'의 증거는 없다.

이상에서 본 것과 같이 합조단의 주장대로 어뢰의 외부폭발이 있었다면 당연히 있어야 하는 파편과 버블효과 및 충격파의 흔적은 전혀 보이지 않는다. 파편이 선체에서도 발견되지 않고 해저에서도 발견되지 않은 것은 어뢰폭발을 가정했을 때 있을 수 없는 결과다. 버블효과는 씨뮬레이션으로도 천안함 절단이 가능함을 보여주지 못했고, 씨뮬레이션은 오히려 천안함의 파손형태와 일치하지 않는다. 마지막으로 합조단의 주장대로 폭약 250kg이 폭발했다면 당연히 발생했을 충격파의 흔적은 천안함 어디에서도 발견되지 않고 사체에서도 그 흔적이 없을뿐더러 생존한 선원에게서도 찾아볼 수 없다. 우리가 내릴 수 있는 유일한 결론은 천안함 외부에서 폭약 250kg이 폭발했다는 증거가 전혀 없다는 것이다.

2. '1번 어뢰'와 천안함의 인과관계

합조단은 천안함의 외부에서 폭발해 천안함을 침몰시킨 것이 그 인근에서 발견된 어뢰, '1번'이 씌어져 있는 어뢰라고 주장했다. 그 근거로 두가지 과학적 분석결과를 제시했다. 즉 ① 천안함과 어뢰추진체에서 발견된 하얀 '흡착물'이 같은 원자구성을 보이고 있고, ② 이 흡착물은 어뢰가 폭발할 때 발생하는 것과 같은 화합물 결정구조를 가지고 있다. 합조단은 ①의 주장을 입증하는 증거로 에너지분광(EDS)[11] 분석결과를 제시했고, ②를 입증하는 증거로 엑스선회절기(XRD)[12] 분석결과를 제시했다. 일견 매우 과학적인 듯한 분석과 주장

....

11 EDS는 Energy Dispersive Spectroscopy라는 원소분석기를 이용한 실험을 말한다. 전자빔을 쌤플에 쪼이면 엑스레이가 쌤플에서 나오는데 엑스레이의 에너지를 분석함으로써 물질 안에 있는 원자들을 찾아내는 실험방법이다. 원소가 다르면 나오는 엑스레이의 에너지가 다르다. 어느 에너지의 엑스레이가 나오느냐를 봄으로써 어떤 원소인지를 알 수 있다.

12 XRD는 X-Ray Diffraction의 약자로, 쌤플에 X선을 쪼인 후 X선이 회절되는 패턴으로부터 쌤플 안의 물질이 어떤 화학물질을 어떤 결정구조로 이루고 있는지를 알 수 있는 실험이다.

이다. 그러나 합조단의 주장은 논리적으로 치명적인 결함을 안고 있을 뿐만 아니라, 근거가 전혀 없으며, 과학분석의 데이터 자체가 조작된 것으로 보인다.

우선 합조단의 주장은 치명적인 논리적 결함을 안고 있다. 합조단의 주장대로 천안함과 어뢰추진체에서 발견된 하얀 '흡착물'이 같은 원자구성을 갖고 있고 같은 화합물 결정구조를 갖고 있다고 하더라도 이것이 '1번 어뢰'가 천안함을 파괴했다는 증거가 될 수 없기 때문이다. 합조단은 이 흡착물이 비결정질의 알루미늄 산화물이며, 이러한 산화물이 폭발로 형성되는 과정을 다음과 같이 설명하고 있다. "알루미늄이 포함된 폭약의 폭발현상은 섭씨 3000도 이상의 고온과 20만 기압 이상의 고압에서 수만, 수십만 분의 1초 내에 이루어지므로, 알루미늄은 이러한 극한상태에서 화약내 산소성분과 급격히 반응하여 대부분 비결정질의 알루미늄 산화물이 〔된다〕"는 것이다.[13] 굳이 '1번 어뢰'가 아니더라도 알루미늄이 포함된 폭약의 폭발이 있었다면 흡착물과 같은 물질이 형성된다는 것이 합조단의 주장이고 보면, 천안함에서 발견된 흡착물이 '1번 어뢰'의 폭발로 형성된 것인지, 다른 폭발물로 형성된 것인지 합조단 스스로도 구분할 수 없다는 말이다.

합조단이 입증해야 하는 세가지 주장 중의 하나가 '외부폭발' = '1번 어뢰의 폭발'이라는 등식이라는 점에 비춰볼 때 이것은 치명적인 결함이다. 합조단은 천안함을 절단한 '외부폭발'이 '1번 어뢰'의 폭발 이외에 다른 가능성이 없다는 점을 입증하거나, 천안함과 '1번 어뢰'에서 발견된 흡착물질을 다른 폭발의 흡착물질과 차별시켜줄 고

13 「천안함 합조단 뒤늦은 '반박' … 핵심쟁점 '제자리 걸음'」, 『프레시안』 2010,6,22.

유의 '지문'을 보여주었어야 한다. 그러나 합조단은 '제2의 어뢰'가 폭발했을 가능성을 배제하지도 못하고 고유의 '지문'을 보여주지도 못한 채 '외부폭발'은 '1번 어뢰'의 폭발이라는 논리적 비약을 드러내고 있다.

합조단의 주장에 이런 논리적 문제가 없다고 치더라도 그들이 내세우는 근거는 과학적이지 않다. 합조단은 인양된 어뢰의 외부폭발로 천안함이 파괴되었음을 입증하기 위해 두가지 과학적 분석, EDS와 XRD를 세가지 흡착물질에 대해 실시했다. 세가지 흡착물질은 천안함과 어뢰와 시험폭발에서 채취되었다. 그 분석의 결과 ① 천안함과 어뢰의 표면에서 나온 흡착물질은 동일하며, ② 이 두 흡착물질이 합조단의 시험폭발에서 생성된 흡착물질과 또한 동일하다면 천안함과 어뢰의 흡착물질이 폭발로 생성된 것이라고 볼 근거가 될 수 있다.

그러나 분석의 결과 ① 천안함과 어뢰의 표면에서 나온 흡착물질은 동일하지만 ② 이 두 흡착물질이 합조단의 시험폭발에서 생성된 흡착물질과 동일하지 않다는 데 합조단의 고민이 있다. 즉 ① 천안함과 어뢰의 EDS 데이터에는 알루미늄(Al)과 산소(O) 씨그널이 1:0.9의 비율로 강하게 나타나지만 XRD 데이터에서는 알루미늄에 연관된 씨그널이 보이지 않아 두 물질이 동일함을 강력히 시사한다. 하지만 ② 시험폭발 흡착물질의 EDS 데이터에는 알루미늄(Al)과 산소(O) 씨그널이 1:0.9의 비율로 강하게 나타날 뿐만 아니라 XRD 데이터에서도 알루미늄에 연관된 씨그널이 강하게 나타난다. ①과 ② 사이에는 중대한 불일치가 있는 것이다. 그리고 이 불일치는 천안함과 어뢰에서 나온 흡착물질이 적어도 시험폭발과 유사한 조건에서 생성된 것이 아님을 입증한다.

합조단은 이러한 불일치를 인정하면서도, 오히려 이것이 어뢰

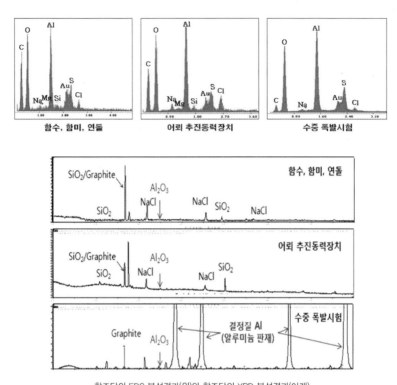

합조단의 EDS 분석결과(위)와 합조단의 XRD 분석결과(아래)

가 폭발했다는 결정적 증거라고 강변하고 있다. 어뢰의 폭발 시에는 시험폭발보다 높은 고열로 알루미늄이 용융되었다가 바닷물로 급냉각되기 때문에, 시험폭발과는 달리 모든 알루미늄이 비결정질(amorphous) 알루미늄 산화물(Al_2O_3)이 된다는 것이다. 그리고 그러한 비결정질 알루미늄 산화물은 XRD 분석에 나타나지 않는다는 주장이다.

그러나 비결정질 알루미늄 산화물이 XRD 분석에 나타나지 않는다는 주장은 사실과 다르다. 쌤플에 비결정질 산화물 알루미늄이 존재하면 XRD 데이터에 넓은 피크가 보여야 한다는 것은 과학계의 정설이며,[14] 우리의 씨뮬레이션과 실험도 이를 뒷받침하기 때문이다. EDS에서는 강하게 보이는 알루미늄이 XRD 분석에서는 결정질로도 나타나지 않고 비결정질로도 나타나지 않는다는 것은 과학적으로 설명할 수 없는 현상이다. 비결정질 상태를 보여주는 넓은 피크가 나타나지 않았는데, 어떠한 근거로 알루미늄 산화물 대부분이 비결정질화되었다고 주장하는지 합조단은 납득할 만한 설명을 내놓지 못한 채, 학계의 통설 및 스스로의 시험결과마저 부정하며 비결정질이 있다고만 목소리를 높이고 있는 것이다.

더구나 최근에 필자들은 알루미늄이 고열과 급냉각을 거치면 어떻게 되는지를 실험으로 연구했다. 그 결과는 합조단의 주장이 사실이 아님을 다시 입증한다. 우리는 실험실에서 알루미늄의 용융점보다 훨씬 높은 온도로 알루미늄을 가열한 뒤 이를 급랭시켜 생성한 화합물을 XRD와 EDS로 분석했다. 합조단의 주장이 맞다면 어뢰의 폭발보다 더 확실히 비결정질 알루미늄이 생성될 조건이었다. 그러나 그 결과 알루미늄은 부분적으로만 산화되며, 실험 후 생성된 알루미늄과 알루미늄 산화물은 비결정질이 아닌 결정질임을 확인했다. 합조단의 주장은 물리적 현실과 정반대되는 거짓임이 입증된 것이다. 우리의 이러한 실험결과는 합조단의 시험폭발 결과와 일치하고, 학술저널에 보고된 결과와도 부합한다. 즉 시험폭발이었건 어뢰의 폭발이었건 간에 수중폭발이 있었다면 그후에 나오는 알루미늄에 관

---

14 L. Huang, C. Z. Wang, S. G. Hao, M. J. Kramer & K. M. Ho, Phys. Rev. B 81, 094118 (2010); and H. W. Sheng, W. K. Luo, F. M. Alamgir, J. M. Bai & E. Ma, *Nature* 439, 419. 본문에서 말하는 피크(peak)는 아주 작은 영역(X선 데이터에서는 산란각도)에서 뾰족하게 나오는 씨그널을 의미한다.

련된 물질은 결정질 알루미늄, 결정질 알루미늄 산화물, 비결정질 알루미늄 산화물의 혼합물질이어야 한다. 그러나 합조단의 천안함과 어뢰에서 나온 XRD 분석데이터에는 그러한 물질들이 전혀 보이지 않았다. 윤덕용 합조단장은 6월 29일 설명회에서 "이〔승헌〕 교수의 실험은 폭발이 아닌 '보통'의 조건에서는 알루미늄을 산화시키면 결정질이 나온다는 사실을 입증했다"며 "(이는 역으로) 폭발이라는 아주 특수한 고온·급랭 조건에서는 비결정질이 나온다는 걸 보여주는 것으로 어떤 점에서는 합조단의 실험결과를 뒷받침한다"고 주장했다.[15] 다시 말해, 보통 조건에서 결정질이 나오는 사실이 폭발 조건에서는 비결정질이 나온다는 것을 증명한다는 비과학적 궤변을 되풀이하고 있다.

최근에 EDS 분석의 전문가인 양판석 박사는 합조단 데이터에서 보여진 알루미늄과 산소 씨그널의 1:0.9 비율은 천안함과 어뢰에서 나온 흡착물질이 폭발 결과물인 알루미늄 산화물(Al_2O_3)이 아니라 풍화작용에 의해 일반적으로 생성되는 수산화알루미늄($Al(OH)_3$)임을 증명한다고 밝혔다. 그는 알루미늄 산화물이라면 그 비율이 1:0.23이 되어야 함을 씨뮬레이션을 통해 보였다.[16] 따라서 이 불일치는 합조단이 제시한 두 흡착물질이 폭발의 결과물이 아님을, 즉 어뢰가 천안함의 침몰과 상관없음을 아이러니컬하게 증명한다.

뿐만 아니라 합동조사단이 제시한 과학분석 데이터는 조작의 의혹을 강하게 시사한다. 첫째, 시험폭발에서 추출된 흡착물질에서는 산화물 알루미늄(Al_2O_3)이 발견되었어야 하는데 합조단 EDS 데이터

15 「합조단 "이승헌 교수 실험 난센스" … 달아오르는 '흡착물 논쟁'」, 『프레시안』 2010.6.30

16 「이상한 나라의 '천안함' …"알루미늄 산화물은 없었다"」, 『프레시안』 2010.6.30.

에서는 알루미늄과 산소 씨그널의 비율이 1:0.9이다. 이 EDS 데이터는 다른 두 흡착물질이 폭발물질과 상관이 있음을 주장하기 위해 조작되었을 가능성이 유력하다. 둘째, 천안함과 어뢰에서 나온 흡착물질의 XRD 데이터에서는 산화규소(SiO_2) 씨그널이 가장 강하다. 그러나 그들의 EDS 데이터에서는 알루미늄과 산소의 씨그널이 규소 씨그널보다 17배 정도 크다. 이 불일치는 과학적으로 설명이 안된다.

결론적으로 합조단은 천안함 '외부폭발'과 '1번 어뢰' 사이에 인과관계가 있다는 점을 입증하는 데 실패했다. 인과관계를 입증한다는 증거로 내놓은 것으로 흡착물질이 유일한데, 천안함과 '1번 어뢰'에서 채취된 흡착물질이 폭발로 생성되었다는 증거는 아무것도 없기 때문이다. 오히려 합조단 자신의 시험폭발로 형성된 흡착물질은 천안함 및 어뢰에서 발견된 흡착물질과 결정구조가 다르므로, 합조단의 시험결과는 천안함과 '1번 어뢰'의 흡착물이 폭발로 생기지 않았을 가능성을 시사한다. 이승헌의 실험결과 XRD 분석도 이를 뒷받침한다. 양판석의 EDS 씨뮬레이션은 천안함 및 어뢰의 흡착물이 아예 폭발과는 상관없이 생성된 수산화알루미늄임을 보여준다. 즉 천안함 및 어뢰의 흡착물이 같은 폭발에서 생성되었다는 증거는 전혀 없는 반면 이 흡착물이 폭발과 관련이 없다는 것은 적어도 세개의 독립적인 증거(합조단의 시험폭발, 이승헌의 실험, 양판석의 씨뮬레이션)가 입증한다. 더욱이 합조단의 데이터는 과학적으로 설명할 수 없는 부분이 적어도 두가지 존재한다. ① 천안함과 어뢰의 흡착물 EDS 분석에서는 나타나는 알루미늄이 XRD 분석에서는 알루미늄이나 산화알루미늄 결정질 및 비결정질로도 나타나지 않는다. ② 합조단의 시험폭발에서 생성된 흡착물의 EDS 분석 결과 나타나는 산소:알루미늄 비율은 산화알루미늄에서 나타나는 산소:알루미늄 비율과 매우 현격하게 차이가 난다. 합조단은 6월 29일 설명회에서, 과학적으로 이해하기 힘든 자신들의 EDS, XRD 데이터를 설명하는 데 있어, "〔세계적으로〕 거의 최초"의 발견, "산에서 고래를 만난 것 같은 현상"이라고 말했다.[17] 이것은 합조단이, 과학은 진실의 영역임에도 불구하고 신앙의 영역으로 몰고가려 함을 스스로 실토한 것에 불과하다.

3. 어뢰추진체는 북한산인가?

지난 5월 20일 합조단은 천안함 침몰원인 조사결과를 발표하며 "어뢰로 확증할 수 있는 결정적인 증거물"로 어뢰의 추진동력부 등을 수거, 제시했다. 특히 추진부 뒷부분 안쪽에 '1번'이라고 씌어진 것과 설계도와의 일치 등의 증거는 수거한 어뢰잔해가 북한산임을 확인해준다고 발표했다. 합조단은 천안함 침몰 인근 해저에서 5월 15일 발견한 어뢰추진체가 북한산이라는 증거로 '1번'이라는 한글 표시와 "북한이 해외로 무기를 수출하기 위해 만든 북한산 무기소개 책자에 제시되어 있는 CHT-02D 어뢰의 설계도면"을 제시했다.[18] '1번'을 북한에서 쓴 것이 입증되고, '무기소개책자'가 북한산으로 확인된다면 해저에서 수거한 어뢰추진체가 북한산이라는 직접적 증거는 되지 못하지만, 적어도 북한산이라고 결론을 내릴 수 있는 간접적 증거가 된다는 데 필자들은 동의한다. 그러나 합조단은 '1번'을 북한에서 쓴 것이라는 증거를 제시하지 못하고 있고, '1번'과 어뢰추진체에는 과학적으로 있을 수 없는 결정적 불일치 현상이 있어서 증거로

17 『프레시안』 앞의 기사.
18 민군합동조사단 「천안함 침몰사건 조사결과」, 2010.5.20, 5면.

받아들이기 어려운 점이 있다. 또한 '무기소개책자'는 아직까지도 출처는커녕 그 존재조차 확인되지 않고 있고, 합조단은 그 책자가 북한 산이라는 증거를 전혀 제시하지 못하고 있다.

우선 합조단은 '1번'을 북한에서 쓴 것임을 입증할 근거를 제시하지 못하고 있다. '1번'이라는 표현은 남북이 같이 사용하는 것이므로 표현 자체로 봐서는 남에서 쓴 것인지 북에서 쓴 것인지 구분되지 않는다. 필체도 남한 필체와 북한 필체가 따로 있는 것이 아니고 개인에 따라 차이가 있는 것이므로 한국에서 쓴 것인지 북한에서 쓴 것인지를 구별하는 데 도움이 되지 않는다. 합조단은 조사보고서에서 "이 어뢰의 후부 추진체 내부에서 발견된 '1번'이라는 한글표기는 우리가 확보하고 있는 또다른 북한산 어뢰의 표기방법과도 일치"한다며 이 일치가 '1번'을 북에서 썼다는 증거라고 주장했다.[19] 그러나 이 것은 논리의 오류다. '1번'이라는 한글표기는 "북한산 어뢰의 표기방법"과 일치할 뿐 아니라 한국의 무수한 다른 표기방법과도 일치하기 때문이다. 합조단의 논리를 그대로 따르자면 어뢰에서 발견된 '1번'과 대한민국 국방부 문건에서 발견된 '1번' 표기방법이 일치하므로 어뢰추진체는 대한민국 국방부에서 만든 것이라고 주장해도 하등의 문제가 없다.

따라서 '1번'이 북에서 쓴 것임을 증명할 수 있는 확실한 방법의 하나는 '1번' 잉크를 분석하여 그 성분이 북에서 생산한 것이라고 입증하는 것이다. 그러나 합조단은 5월 20일 조사결과 발표 당시까지도 잉크의 성분을 파악하지 못하고 있었다. 잉크의 성분도 파악하지 못한 채 비과학적이고 비논리적인 주장만을 내세운 것이다. 더욱이

....
19 민군합동조사단, 앞의 발표문, 3면.

합조단은 그후 한달 이상 지난 6월 29일에서야 잉크의 성분을 밝히면서도, 정작 그 성분이 북한산이라는 것을 입증하는 데는 실패했다. 29일 국방부 대회의실에서 열린 기자협회 등 언론3단체 설명회를 위해 합조단이 작성해놓은 질의응답 자료에서 합조단은 '1번' 잉크 분석 결과 '솔벤트 블루5' 성분을 사용한 청색 유성매직으로 확인됐지만, "솔벤트 계열은 잉크에 일반적으로 사용되는 성분"이라고 시인했다. 합조단은 이 성분이 북한에서 사용하는 잉크와 일치하는지 확인하기 위해 "북한에서 사용하는 잉크시료를 확보하기 위해 최선을 다하고 있다"고 말하면서도 "다만, 북한에서 잉크시료를 수입해서 사용할 가능성이 있어 북한산으로 결론을 내리기 어려울 수도 있다"고 빠져나갈 구멍을 미리 만들어놓고 있다.[20]

어뢰추진체가 북한산임을 입증한다는 '1번'이 북한산이라는 증거는 없고, 그러한 증거가 나올 가능성조차 희박하다는 점을 스스로 시인하고 있는 것이다.

합조단은 '1번'이 북한산이라는 증거를 제시하는 데 실패했을 뿐만 아니라 조사단의 해명은 '1번'이 조작되었을 가능성마저 노정하고 있다. '1번'과 어뢰추진체 사이에는 과학적으로 설명할 수 없는 결정적 불일치가 있기 때문이다.

우선 합조단이 공개한 후부추진체와 방향키를 보면 외부가 심하게 부식되었음을 알 수 있다. 어뢰의 외부가 심하게 부식된 것은 폭발의 결과와 일치한다. 사용하기 전의 어뢰는 부식을 막기 위해 페인트를 칠해놓는데 왜 어뢰의 부품이 부식되어 나타났는가? 그것은 폭발시 발생하는 고열 때문에 페인트가 타서 없어지고 폭발 후 남은 잔

---

20 「합조단, '어뢰설계도' 실수로 잘못 제시(종합2보)」, 연합뉴스 2010.6.29.

외부가 심하게 부식된 어뢰의 잔해. ⓒ 구미시민뉴스

해는 바닷물에 노출되어 부식현상이 나타나기 때문이다. 합조단이 공개한 어뢰부품의 부식현상은 폭발의 결과와 전적으로 일치한다. 합조단이 공개한 것이 폭발하고 남은 어뢰의 잔해라는 점에 추호의 의심도 없다. 폭발 이전의 어뢰였다면 페인트가 남아 있었을 것이고 그 부분은 부식되지 않았을 것이기 때문이다.

그러면 어뢰의 외부에 칠해놓은 페인트는 몇도가 되어야 타버릴까? 문제의 어뢰에 사용된 페인트의 성분이 알려져 있지는 않지만 현재 가장 높은 고열에 견딜 수 있는 씰리콘 쎄라믹 계열의 페인트는 비등점이 760℃이고 보통 유성페인트의 비등점이 325℃에서 500℃ 정도이다. 이에 비춰볼 때 수거된 어뢰 뒷부분에는 적어도 325℃ 이상의 열이 가해졌던 것으로 추정된다. 이러한 추정은 250kg의 폭약량에서 발산될 에너지량에 근거해서 계산해보면, 폭발 직후 어뢰 추진후부의 온도는 적어도 350℃, 높게 잡으면 1000℃까지도 올라갈 수 있다는 점에 비춰볼 때 합당하다.

어뢰 중에서도 가장 뒷부분이고 가장 외부에 있는 방향키도 부식되어 있었고, 따라서 이 부분의 온도도 최소한 페인트를 태울 정도인 325℃ 이상으로 올라갔을 것이므로 어뢰의 내부는 이보다 높은 고열상태였을 것이다. '1번'이라고 씌어진 후부추진체 내부도 당연히 325~1000℃의 열을 받았을 것이다. '1번'은 페인트가 아니라 매직펜

같은 것으로 씌어져 있고, 그 잉크의 성분은 분석이 완료되어야 알수 있겠지만 통상적으로 사용되는 잉크는 크실렌, 톨루엔, 그리고 알코올로 이루어져 있다. 각 성분의 비등점은 138.5℃(크실렌), 110.6℃(톨루엔), 78.4℃(알코올)다. 따라서 후부추진체에 300℃의 열만 가해졌더라도 잉크는 완전히 타서 없어졌을 것이다. 비등점이 이보다는 높은 유성잉크나 페인트를 사용했더라도 어뢰 외부의 페인트가타버릴 정도였다면 내부의 유성잉크나 페인트도 함께 탔을 것이다.

국방부는 "알루미늄이 포함된 폭약의 폭발현상은 3000℃ 이상의고온"을 발생시킨다며 고열현상을 인정한 바 있다.[21] 물론 국방부는폭발 당시 추진체가 30m가량 뒤로 밀려나서 이러한 열의 영향을 받지 않았다고 주장하고 있으나, 이는 폭약에 포함된 알루미늄 파우더가 어뢰추진체의 프로펠러에 흡착되었고, 하얀 흡착물이 '1번'이 씌어져 있는 부품 뒷면과 '1번' 양옆의 볼트에서도 발견된다는 것과 상충된다. 알루미늄이 고체상태에서는 프로펠러 같은 금속표면에 흡착되는 것이 불가능하므로, 흡착물이 합조단의 주장대로 폭발에 의해 형성된 것이라면 알루미늄 파우더가 프로펠러와 접촉하는 순간액체상태로 있어야 한다. 그런데 알루미늄의 용융점은 660℃이므로 폭발 당시 프로펠러 인근에는 그 이상의 고온이 가해지고 있었다는 셈이다. 더욱이 알루미늄이 이미 산화물 상태로 있다가 흡착되었다면 알루미늄 산화물의 용융점이 2000℃이므로 그 이상의 고온이 프로펠러 인근에 있었다는 방증이 될 것이다. 즉 합조단의 주장대로 프로펠러에서 발견된 흡착물질이 폭발에 의해서 형성된 알루

---

21 국방부 「모 인터넷 매체에서 보도된 '이승헌 교수 주장(2)'에 대한 답변입니다」, 2010.6.21. http://www.mnd.go.kr/mndMedia/mediaElucidation/20100621/1_-12674. jsp?topMenuNo=1&leftNum=14

미늄 산화물이라면 어뢰추진체 뒷부분, 특히 '1번'의 전후좌우에는 660~2000℃의 고열이 가해졌어야 하고, 이 정도의 열이 발생했다면 페인트와 잉크가 모두 타버렸어야 한다. 그러나 정작 고열에 견딜 수 있는 외부 페인트는 타버렸고, 150℃에도 타야 하는 잉크는 타지 않았다.[22]

이러한 중대한 불일치는 과학적으로 설명할 방법이 없다. 외부의 페인트가 탔다면 '1번'도 타야 했고, '1번'이 남아 있다면 외부의 페인트도 온전히 남아 있어야 한다. 그것이 과학이다. 그러나 고열에 견딜 수 있는 외부 페인트는 타버렸고, 저온에도 타는 내부 잉크는 원상 그대로 남아 있다. '결정적인 증거물'에 결정적인 불일치가 있는 것이다.

뿐만 아니라 '결정적인 증거물'이 북한산이라는 또다른 증거에도 심각한 혼동이 존재한다. 합조단은 조사보고서에서 "결정적인 증거물"은 "북한이 해외로 무기를 수출하기 위해 만든 북한산 무기소개

----

22 최근 KAIST 기계공학과 송태호 교수는 우리와는 정반대로 어뢰추진체에서 '1번' 부분은 섭씨 0.1도의 온도상승도 있을 수 없다고 주장했다. 이러한 주장은 그렇다면 외부의 페인트는 왜 탔느냐는 의문을 불러일으킬 뿐만 아니라, '가역적 단열팽창'이라는 비현실적 전제를 근거로 하고 있다는 문제가 있다. 그의 전제가 맞다면 어뢰 폭발 인근은 영하의 온도로 냉각이 되고 버블이 터지는 순간 바닷물은 버블 안으로 역류하는 비현실적 현상들이 발생할 것이다. 이와 달리 폭발이란 기체가 진공으로 팽창하는 비가역적 과정이다. 폭발 직후 버블 안의 압력은 2만~20만 기압인데 비해, 버블 밖의 대기압은 1기압이므로 진공으로 간주해도 무방하다. 이 비가역적 과정에서는 버블이 팽창할 때 굳이 추가의 에너지를 소모할 필요가 없기 때문에 팽창 전과 후의 온도가 똑같다. 따라서 버블이 프로펠러에 닿을 때의 온도는 최소한 1000℃에 가까운 고온이 될 것이다. 송태호 「천안함 어뢰 '1번' 글씨 부위 온도 계산」, 2010.7.26, http://htl.kaist.ac.kr/bbs/board.php?bo_table=bbs04&wr_id=16. 그에 대한 반박은 이승헌 「천안함 진실은 상식인들의 집단이성이 풀 수 있다」, 한겨레hook 2010.8.3; 「어뢰가 폭발했는데 사람이 얼어죽는다?」, 미디어오늘 2010.8.5; 서재정 「송태호 교수 결론 맞다면 천안함 합조단 보고서 폐기해야」, 『프레시안』 2010.8.6 참조.

책자에 제시되어 있는 CHT-02D 어뢰의 설계도면과 정확히 일치"한 다고 주장했으나 바로 그 "북한산 무기소개책자"에 대해서 상충된 설명을 해왔기 때문이다.[23] 합조단은 보고서에서는 이 소개 자료가 '무기소개책자'라고 명시했고, 6월 9일 국방부 정보본부는 "카탈로그 책자 형태다, CD가 아니다. 그리고 이것밖에 없다"고 발언했다. 이후 6월 11일 김태영 국방장관은 천안함 특위에서 "책자가 아니고… CD에 있다"고 증언했다. 그러나 6월 29일 합조단은 다시 말을 바꿔서 북한산 어뢰를 소개하는 카탈로그와 CD 두 종류를 확보했다고 주장했다. 29일의 주장에 따르면 어뢰 소개 카탈로그에는 합조단이 천안함을 공격한 어뢰라고 결론 내린 CHT-02D 등 3종의 어뢰에 대한 정보가 실려 있으나, 어뢰의 자세한 설계도면은 카탈로그가 아니라 CD에 수록돼 있는 것으로 전해졌다. 어뢰 '소개 자료'의 실체에 관해서 보고서가 맞다면 국방장관의 발언이 틀리고, 국방장관의 발언이 맞다면 국방부 정보본부의 발언이 틀리다. 또 설계도가 "CD"에 있다는 합조단의 6월 29일 발언이 진실이라면 "무기소개책자"에 설계도가 있다던 5월 20일 보고서는 거짓이고, 보고서가 진실이라면 6월 29일 발언은 거짓일 수밖에 없다.

　논리적으로 보아 합조단은 어뢰가 북한산이라고 직접 주장을 하는 대신 카탈로그와 CD가 북한산이고 여기에 있는 정보와 설계도면이 '어뢰추진체'와 일치하므로 어뢰가 북한산이라는 간접증명 방식을 이용하고 있다. 그러나 카탈로그와 CD 자체가 북한산이라는 것이 검증되지 않는 한 카탈로그와 CD가 북한산이라는 합조단의 주장을 믿으라는 말밖에 되지 않는다. 결국 합조단은 '결정적 증거'를 내놓

------

23 민군합동조사단, 위의 발표문, 2010.5.20, 5면.

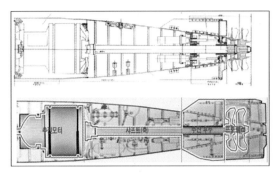

6월 29일 기존 실계도가 실수였다면서 내놓은 어뢰설계도(위)와
5월 20일 발표 당시의 어뢰설계도(아래)

았다기보다는 '결정적 증거'가 있다는 주장을 믿어달라고 되풀이하
고 있는 셈이다. 주장만이 있는 상황에서 국방장관과 합조단, 국방부
정보본부 3자가 모두 상충되는 주장을 하고 있으니, 어느 주장을 믿
어야 할지, 그중 믿을 수 있는 주장이 있는지 혼동이 가중될 뿐이다.
우리가 알 수 있는 확실한 사실은 카탈로그와 CD가 모두 북한산이라
는 것을 입증하지 못하는 한 '1번 어뢰'가 북한산이라는 증거가 없다
는 사실이고, 국방부는 보안을 이유로 카탈로그와 CD가 북한산이라
는 것을 입증하기를 거부하고 있다는 사실이다.

증거는 제시하지 않은 채 자신의 말을 믿어달라는 합조단의 주장
은 지난 5월 20일 조사결과 발표 당시 제시한 어뢰 설계도가 진짜가
아니었다는 사실로 말미암아 더욱 신뢰도가 떨어진다. 합조단 관계
자는 "[조사결과 발표] 당시 어뢰 전체의 각 부위를 설명하기 위해
확대한 설계도는 천안함을 공격한 CHT-02D가 아니라 다른 북한산
어뢰인 PT-97W"라며 "두 어뢰의 기본구조가 같아 실무자가 실수한
것"이라고 6월 29일 인정했다.[24] 그렇다면 조사결과 발표 당시 설명
을 맡았던 윤덕용 단장 등은 설계도와 어뢰의 차이도 알아보지 못한

채 주어진 각본만 따랐다는 말인가. 발표장에 있던 다른 관계자들은
이러한 중대한 실수도 파악할 능력이 없거나, 파악을 했더라도 이의
수정을 요구할 권한이 없는 허수아비였단 말인가. 합조단은 전 국민
과 세계에 잘못된 설계도를 보여주고도 30일이 넘어서야 "실무자가
실수"한 것이라며 어물쩍 넘어가려는 행동으로 스스로 신뢰를 잃고
있을 뿐만 아니라 '1번' 글씨가 적힌 어뢰의 재질에 대해서도 말을
바꿈으로서 신뢰의 추락을 자초하고 있다.[25]

이상과 같은 문제점들은 '1번'이 북한산 잉크로 씌어 있고, 북한
인이 쓴 것이라는 증거를 보여주면 상당히 불식될 수 있는 것들이다.
그러나 합조단은 두가지 점에서 어떤 증거도 제시하지 못하고 있다.
뿐만 아니라 '1번 어뢰'와 일치한다는 카탈로그와 CD가 북한산이라
는 증거도 제시하지 못하고 있다. 결국 '1번 어뢰'가 북한산이라는
것은 합조단의 '주장' 그 이상 이하도 아닌 셈이다. 뿐만 아니라 '1
번'과 외부 페인트의 불일치 및 설계도의 불일치 등은 그같은 주장마
저 신뢰할 근거가 없음을 보여주고 있다.

4. 결론

합조단의 보고서는 일견 매우 논리적이고 과학적인 듯하지만 정

....
24 「천안함 공격 北어뢰, 엉뚱한 설계도로 설명」, 한국일보 2010.6.29.
25 윤덕용 단장은 초기 이 부품이 '스테인리스 스틸'이라고 주장했으나, 6월 1일 "합조
단 관계자"는 "'1번' 글자가 적힌 부분은 강철에 부식방지용 페인트칠을 해놓은 곳"이
라고 말을 바꿨다. 윤단장의 발언은 「선명한 글씨, 녹슬지 않아… '1번' 깨끗한 이유는」,
SBS뉴스 2010.5.22. 합조단 관계자의 발언은 「軍 "어뢰 '1번' 표기에 부식방지용 페인
트 칠"」, 『노컷뉴스』 2010.6.1.

작 그 내용을 과학적이고 논리적으로 분석해보면 무수한 문제점들이 발견된다. 가장 중요한 점은 합조단이 천안함 침몰이 북한 어뢰의 폭발로 야기되었다는 인과관계를 입증하는 데 실패했다는 것이다. 합조단은 천안함이 북한 어뢰로 피격되었다고 직접 주장을 하는 대신, 이를 입증할 다른 증거들이 있다는 간접적 논리구조를 이용하고 있다. 그러나 합조단은 이 다른 증거들을 입증하는 대신, 이러한 증거들이 있다고 목소리만 높이고 있지 정작 이 증거들을 보여주지는 못하고 있다. 두번째 중요한 사실은 합조단이 결론을 입증하려는 과정에서 과학적으로 있을 수 없는 현상들을 만들어냈다는 점이다.

우선 합조단은 ① 천안함 외부에서 폭발이 있었고, ② 이 폭발은 '1번 어뢰'의 폭발이었으며, ③ '1번 어뢰'는 북한산이라는 세가지 주장을 종합하여 천안함은 북한 어뢰의 외부폭발로 절단되어 침몰한 것이라는 결론을 내렸다. 이 결론을 뒷받침하기 위해서는 이 세가지 주장 모두가 사실로 입증되어야 하고, 이 가운데 한가지라도 입증되지 못하면 합조단은 이같은 결론을 내릴 근거가 없어진다. 그러나 지금까지 말한 바와 같이 합조단은 이 가운데 한가지도 제대로 입증하지 못했다. 즉 ① 외부폭발이 있었다면 존재해야 할 파편, 버블효과 및 충격파 효과를 입증하지 못했고, ② '어뢰추진체'의 폭발이 천안함을 절단한 외부폭발이라는 인과관계를 입증하지 못했으며, ③ '1번 어뢰'는 증거로서 채택하기에 부적절한 과학적 불일치 현상을 보일 뿐 아니라 북한산이라는 증거도 내놓지 못하고 있다. 따라서 합조단은 천안함이 북한 어뢰의 폭발로 파괴되었다고 결론을 내릴 수 있는 근거를 전혀 제시하지 못한 것이다.

둘째로 합동조사단이 제시한 물증은 적어도 세가지 중대한 불일치 현상을 노정하고 있다. 첫번째, 합조단은 EDS 분석에서는 나타나는 알루미늄 원자가 XRD 분석에서는 결정질로도 비결정질로도 나타나지 않는다는 '세계 최초의 발견'을 했다. 합조단은 필자들의 문제 제기 이후 비결정질 알루미늄 산화물이 XRD에서 미량 검출되었다고 말을 바꾸었지만, 여전히 비결정질 알루미늄 산화물의 넓은 피크를 보여주는 데 실패하고 있다. 두번째, EDS 분석에서 나타나는 알루미늄 원자와 산소 원자의 비율은 알루미늄 산화물의 비율과 현격하게 다르다. 알루미늄 산화물 분석이었다면 나타날 수 없는 현상이다. 합조단은 이후 말을 바꿔 시료에 물기가 남아 있었기 때문에 산소의 비율이 높게 나타난다고 둘러대고 있지만, EDS 분석은 진공상태에서 이뤄지기 때문에 시료에 물기가 남아 있을 수 없다는 점을 간과한 변명에 불과하다. 마지막으로 '1번 어뢰'에서 고열을 견딜 수 있는 외부 페인트는 타버렸는데 그보다 저온에서도 타는 매직잉크가 타지 않고 원상태대로 남았다는 불일치 현상은 여전히 해명되지 않은 상태다.

물론 우리 분석의 목적은 합조단 보고서의 정확성을 검증하는 데 국한되지, 천안함의 침몰원인을 분석하려는 것은 아니다. 우리의 분석은 북한이 천안함을 공격하지 않았다고 입증하는 것이 아니며, 단지 합조단이 이러한 주장을 입증하는 데 실패했다는 것을 보여줄 뿐이다. 그러나 대한민국의 국가안보에 심대한 영향을 줄 수 있는 보고서가 핵심적인 결론을 입증하는 데 철저하게 실패했다는 것은 매우 심각한 문제다. 더욱이 이런 부실 보고서에 근거해서 정부가 단호한 대북조치를 취하고, 유엔 안보리에 이 문제를 상정하여 북한을 규탄하려 했다는 것은 남북관계와 국제정치에도 부정적 영향을 크게 미칠 수 있는 문제다.

한국정부는 우선적으로 국방부 및 정부의 영향력에서 자유로운 조사단을 새롭게 구성하여 천안함 침몰의 원인을 원점에서부터 다시 조사해야 할 것으로 본다. 물론 잘못된 보고서에 근거하여 취하고 있는 대응조치들은 즉각 중단해야 할 것이다. 또한 국회는 국정조사권을 발동하여 합조단의 조사 및 보고서 작성과정을 검증하여 부실보고의 책임소재를 밝혀야 하며, 데이터 조작의혹을 밝혀서 조작이 사실로 드러나면 책임을 물어야 할 것이다. 유엔 안보리는 7월 9일 채택한 의장성명에서 한국정부와 북한정부의 입장을 나란히 병기함으로써 천안함사건의 진상규명이 제대로 이뤄지지 않았음을 간접적으로 인정했다. "분쟁을 회피하고 상황악화를 방지하기 위한 목적으로 적절한 경로를 통해 직접 대화와 협상을 가급적 조속히 재개하기 위해 평화적 수단으로 한반도의 현안들을 해결할 것을 권장"한 유엔 안보리의 성명이 천안함사건으로 격화된 남북긴장을 완화할 수 있는 전기가 되기를 기대한다.[*]

서재정 • 미국 존스홉킨스대 국제대학원 교수
이승헌 • 미국 버지니아대 물리학 교수

[*] 이 글은 계간 『창작과비평』 2010년 가을호(149호)에 게재된 논문이며, 계간 『창작과비평』의 허가를 받아 이 책에 수록함을 밝힙니다 — 편집자.

KNTDS 좌표 오류, 고의인가 실수인가

—

신상철

—

5월 24일, 천안함이 KNTDS(한국해군전술지휘통제씨스템)[1] 상에서 사라진 좌표가 처음으로 공개되었다. 박영선 민주당 의원은 국회 천안함 침몰사건 진상조사특별위원회에서 이 좌표가 해군 발표 좌표와 무려 600m가량이나 차이가 난다며 의문을 제기했다.

필자는 이 문제에 관하여 몇가지 관점에서 접근해보려고 한다. 'KNTDS 좌표 보고에 있어 고의로 수정했을 가능성'과 '실수로 좌표를 잘못 입력했을 가능성' 가운데, 우선 '고의로 수정했을 가능성' 측면을 분석해보려고 하며 글 후반부에서는 'KNTDS 정보를 실수로 잘

---

1 KNTDS(Korean Naval Tactical Data System)는 미 해군의 전술지휘통제체계(NTDS)를 한국화한 것으로 1995년 말 미국에서 도입하여 2함대에 처음 설치됐으며 지금까지 수천여억원이 투입되어 각 함대별로 설치되어온 최신의 씨스템이다. 이 씨스템은 작전 중인 해군함정 레이더와 P-3C 등 대잠 초계기, 주요 도서의 레이더기지 등에서 잡힌 수백개의 항공기 및 선박들을 해군 함대사령부, 작전사령부, 합참 지휘통제실의 대형전광판에 실시간으로 표시해준다.

못 입력했을 경우'를 논하고자 한다. 우선 『민중의소리』(2010.5.25)가
보도한 관련기사는 다음과 같다.

천안함 KNTDS 소멸, 軍 발표 침몰지점서 600m 떨어져

천안함이 KNTDS(해군전
술지휘통제씨스템) 상에서
사라진 좌표가 24일 처음으
로 공개됐다. 그런데 이 지점
이 해군이 발표한 천안함 '폭
발원점' 좌표와 크게 차이가
나 의문이 제기되고 있다.

또한 KNTDS에서 천안함
이 사라진 시간은 3월 26일
밤 9시 25분이었으며, 천안
함은 9시 22분부터 25분까지
움직이고 있었던 것으로 알
려졌다. 군이 발표한 천안함

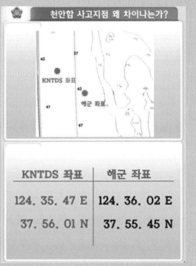

민주당 박영선 위원이 5월 24일 공개한 천안함의
KNTDS 소멸 당시 좌표. 군이 발표한 천안함 침몰
좌표에서 북서쪽으로 약 600m 떨어져 있다.

의 침몰시간은 9시 22분(9시 21분 58초)이었는데, KNTDS 상에서는
이때도 천안함이 기동하고 있었다는 의미다.

박영선 민주당 의원은 24일 열린 국회 천안함 특별위원회 회의에
서 천안함 사고지점이 KNTDS 상에서 동경 124도 35분 47초/북위
37도 56분 01초로 나오는데, 해군 발표 좌표와 무려 600m가량이나
차이가 난다며 "왜 이렇게 차이가 나느냐"고 질의했다.

실제 민군합동조사단이 20일 최종 조사결과에서 천안함이 북한

어뢰에 의해 피격당했다는 '폭발원점'의 좌표는 동경 124도 36분 02초/북위 37도 55분 45초였다. 그러나 이날 박영선 의원이 KNTDS에서 천안함이 사라졌다고 밝힌 곳은 이보다 북서쪽으로 상당히 떨어져 있다.

(중략) 한편 박의원이 이날 공개한 KNTDS에서 천안함이 사라진 좌표에 찍힌 시간이 9시 25분인 것으로 알려져 군이 밝힌 사고시각인 9시 22분과 차이가 나고 있다.

앞서 군은 한국지질자원연구원이 사고 당일 백령도 근해에서 포착한 리히터 규모 1.5의 지진파를 감지한 시간이 오후 9시 21분 58초라며 사고시각을 9시 22분이라고 밝힌 바 있다.

또 백령도 해안초소에서 열상감시장비(TOD)로 침몰중인 천안함을 촬영한 해병대 초병이 20분 경 폭음을 들었다는 증언과, TOD 영상기록에 나타난 시간도 22분 발표의 근거가 됐다. 이와 함께 지난달 MBC가 보도(4월 7일 뉴스데스크)한 군 내부보고용 문건인 '최초 상황관련 일지'를 보면 "KNTDS상 천안함 소멸" 시간 역시 9시 22분으로 돼 있다.

그러나 KNTDS에서 천안함이 사라질 때 시간은 9시 25분인 것으로 알려졌다. 특히 KNTDS 상에서는 천안함의 좌표가 9시 22분부터 25분까지 움직이고 있었던 것으로 전해졌다. (후략)

김태영 국방장관, 좌표 오류 국회 특위에서 인정

이 기사에서 보는 바와 같이 좌표가 틀린 것은 분명한 사실이고, 그에 대해 김태영 국방장관은 "틀렸으면 우리가 시정하겠다"라고 답함으로써 좌표가 잘못되어 있었다는 것을 공식적으로 시인한 셈이다. 그렇다면 잘못된 정보제공이 실수인가, 고의인가라는 부분이 명백히 밝혀져야 하는 문제가 남는다.

KNTDS의 좌표는 전술통제씨스템상 함선의 항적과 속도 및 기동상황 정보 모두를 담고 있는 디지털정보다. 따라서 이 정보를 공개한다는 의미는 천안함의 위치, 항로, 항적, 속도, 엔진기동상황 모두를 사실 그대로 공개한다는 의미를 갖는다.

지금까지 국방부는 이 정보에 '군사기밀'이라는 딱지를 붙여 한번도 공개한 적이 없으며, 조사범위에 들어가지 않는다며 그에 대한 논의 자체를 철저히 차단해왔던 터라 민간조사위원으로 합조단에 참여했던 필자 역시 그에 대한 정보를 얻을 수 없었다.

그런데 국방부는 야당 특위 의원들이 합참을 방문했을 당시 유일하게 민주당 박영선 의원에게만 KNTDS 정보를 공개했으며, 그 정보를 알고 있는 박영선 의원이 "국방부로부터 보고받을 당시의 좌표가 해군의 공식발표 좌표와 다르다"며 문제제기를 하고 나선 것이다.

그렇다면 박영선 의원이 합참에서 보고받았던 좌표값이 거짓이라는 뜻인데, '고의'일까 '실수'일까. 그 두가지 가능성 모두에 접근해보자. 두가지 분석 모두 '추론'이며, 이러한 추론적 분석을 하는 이유 역시 국방부가 공개해야 마땅할 기본정보를 제공하지 않기 때문임을 전제한다.

'최초 좌초' 지점 궤적을 피하기 위해 고의로 좌표값 변경했을 가능성

항적정보 모두는 디지털값이며, 그 좌표 모두를 해도상에 기입하면 천안함이 움직였던 궤적이 고스란히 드러나게 된다. 그런데 만약 항적 궤도상에 좌초를 유발할 수 있는 저수심(低水深) 위치가 걸려 있다면, 좌초사실 자체를 감추어야만 하는 국방부로서는 그 정보를 있는 그대로 보고할 수 없었을 것이란 추론이 가능하다.

그럴 경우, 함의 궤적은 연속성을 가져야 하므로 '특정 방향'으로 디지털값 모두에 대해 일정거리를 통째로 이동시킬 수밖에 없을 것이다. 앞의 기사 그림에, 3월 27일 작전상황도에 기록된 '최초 좌초' 위치를 기입해 살펴보면 이해가 어렵지 않을 것이다.

'최초 좌초'라고 기록된 작전상황도. ⓒ 아시아경제

필자에 대한 해군 장교들의 고소사건으로 검찰조사를 받는 과정에서도 밝혀졌지만, 작전상황도는 해군이 보유하고 있던 것이 맞다는 것은 확인되었다. 그러나 국방부 주장에 의하면 희생자 가족이 그 지도를 빼앗아가서 임의대로 기록한 것이므로 사실이 아니라는 것이며, 그렇기에 그것을 근거로 좌초를 주장하는 것은 허위사실이라는 논리다.

필자의 주장은 이렇다. 해군의 작전상황도는 좌초를 입증할 수 있는 많은 증거 중 하나에 불과할 뿐이며, 해군 소유의 작전상황도에 기록된 내용의 공신력에 대해 입증할 책임은 해군 스스로에게 있고,

작전상황도에 기록된 내용이
거짓이라면 희생자 가족이
무슨 연유로 거짓된 내용을
적었는지 밝힐 책임 또한 해
군과 검찰에 있다.

46명이 사망한 이 중차대
한 사건에서 희생자 가족이
해군의 작전상황도를 빼앗아
허위사실을 기록한다? 존재하지도 않는 좌초를 '최초 좌초'라고 기
록하고 별표까지 마킹을 한다? 상식적으로 생각해도 국방부의 주장
은 논리가 빈약해 보인다.

위의 그림을 보면 해군이 공식발표한 '해군 좌표' 지점은 실제로
사고가 발생한 지점을 나타내고 있다. 그러나 KNTDS의 좌표는 실제
좌표로부터 600m가량 북서방향으로 이동되어 있다. 그에 대해 국방
장관은 "잘못되었으면 수정하겠다"며 위치정보 오류를 인정했다.

허위 위치를 보고했다면 왜 그랬을까?

최종 좌표 하나가 수정되고 이동되면, 단순히 그 하나의 좌표만 이
동하는 것이 아니다. 그전의 궤적 전체가 이동하고 수정되었다는 뜻
이다. 천안함이 최초 좌초한 것이 사실이라면, 천안함은 보라색 '별
표(Grounding)' 위치에서 청색 궤도를 따라 이동한 후 '해군 좌표' 위
치에서 침몰했을 것이다.

그러나, 최종 좌표인 '해군 좌표'가 'KNTDS 좌표'로 옮겨졌다면
그것의 의미는 '별표'의 위치를 통과한 함의 궤적 또한 북서방향으

로 600m 이동하여 결국 '저수심 지역을 통과하지 않은 것'으로 궤도 수정되었다는 것을 뜻한다.

다시 말해, 박영선 의원이 합참에 방문해서 보고받은 좌표가 실제보다 '북서방향으로 600m가량 이동한 것'이 사실이라면, 국방부는 박영선 의원에게 항적 전체를 허위보고한 것이 되며, 그 궤적은 저수심을 통과하지 않은 정상궤도인 것으로 판단되도록 일률적으로 수정되었다는 뜻이다. 결국 이에 대한 사실들은 재논의하여 새로운 결과를 도출해내야 할 상황이다.

KNTDS 기초정보가 실수로 잘못 입력되었을 경우

한편 KNTDS 기초자료 정보가 잘못 입력되었을 가능성은 존재할 수 있을까? 지금부터 예로 드는 미 해군 순양함 포트로열(Port Royal)함[2]의 사례는 사소한 실수가 얼마나 커다란 사고를 일으킬 수 있는지 잘 보여준다. 특히 좌초가 되었을 경우의 상황과 좌초상황에서 빠져나오려고 할 때 스크루에 어떤 손상이 발생하는지 확실히 확인할 수 있다는 점에서 매우 중요하다.

비행기 혹은 선박에는 자동항법씨스템(Auto Pilot System)이 있다. 물론 어느정도 규모와 설비를 갖춘 비행기나 선박에 해당되지만, 원거리 운항시 조종간(키)을 계속 잡고 가는 것이 아니라 미리 쎼팅된 데이터에 따라 스스로 방향각을 조절하며 운항이 되도록 하는 씨스

---

2 미국 최신예 타이콘데로가(Ticonderoga)급 미사일 순양함이다. 여기서 타이콘데로가급 미사일 순양함이란 스프루언스(Spruance)급 구축함을 베이스로 하여 이지스 씨스템을 탑재한 최초의 군함을 말한다. 여성승무원을 태울 수 있는 최초의 순양함이며 20세기 마지막으로 건조한 군함으로도 알려져 있다.

템이다.

그런데 만약 최초 입력한 데이터값에 오류가 있다면 어떻게 될까. 말할 것도 없이 잘못된 위치를 향해 비행하거나, 자신이 항해하는 지역을 엉뚱한 곳으로 인식하게 되는 사태가 발생한다. 첨단운항씨스템이 장착된 기종(군함)에서 이런 실수가 발생할 가능성이 있을까?

정답은 '그렇다'이다. GPS 위치정보 등은 위성으로부터 자동으로 받기 때문에 문제가 없겠지만, 첨단운항씨스템은 사람의 손에 의해 데이터값이 쎄팅되기 때문에 언제든지 실수에 의한 오류는 발생 가능한 것이다. 그것도 미국이 자랑하는 최신예 첨단 순양함에서 그런 황당한 일이 발생하기도 한다.

1. 최신예 순양함, 호놀룰루 앞바다에 좌초하다

그리 오래지 않은 일이다. 2009년 2월 하와이의 비취빛 앞바다에 군함 한척이 호놀룰루 공항에서 이착륙하는 비행기들을 바라보며 고즈넉이 떠 있었다.

호놀룰루 앞바다에서 좌초한 포트로열함.
언뜻 보면 잠시 정박 중인 듯하지만 실제로는 암초에 걸려 오도가도 못하는 상황이다.

포트로열함의 좌초위치 (출처: 신상철)

그런데 이 순양함 포트로열함은 호놀룰루 앞바다 저수심 산호군락암초(coral reef)에 좌초를 한 것이었다. 저 거대한 배가 어떻게 호놀룰루 해변 코앞까지 들어올 수 있는가도 화제였지만, 저런 최신예 함선이 어떻게 해도에 빤하게 그려져 있는 산호밭도 피하지 못하고 좌초했는지가 더 관심거리였다. 그런데 이 사고는 정작 너무나 어처구니없는 데에 원인이 있었다.

2. 좌초사고 발생

2009년 2월 5일 아침, 포트로열함은 진주만 조선소에서 1,800만달러(한화 약 180억원)를 들여 수리를 막 끝내고 외항으로 나가 해상 시운전을 하던 중, 음향측심기(Fathometer, 음파로 수심을 측정하는 계기)가 손상된다.

12시 1분, VMS(Voyage Management System, 운항관리씨스템)의 해도상 위치 초기값에 오류가 발생한다. GPS(Global Positioning System, 위

호놀룰루 도심에서 바라본, 좌초 당시의 포트로열함

성항법씨스템)에서 관성항법인 RLGN(Ring Laser Gyro Navigation, 자이
로항법)으로 전환을 하면서 실제 위치보다 1.5마일 벗어난 지점이 쎄
팅된 것이다. 그러나 함교 포함 어떤 당직자들도 그 오류를 인지하지
못하는 동안, 전속기동 및 조종테스트 그리고 헬리콥터 작동시험이
진행되었다.

　저녁 8시경, 포트로열함은 육지에서 불과 0.5마일, 즉 대략 800m
떨어진 산호밭에 좌초하고 만다. 흘수(吃水) 33피트(10m)인 순양함
이 수심 14~22피트(5~7m)인 암초와 모래로 된 산호밭에 들어앉았
으니 사고를 당한 사람이나 보는 사람이나 어이가 없었을 것이다. 다

행히 다친 사람은 없고 연료탱크도 손상되지 않아 해상오염 사태는 발생하지 않았지만, 좌초지점이 호놀룰루 공항에 이착륙하는 비행기에서 너무나 잘 보이는 곳이라, 미 해군은 국제적 망신을 톡톡히 당했다. 부리나케 미 해군 구조함 쌀보(Salvor)함[3]—백령도 천안함 구조작업에 투입된 바로 그 배다—이 투입된다.

3. 사후조치

2월 6, 7, 8일 세차례에 걸쳐 배를 끌어내는 시도를 했으나 배는 꿈쩍도 하지 않았다. 보름달에 만조라는 호기였던데다 200톤에 달하는 연료와 물을 빼내고 7,000갤런의 하수와 오물을 빼내고 15톤에 달하는 승조원들을 하선시켰는데도 이초(離礁, 암초에서 빠져나오는 것)에 실패했다.

2월 9일, 새벽 2시경 배는 선체 중량을 좀더 가볍게 하기 위해 추가로 500톤의 물을 빼내고 심지어 100톤에 달하는 앵커(닻)와 여러 장비들을 들어낸 후 바위와 모래가 혼재한 암초지대로부터 빠져나오는데 성공한다. 쌀보함 외 7척의 예인선이 40분간 사투를 벌인 결과다. 2008년 10월 취임했던 함장 존 캐럴(John Carroll)은 불과 넉달 만에 직위해제되고, 존 라우어(John Lauer) 함장이 임시대행을 맡게 된다.

4. 손상 개요 및 수리

포트로열함은 이초과정에서 프로펠러와 프로펠러샤프트에 심각한 손상이 발생했으며 함수 선저하부의 쏘나[4]가 손상을 입어 다시 드

---

3 정식명칭은 'Salvor T-Ars52'로 16명으로 이뤄진 5개의 잠수구조팀과 6명의 수중 폭발물처리팀(EOD)이 탑승하고 있다. 감압체임버 2대와 군의관, 치료사, HH-60헬기 등도 지원하고 있다.

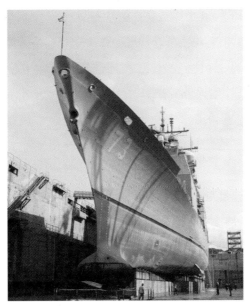

드라이도크의 포트로열함

라이도크에 들어간다.

　그런데, 포트로열함의 좌초 및 드라이도크 사진을 체크하는 과정에서 놀랄 만한 사실 하나를 발견하게 된다. 바로 프로펠러의 모습이다. 단지 좌초에서 벗어나기 위해 후진엔진을 여러번 썼을 뿐인데 휘어지고 깨어진 모습이 천안함과 샴쌍둥이 같다(포트로열함은 러시아 어뢰를 맞을 일도 없었을 테고, 소말리아 기뢰와 충돌할 일도 없었을 것이다).

　아무튼 배의 무게를 줄일 목적으로 함내 오물과 하수를 배출함에

4　정식명칭은 'sound navigation and ranging'이다. 좁은 뜻으로는 수중청음기·음향탐신기를 말한다. 수중청음기는 잠수함 탐지를 위해 1차대전 이래 개발되어, 특히 2차대전 중과 전후에 급속히 발달했다. 바닷속에 전달되는 소리의 빠르기는 바다의 상황에 따라 다르나 약 1,500m/s이며, 물체에 닿으면 반사하여 되돌아오는 성질이 있다. 각종 쏘나는 이런 소리의 성질을 이용하여, 초음파를 통해 음을 잡아낸다.

포트로열함의 프로펠러(좌)와 천안함의 프로펠러(우)

따라, 하와이 자연환경자원국 소속 다이버들이 좌초지역을 조사한 결과 산호초들이 손상을 입은 사실을 발견, 산호초 역시 보수작업을 받았다.

2월 18일 진주만 4번 드라이도크에 들어간 포트로열함은 프로펠러, 프로펠러샤프트, 러닝기어, 쏘나, 선체외판 크랙, 선저하부 페인팅 수리로 비용 견적만 2500~4000만달러(250억~400억원)가 나왔으며 수리에 7개월이 소요되었다.

5. 원인규명 및 결과

미 해군안전국의 비공식발표에 의하면 사고의 원인은 항해씨스템의 오류, 수면부족, 장비손상, 항해요원의 경험 미숙 및 팀워크 부족으로 결론지어졌다. 최종보고서는 존 캐럴 함장이 좌초사고 당일 겨우 4시간여 밖에 수면을 취하지 못했고, 3일 연속 수면시간이 15시간도 채 안되는 상태였던데다가 포트로열함에 부임하기 전 5년간 육지생활만 해서 해상에서의 감각이 떨어진 점을 지적하며 매우 뼈아픈 결론을 내리고 있다.

"계기나 항해씨스템의 오류와는 상관없이, 좌초를 미연에 방지할 수 있는 충분한 쎈서들이 있으며 특히 육안으로 관측하는 것은 무엇보다 중요하다 할 것이다. 그리고 함이 위치감각을 상실했음에도 항해파트, 함교견시, 전탐전술팀 등이 호흡이 맞지 않아 위험으로 몰고 갔을 뿐만 아니라, 견시 담당자가 견시에 충실하지 않고 음식을 준비하는 등 총체적인 직무유기의 잘못이 크다."

2009년 6월, 미 해군은 자체조사 후 포트로열함 좌초사고의 책임을 물어 함장 포함 4명의 장교와 업무책임이 있는 대원들에 대해 징계조치를 취했다. 미 최신예 순양함 포트로열 CG-73함은, 최신 항법장비와 최첨단 기기들을 장착하고서도 연속된 일련의 실수에 의하여 연안에서 가까운 저수심에 좌초될 수 있다는 사실을 입증한 후, 2009년 9월 24일 진주만을 떠나 작전에 투입되었다.

| 보론 |

이 보론은 필자의 글 「김태영 국방장관을 증거인멸의 죄로 고발합니다」의 일부로 2010년 6월 11일 서울중앙지검에 제출한 고소장을 기초로 한다. 여기서 필자는 김태영 국방장관의 증거인멸, 중대과실, 허위분석 등을 지적했다. 아래에 그 핵심적 주장을 발췌하여 정리했다.

1. 좌초로 인해 나타난 '스크래치'에 대한 증거 인멸

2010년 4월 15일, 천안함 함미가 인양될 당시 많은 언론의 취재기자들이 촬영하였던 모습은 아래와 같다. 천안함 함미 좌현 하부의 심한 스크래치(긁힘현상)는 천안함이 좌초되었음을 명확하게 보여주는 증거다.

그런데 필자가 2010년 4월 30일 평택 2함대사령부에 가서 함미를 조사했을 때, 함미 좌현의 스크래치가 현저히 희석되어 인양 당시의 흔적들이 거의 사라진 것을 발견했으나, 촬영이 금지되었고 휴대폰마저 지참하지 못하게 하여 사실관계에 대한 메모만 할 수 있었다.

천안함 함미가 인양되는 모습(위)과 함미 좌현 하부를 확대한 모습(아래) © 민중의소리

당시 합조단에서는 스크래치 문제를 포함해 '좌초'에 관해서는 일절 논의조차 할 수 없게 했고, 좌초는 조사대상이 아니라거나 이미

다 끝난 문제라는 둥 철저히 차단막을 치고 있었기에 합조단에서의 문제제기는 의미가 없다고 판단하여, 공개를 유보하다가 5월 18일 국회 토론회에서 처음으로 그 사실을 공개했던 것이다.

2. 함미·함수 유실 및 발견과정에서의 중대한 과실

3월 26일 21시 22분 천안함은 외부충격으로 절단된 후 함미는 즉각 침몰했으나 함수는 상당시간 떠 있다가 가라앉았다는 것은 누구나 아는 사실이다. 그러나 국방부는 이후 함미와 함수를 찾지 못하여 48시간이라는 아까운 시간을 허비함으로써 결과적으로 장병들의 생존가능성이 높은 시간을 거의 소진해버리는 중대한 과실을 범했다.

(1) 함미 발견: 3월 28일 밤 22시경 어선이 발견

함미는 사고 후 이틀이 지난 28일 밤, 최초 침몰지점으로부터 불과 40~183m(언론보도에 따라 다름) 떨어진 거리에서 발견되었다. 천안함의 최초 침몰지점의 좌표는 KNTDS상 위치정보, 천안함에서의 보고, 천안함과 편대 기동했던 참수리 2대의 보고에 의해(그들이 보고의무를 충실히 행하였다면) 정확하게 확정될 수 있는 좌표다.

그럼에도 최초 침몰지점에서 불과 40m(최초 보도)~183m(이후 정정) 밖에 떨어져 있지 않았는데도 그것을 찾지 못해 이틀이라는 소중한 시간을 허비했다는 것은 도무지 이해할 수 없다. 천안함의 길이가 88m인 점을 감안할 때, 불과 배 길이의 절반 혹은 겨우 두배 정도의 가까운 거리에 있었는데 그것을 찾지 못했다는 것은 어느 누구도 납득하기 어려울 것이다. 그나마도 민간 어선이 함미를 발견했다는 사실은 어떻게 이해해야 할 것인가.

(2) 함수 발견: 3월 28일 20시경

3월 26일 21시 22분 절단된 후 한동안 떠 있다가 유실된 함수는 3월 28일 19시 57분경 발견되었다. 만 이틀 만에 함수를 찾은 것이며 함미가 발견되기 2시간 전이다.

최초에 함수가 유실되었을 때, 국민들은 함수에 부표를 설치하지 않은 것에 대해 군 당국을 비난했고, 그에 대해 국방부 대변인은, 던지는 방식으로 부표를 설치하려고 했으나 조류에 휩쓸려갔다고 발표했다가 이후 해경 501함에 부표를 설치하도록 지시했다고 번복한다. 하지만 결국 부표는 설치되지 않았다.

그런데 사고 다음날인 27일 오전 7시 30분경, 천안함 함수는 용트림바위 앞에 모습을 드러냈다. 그리고 밤 22시 30분경 사라진 것으로 일부 언론에 보도되었는데, 그에 대해 국방부 대변인은 나중에 "함수가 표류하다가 모래톱에 걸려 잠시 떠오른 것"이라고 공식 발표까지 한다. 그럼에도 국방부는 함수를 발견했다는 발표는커녕, 해경 253정이 떠오른 함수 주변을 선회하고 있었음에도 부표를 설치하거나 함수를 잡아두기 위한 어떠한 노력도 하지 않은 채 다시 함수는 유실되었다. 그 다음날 저녁 함수를 발견하게 되는데, 결국 함수는 '유실-발견-유실-발견'을 반복하는, 도무지 납득할 수 없는 일이 발생한 것이다.

특히 함수가 가라앉은 지점은 수심, 지형, 조류에 대한 기본정보만으로도 충분히 위치를 예측할 수 있는 지점인데, 그곳에 있는 함수를 이틀 동안 찾지 못했다는 국방부의 발표는 상식적으로도 납득할 수 없는 일이다.

천안함 함수가 26일 밤 사고 후 조류에 떠밀려 내려갔던 방향과 구조가 이루어졌던 지점은 이미 알려져 있으며, 27일 잠시 떠올랐던 지점을 감안하더라도 함수가 어느 구역 내에 있는지 충분히 알 수 있었을 뿐만 아니라, 주변 해역 일대가 저수심이므로 천안함 함수는 더이상 갈 곳조차 없는 막다른 위치에 도달해 가라앉아 있을 것이란 점은 해도만 보아도 알 수 있는 사실이다.

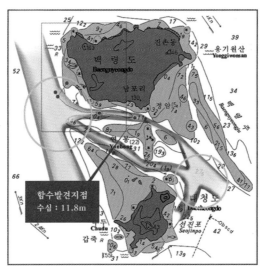

백령도 인근 해역의 해저지도. 섬 인근의 광범위한 저수심 및 암초 지대는 연한 청색으로 표시했다. 초록색으로 표시한 부분은 선박이 안전하게 항행할 수 있는 해역을 뜻한다. 해상교통사고를 유발할 수 있는 교차로가 두군데 존재하는데 여기에는 노란색 원을 표시했다. 천안함이 좌초 후 2차 사고(추정), 구조, 침몰 지점은 각각 빨간색으로 표시했다. (출처: 신상철)

또한 함수가 침몰된 지점의 수심은 11.8m에 불과하여 천안함이 옆으로 누웠을 경우라 하더라도 그 높이가 10m에 달하므로 그 해역을 통행하는 선박이 있었다면 천안함과의 충돌을 우려해야 할 만큼 저수심 지역이었는데 천안함을 찾지 못했다는 것은 도무지 이해할 수 없는 일이다.

이러한 일련의, 고의인지 실수인지 알 수 없는 중대한 과실로 인해

물속에 빠진 아까운 생명 46명에 대한 구조가 이틀 동안 지체되었다는 것은 참으로 분노할 일이며, 절대로 용서할 수 없는 과실이다.

3. 천안함 스크루 손상 관련 허위 분석에 대한 책임

천안함 스크루의 손상은 천안함이 어떤 사고를 당했는지를 밝혀줄 수 있는 매우 중요한 사실 중 하나이며, 그에 대하여 공정하고 객관적이며 과학적인 검증과정과 절차를 통해 손상의 원인이 확실하게 규명되어야 하는 것이다.

그러나 국방부는 그 원인과 관련하여 처음에는 함미가 침몰시 해저바닥과의 충돌로 인해 발생한 손상이라 주장하다가, 최종발표에서는 400MPa(메가파스칼)[5]까지 견디도록 설계된 스크루가 엔진 정지로 급정지함에 따라 700MPa의 힘이 미쳐 관성력에 의해 스크루가 휘어졌다고 주장하고 있다.

이러한 국방부의 설명은 과학적으로 입증될 수 없는 주장일 뿐만 아니라, 실험을 통해서도 그러한 결과가 나올 수 없다. 스크루의 이와 같은 손상은 선박이 좌초했다가 빠져나오려는 과정에서 해저바닥에 파묻힌 스크루가 돌아갈 때 발생한다는 것이 기존의 좌초된 선박 사례를 통해 충분히 입증되고 있다.[6]

신상철 • 서프라이즈 대표, 천안함사건 민군합동조사위원 역임

---

5 파스칼(Pa)은 압력을 측정하는 국제단위로 단위 면적(m^2)당 작용하는 힘(N)을 뜻한다. 즉, $1Pa=1N/m^2$이며 여기서 N은 힘을 측정하는 국제단위로 질량 1kg의 물체를 $1m/s^2$의 속도로 움직이는 힘을 말한다.

6 앞의 미 순양함 포트로열함과 천안함의 스크루 프로펠러 사진 참조.

좌초와 기뢰는 침몰원인이 될 수 없는가

—

박선원

—

1. 문제제기

민군합동조사단이 조사결과를 발표한 지 한달이 되는 6월 20일, 필자는 한겨레 『훅』(hook.hani.co.kr)에 '천안함 침몰 민군합조단 발표에 대한 박선원 보고서'라는 제목의 글을 기고했다. 보고서를 쓰게 된 계기 중 하나는 참여연대의 안보리 서한 논란이었고 다른 하나는 당시 러시아 드미뜨리 메드베데프 대통령의 발언이었다. 그는 천안함 침몰원인에 관한 한국정부의 주장에 대해 "단 하나의 입장이 비록 폭넓게 회람되고 있긴 하지만, 그걸 곧 당연시해선 안된다. 철저한 조사가 필요하다"고 말했다. 국익을 위해서라도 이 사건의 근본적인 재검토가 반드시 필요한 상황이었다. 당시 러시아정부가 곧 뭔가 들이대며 우리 대한민국을 당황하게 만들기 전에 이 사건을 제로베이스에서 점검해야 할 필요성이 있었다. 즉 어뢰폭침설의 문제점을 하나씩 되짚어보고, 그간 묵살되어온 '좌초설'과 '기뢰설'을 재검토 하자는 취지였다.

필자의 보고서가 발표된 뒤 20여 일이 지난 7월 8일, 러시아는 한국 의 어뢰폭침 주장에 회의적인 반응을 내놓았다. 다음날인 7월 9일 안 보리는 매우 모호한 의장성명을 채택했다. 그걸 외교적 승리라며 만 족한다는 외교부의 공식논평은 안쓰럽기 그지없었다. 여기서 5월 24 일 이명박 대통령의 전쟁기념관 연설을 떠올려보라. 응분의 조치를 운운하며 당장 선전포고라도 할 기세로 국민들의 안보불감증을 윽 박지르던 때가 바로 어제 같은데, 아무 의미도 없는 의장성명 하나로 사건을 덮고 가려 하다니. 이명박정부가 끝끝내 지키고 싶어하는 것 은 이제 단 하나다. '1번 어뢰'에 의해 천안함이 공격받고 침몰했다 는 명제다. 그러나 5월 20일 합조단 발표 이후부터 유엔 안보리에서 의장성명이 논의되던 바로 그순간까지 '1번 어뢰' 폭침설은 이미 누 더기가 되어가고 있었다.

2. 결정적 증거물을 내세운 어뢰피격설, 아직도 유효한가?

1) 여전히 오락가락하는 사건발생 시점과 장소

사건발생 시각과 지점이 오락가락하며, 그 결과 '결정적 증거물' 인 어뢰추진체 발견 위치가 과연 사건발생과 인과관계에 있는지조 차 의문이라는 건 다른 글에서 이미 언급한 바 있다. 발생 시각과 지 점이 달라진다면 도대체 '결정적 증거'라고 하는 어뢰추진체는 어떻 게 찾아낼 수 있을까 하는 의문은 너무도 자연스러운 것이다. 국방장 관은 6월 11일 국회 천안함특위에 나와서 사건발생 시각을 번복한

데 대해 "초기에는 시간개념을 중시하지 않아서 소홀했던 것이 있었다"는 기상천외한 발언을 했다(연합뉴스 2010.6.11).

그러나 천안함의 침몰시각과 침몰지점은 원인규명의 출발점이다. 만약 5월 24일 제1차 국회 천안함특위에서 국방장관과 함참 이기식 처장의 발언처럼 21시 25분까지 천안함이 계속 이동 중이었고, 최종적으로 침몰된 지점이 폭심(爆心)에서 약 600미터 이상 북서지점이라면 과연 결정적 증거물은 어디서 건져올렸는가 하는 문제가 대두된다.

2) 투망질 30분 만에 어뢰추진체 인양?

5월 15일 단 한번의 투망으로 어뢰를 30분 만에 건졌다는 것은 천우신조 수준을 넘어 마술에 가깝다. 5월 10일 잔해 인양작전을 시작하여 하루 4~8회 작업을 했다고 한다. 1회 단위작업 시간이 얼마나

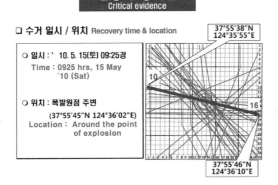

그림의 오른쪽 그래프는 쌍끌이 어선의 작업 동선이다. 폭심을 중앙에 두고 방사형으로 훑어간 작업일지와도 같다. 보다시피 무수한 선이 지나가고 있다. 천안함의 피격 및 침몰지점은 여기서도 논란거리다. 만약 '600m 북서로 떨어진 지점'이 정말 천안함이 실제로 피격된 곳이라고 한다면 이 그래프의 폭심을 중심으로 펼쳐진 작업은 쉽게 말해 헛다리를 짚은 거나 다름이 없다. 그리고 이곳에서 발견되었다고 하는 '1번 어뢰' 잔해의 진위에 대해 고개를 갸웃거리지 않을 수 없게 된다. (그림 출처: 국방부)

어뢰추진체를 건져 올린 그물 (출처: 국방부)

긴지는 모르겠다. 어쨌든 5월 15일 아침 8시에 (어디선가) 출항하여 8시 30분 최초로 투망을 했다. 그리고 30여분 뒤인 9시경 폭발원점 조금 위에서 건졌다. 쌍끌이 어선의 그 길고 육중한 녹색 그물은 두 척의 선박이 양쪽에서 끌어당기는 팽팽한 압력을 받으며 바닥을 훑고 있었을 것이다. 릴낚시가 아니다. 특수 감지장치를 부착한 것도 아니다. 그런데 어떻게 단 30분 만에 뭐가 걸렸는지를 알아냈을까? 끌어올려보니 단번에 두 개의 추진체 쇠뭉치 덩어리가 걸려 있었다는 말인가? 너무도 수확이 크고 흥분이 돼서 또 한번의 투망도 생략하고 헬기에 실어 2함대 사령부로 가져갔다는 것인가? 상식있는 사람이라면 그 지점을 아예 밑바닥 뻘까지 퍼올렸을 것이다. 한 조각이라도 더 찾아내면 좋은 거 아닌가? 이건 정말 기본 중의 기본일진대, 그에 관한 설명이 전혀 없다.

사족 한가지. 뻘 바닥에서 수저도 긁어올린다는 쌍끌이 어선은 정말 그물을 던지긴 던졌는가? 이런 질문을 해서 정말 미안하다. 하지만 쌍끌이 어선은 그물이 바다 밑바닥을 파고들게 만들어놓았기 때문에 선박 두 척이 균형과 안정을 유지하는 게 매우 중요하며, 그물은 바다 밑 여러 물체들과 걸려서 자주 찢어진다. 30cm 시정도 확보되지 않아 함미 인양에 애를 먹었다던 연평도 해역에서 30분 동안 끌고 다닌 그물이 너무도 깨끗하다. 어뢰추진제 두 덩어리만 감쪽같이 들어내고 나머지 뻘이니 부유물이니 하는 것 하나도 없이 말끔하다. 선주 및 선장과의 연락은 차단된 지 오래다.

쌍끌이 어선 갑판에서 이뤄진 최초 감식 장면. 동그라미 안의 덮개 주목. (출처: 국방부)

3) '1번'이란 표기는 어디서 발견했나?

6월 11일 국회 천안함특위 3차회의 당시 모 중령이 국방장관을 대신하여 답변한 내용에 따르면, 5월 15일 아침 쌍끌이 어선에서 헬기로 실어나른 결정적 증거물인 어뢰추진체를 11시 20분 2함대 사령부에서 최초 현장감식을 했다고 한다. 파란 '1번'도 이때야 비로소 발견했다. 또다시 궁금해진다. 최초 감식은 쌍끌이 선박 갑판에서 바로 이뤄졌다. 그런데 증거물 식별을 위해 그물을 찢어내는 단계부터 덮개 같은 게 붙어 있다. 사진의 동그라미 부분을 주목해서 보기 바란다. 선박 내에서 길이 측정 등 기초감식을 하고 있는 동안에도 이 덮개는 계속 붙어 있다. 어뢰가 폭발하면서 이 알루미늄 덮개의 페인트도 모두 타버린 것 같다는 네티즌 지적도 있다. 하지만 바로 안쪽에 '1번'이 씌어져 있는 걸 알기 때문에 이런 덮개로 가린 것 아니냐는 의문이 든다. 물론 누군가가 언젠가 노획한 어뢰로 장난을 치고 있다는 무시무시한 주장을 할 생각은 전혀 없다. 그렇게 되면 정말 걷잡을 수 없는 일이 되므로 거기까지 상상의 나래를 펼칠 의도는 절대로 없다.

4) 왜 '1번' 표시는 그대로 남아 있나?

5월 28일 존스홉킨스대 서재정 교수는 물리학자이자 기계설계에도 조예가 깊은 이승헌 버지니아대 교수가 홍콩에서 일본 모 대학으로 연구차 이동 중이니 잠깐 서울로 초청하자고 했다. 이교수도 흔쾌히 응했다. 우리는 당일부터 장시간 어뢰설계도, 파란색 글자 '1번', 그리고 소위 선체와 어뢰추진체, 폭약의 성분분석에 대해 파고들었다. 우선 파란색 '1번'이 변색도 되지 않고 남아 있다는 데 주목했다.

© 민중의소리

매직잉크의 성분은 대부분 휘발성이며, 어뢰 페인트가 완벽하게 녹아 없어졌는데도 폭발지점에서 5미터 떨어졌다고 해서 변색조차 되지 않고 남아 있을 수는 없기 때문이다. 어뢰 페인트는 맨 끝의 프로펠러 표면과 그 바로 앞까지 칠해져 있었을 터인데, 그게 모두 타서 없어진 이상, 국방부의 주장은 합리적이지 않다. 상세한 내용은 이 책에 실린 두 교수의 글을 참고하기 바란다.

5) 매직으로 쓴 '1번' 표시로 어뢰를 관리하나?

합조단이 추정한 '1번'이 씌어진 이유는 과연 타당한가? 5월 20일 발표 당시 연합정보분석팀 장교는 어뢰 종류에 따라 부품은 모두 상이할 수 있어서 조립, 관리, 정비에 용이하게 하고 분명히 식별하기 위해 쓴 것으로 판단한다고 했다. 도저히 납득이 가질 않는다. 어뢰는 정밀무기이며 지상무기와 비교하면 수중 미사일과도 같은 것이다. 우리는 21세기 바코드시대에 살고 있다. 아무리 후진국이라도 부품을 조립, 정비, 관리하는 데 다른 어떤 표시도 없이 매직으로 크게 '1번'이라고 쓰는 것을 조립과 관리에 도움이 된다고 보진 않을 것이다. 어뢰는 생산한 공장에서 이미 조립해서 해당 군부대에 납품한다. 일선 해군들이 그걸 다시 분해, 조립해서 잠수함에 싣고 다니는 게 과연 상식적인가? 어느 나라 해군도 그렇게는 하지 않는다. 어뢰 제조공장에서 들여온 어뢰를 잠수함부대에서 수병들이 어떤 이유로 분해, 조립, 정비해야 하는가? 육군 포병부대에서 완제품으로 납품된 포탄을 분해, 조립해서 재고를 관리한다는 말은 들은 적이 없다. 더구나 이번에 발견된 북한 어뢰는 수출용이라면서 말이다.

6) 어뢰와 함미에 남은 흡착물은 동일하지 않다

합조단 발표자료만 갖고 보아도 함미·함수와 어뢰추진체에서 채취한 흡착물이 폭약의 분자화합물과 심각한 불일치를 보이는 것을 어렵지 않게 발견할 수 있었다. 하지만 이승헌 교수는 과학적 재확인을 위해 동경으로 건너가 밤을 새우며 미국 버지니아대학교의 자신의 연구실과 원격 연결하여 씨뮬레이션을 했다. 그 결과에 따라 서재정 교수는 합조단의 발표가 "조작이거나 위조"임을 알려왔다. 물론 공개 칼럼에선 '불일치'라는 표현을 유지했었다. 최근 국방부는 흡착물에서 알루미늄이 발견되었다며 기존의 발표를 번복했다.(『프레시안』 2010.6.17) 이쯤에서 국방부에 던질 질문이 하나 떠오른다. 과학이 무슨 칠판에 씌어진 백묵글씨 지우듯 쓰고 지우고 다시 써도 되는 학문인가?

7) 어뢰 수출용 카탈로그는 어디 갔나?

5월 20일 국방정보본부장은 북한 수출용 "어뢰 CHT-02D의 팸플릿은 보안상 입수경위를 상세히 말할 수 없다"고 했다. 6월 11일 국방장관은 "카탈로그는 없고 CD에 들어 있다"고 했다. 이 양자는 증거능력에서 중대한 차이를 갖는다. 수출용으로 인쇄된 팸플릿이라면 북한 어뢰임을 입증하는 증거물로 볼 수 있다. 그러나 어뢰제원과 설계도를 CAD로 그려놓고 CD에 저장한 다음 언제든지 수정하거나 업데이트할 수 있는 거라면 증거물로서의 효력은 급격히 떨어진다. 그래서 국방장관은 CD를, 국방정보본부장은 팸플릿을 공개하고 두가지가 동일한 것이라고 확인해주어야 한다. 그 입증의 책임은 자초한 것이다. 또한 그들은 한국의 무역진흥공사에 해당하는 북한의 어뢰 수출전담기관의 이름이 'Green Pine Associated Corporation'이며 팸

민군합동조사단이 5월 20일 공개한 북한산 어뢰 CHT−02D의 설계도. 그러나 합조단은 6월 29일 이 설계도가 실무자의 착오로 인한 다른 종류의 어뢰 설계도였다고 발표를 번복했다. ⓒ 미디어오늘

플릿에도 이 기관의 명칭이 표기되어 있다더니, 최문순 의원이 합조단 측에 확인해본 결과 그런 표기는 찾을 수 없었다고 한다.[*] 필자는 이 회사 이름을 6월 중순 구글에서 검색해 본 적이 있다. 그때는 이스라엘 레이더의 명칭으로 나왔다. 그리고 최근 다시 한번 검색해보니 이 내용조차 사라졌다. 북한은 유엔 안보리 결의에 따른 제재대상국이다. 북한의 어뢰를 수출하는 대행회사라면 적어도 한차례 이상 유

....

[*] 8월 17일자 『주간조선』 보도에 따르면 Green Pine Associated Corporation은 북한의 청송연합으로 과거 조선광업개발무역의 역할을 대신해서 북한산 무기를 중동, 아시아, 아프리카로 수출하고 있다고 한다. 개칭한 이유는 유엔 안보리 제재를 피하기 위함이며 CHT-02D에서 D는 수중, 수상 함정에 모두 장착·사용할 수 있음을 표시한 것이라고 한다. 이로써 Green Pine Associated Corporation에 대한 의문점은 일부 풀렸다. 그러나 과연 '1번 어뢰'로 천안함이 격침되었느냐 등의 근본적인 의문은 여전히 해소되지 않았다.

엔에 제재대상업체로 신고되었거나 미국과 일본의 추가제재대상에도 포함되어 그 이름이 어느정도 알려졌어야 한다. 아니면 최소한 해외 정보기관으로부터 우리 정보기관을 통해 국방부에 어뢰 도면 팸플릿을 전달받았다는 4월 26일 이후에라도 제재대상으로 추가되었어야 한다. 그런데 그런 움직임이 없다.

8) 사건을 전후한 북한 잠수항 동향 정보는 어디 있나?

북한 잠수함 동향에 관한 정보. 4월 28일자 『시사IN』 특집기사에 따르면 "미군 측은 지난 3월 26일 밤 천안함 침몰시점을 전후로 하는 NLL 일대의 공중촬영 영상을 확보하고 있다. 서해 상공에서 미군 측의 무인정찰기(UAV)가 북 해군의 동향과 한미연합 훈련상황을 녹화하고 있었다는 것이다. 미군은 평소에도 북의 동향을 관찰하지만 한미연합작전 때는 더 엄밀히 감시한다. 당시에도 훈련 중이었기 때문에 UAV가 상공에서 찍은 영상을 가지고 있다는 것. TOD(열상감시장비)는 측면 촬영이지만, UAV는 위에서 찍고 정찰 범위도 넓기 때문에 더 많은 정보를 담고 있다. 그런데 당시 찍은 자료에서 미군 측은 북의 도발 흔적을 발견하지 못했다고 한다."

한국군의 정보판단은 어떠했을까? 처음 듣기로는 3월 26일을 기준으로 전후 이틀을 포함해서 총 닷새 동안, 그러니까 3월 24일과 28일 사이에 북한 잠수함 감시정보에 관해서는 "시계불량으로 관측 불가"라고 기록되어 있다고 했다. 나중에 감사원 자료에 의하면 5일 내내 '영상질 불량'으로 적혀 있다고 한다. 어느 경우든 통상 북한 잠수함기지에서 잠수함을 '식별' 또는 '미식별'로 단순하게 구분하는 방식과 크게 다르다.

그런데 천안함이 작전에 들어간 3월 14일부터 사고 후 2일을 포

3/14	3/15	3/16	3/17	3/18	3/19	3/20	3/21
비	비	맑음	눈	맑음	비	비	맑음
강수량 9.0	강수량 19.5	강수량 0.0	강수량 0.5	강수량 0.0	강수량 0.4	강수량 0.4	강수량 0.0
3/22	3/23	3/24	3/25	3/26	3/27	3/28	3/29
흐림	흐림	구름 많음	구름 조금	맑음	맑음	맑음	맑음
강수량 0.0	강수량 0.0	강수량 0.0	강수량 0.0	강수량 0.0	강수량 0.0	강수량 0.0	강수량 0.0

출처: http://weather.media.daum.net/weather.action?paged=901&area=102&year=2010&month=03

함한 3월 29일까지 16일간의 날씨정보(서해5도/백령도)를 보면 3월 24~28일 닷새 동안의 날씨는 그전과 비교해서 오히려 좋은 편에 속한다. 여기서 '시계불량'과 '영상질 불량' 각각에 대해 도저히 이해하기 어려운 점을 지적하고자 한다.

위성 또는 항공 촬영은 공중에서 지상을 찍은 것이므로 일반적인 수평적 '시계불량'보다는 누적된 수직적 구름의 양에 의해 식별과 미식별이 결정된다. 만약 알려진 대로 한미연합정보자산을 운용하거나 미국 측으로부터 받은 영상자료를 통해 3월 23일까지 북한의 잠수함과 잠수정 활동을 포착하고 있었다면 3월 24일을 제외한 25일부터 28일까지, 즉 백령도 해역에 잠입하여 공격하고 도주한 기간 동안 정보를 확보할 수 없는 조건은 아니었다. 다시 말해 항공촬영이나 위성사진 판독 때 흔히 사용하는 용어인 '시계불량으로 관측 불가'라는 것은 북한 잠수함 정보 확보 유무에 대해 공개할 수 없다는 뜻에 다름 아니다. 식별하고 있었다면 잠수함에 당하는 일 자체가 일어나지 않았어야 한다. 미식별이라면 경계를 더욱 강화했어야 한다. 그래서 본래 영상정보 판독시 사용하지 않는 '시계불량으로 관측불가'라는 표현을 동원하여 북한 잠수함 침투에 관한 사전·사후 정보 자체를 아예 블랙박스에 가둬버렸다. 하지만 적어도 국제사회에 북한 소형잠수함에 의한 어뢰피격을 설득력있게 알리기 위해선 기존의 판독방식으로 표기했어야 한다. 아마도 '미식별'로 표기되어 있는 당시의 원자료가 있었다면 상당히 도움이 되었을 것이다.

'영상질 불량'으로 표기된 것이 사실이라면 이는 '시계불량'보다더 불량한 정보왜곡이다. 본래 군의 위성사진 정보에는 '영상질 불량'이라는 표현도 사용하지 않는다. 특히 5일 내내 '영상질 불량'이라는 표현은 도저히 있을 수 없다. 군사위성이나 정찰기를 운용해서얻은 사진은 전문적인 보정작업을 거쳐 상부에 보고된다. 여기서 '영상질 불량'이란 있을 수 없다. 처음 몇장 그런 게 있을 순 있어도 이후모두 보정되거나 아니면 다시 조정해서 촬영한다. 그런데 그게 5일간 계속되었다는 것은 거짓이다.

감사원에 따르면 국방정보본부는 3월 36일로부터 이틀 전 두 척이사라졌다는 정보를 해군작전사령부와 합참작전본부에 넘겨줬다고한다. 그런데 정작 그 다음날과 사고 당일 정보는 관측 불가상태였으므로 넘겨줄 정보 자체가 없었다는 뜻이 된다. 만약 식별되고 있었는데 그렇게 표현한 것이라면 중대문제다. 식별되지 않는데 관측 불가라고 했다면 감사원 조사결과와 달리 국방정보본부는 물론 한미연합정보체계 전반이 책임을 피할 수 없게 된다.

9) 멀쩡한 형광등이 절단면과 멀리 떨어진 곳에서 발견되었다?

가지런한 탄약고와 절단면에서도 깨지지 않은 형광등 문제다. 형광등 문제는 무슨 장난 같아서 말하고 싶진 않았지만, 이에 대해서도 6월 11일 국회 천안함특위 3차회의에서 국방부의 한 장교가 재미

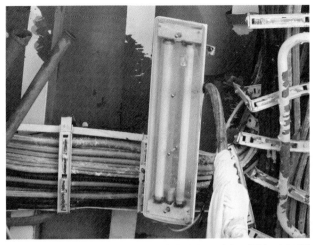

6월 8일 국방부는 평택 2함대사령부에 보관 중인 천안함을 네티즌들에게 공개했다. 당시 찍힌 사진 중에 함수 절단면 바로 가까이에서 깨지지 않은 형광등이 발견되어 논란을 빚었다. © 구미시민뉴스

있는 발언을 했기 때문에 거론하지 않을 수 없다. 그는 문제의 형광등이 절단면에서 멀리 떨어진 함수 앞쪽이나 함미 뒤쪽의 것이라고 주장하고 동시에 천안함에서 사용하는 형광등은 충격보강이 되어서 웬만한 충격에도 잘 깨지지 않는다고 했다. 야당 국회의원이 내놓은 사진은 절단면에서 아주 가까운 위치에 있는 형광등이었다. 그걸 보고도 절단면에서 멀리 떨어져 있었을 것이라고 강변한다. 하지만 한가지 분명한 것이 있다. 필자는 청와대에서 재임하는 중에 국방부와 합참이 들고 오는 5개년 국방중기계획과 연도별 예산을 심의하곤 했다. 그때 한번도 충격흡수형 특수형광등 항목에 돈을 배정해본 적이 없다. 우리는 아직 그럴 정도로 국방예산이 충분하지 않다. 더욱이 이명박정부 들어 무인정찰기 글로벌 호크도 구입을 미룬 판에 도대체 무슨 말을 하는가? 충격흡수든 완충능력 보강이든 속 시원하게 설명해야 한다.

10) 어뢰설에 대한 두가지 결론

첫째, 어뢰폭발을 입증할 어떤 증거도 없다. TOD 동영상을 보면 오히려 어뢰피격은 아닌 것 같다는 심증을 굳혀줄 뿐이다. 우선 TOD 영상은 폭발현상 자체를 보여주지 못하고 있다. 오히려 영상이 보여주는 것처럼, 소위 피격당했다는 3월 26일 저녁 9시 21분 57초 이후 천안함이 2분 30초 정도가 더 지나서야 비로소 가라앉았다는 사실은, 어뢰 한방에 선체가 절단되어 침몰하는 여러 다른 실험 장면과는 전혀 다른 모습이다. 또한 어뢰는 천안함에 어떤 식으로든 접촉에 의한 피해 흔적을 남겼어야 한다. 강조하건대 버블제트 효과는 말 그대로 효과에 불과한 것이다. 물론 천안함이 들어올려져 두 동강이 난 흔적은 있다. 생존자 진술도 상당부분 이에 부합한다. 그러나 천안함 어디에도 폭약과 탄두에 의해 혹은 파편에 의해 찢겨진 흔적이나 파공은 없다. 더욱이 ① 어뢰추진체의 흡착물, ② 함체에서 채집한 흡착물, ③ 수중폭발 실험시 나온 화학적 반응물질이 동일하지 않다는 것은 과학자들에 의해 확인되었다(이 책의 서재정·이승헌의 글 참조). '1번'은 변색도 되지 않았다. 합조단과 국방부의 '1번'에 대한 과도한 의미 부여가 오히려 폭발이 없었다는 점을 부각시켜줄 뿐이다. 이미 20~30m 폭에 100m 높이의 물기둥 증언의 문제점은 충분히 얘기된 바 있다. 함미 선원의 전원 익사와 함수 선원의 전원 경상은 더더욱 어뢰에 의한 근접 폭침설을 흔들리게 한다. 탄약배치 사진, 형광등, 견시병 부상 정도, 간접적으로 접촉한 생존자의 '평온한 느낌의 침몰 순간 증언' 등도 그렇다. 6월 하순 공개된 생존병사들의 진술서를 다시 보아도 4월 7일 최초 공개증언시 나왔던 세가지 중대 확인사항─폭발음 없었다, 물기둥 없었다, 쏘나 작동 중이었다─은 변함없었다.

둘째, '1번'이라는 표기를 덮은 덮개와 너무도 깨끗한 그물을 보면 어뢰추진체가 과연 폭심에서 건져낸 진품인지에 대해 심각한 의문을 제기하지 않을 수 없다. 이러한 의문이 얼마나 폭발성이 크며, 무모한 질문인지 잘 알고 있다. 하지만 쌍끌이 선박이 어뢰추진체 2점 수거 이후 전혀 후속 수색작업을 하지 않았다는 것도 이 의문점을 더욱 증폭시킨다. 계속해서 크고 작은 증거물을 수십점 이상 더 수집하고 싶은 것이 본능 아닌가? 그런데, 정말 미안하지만, 마치 들고 갔던 것을 다시 가지고 오듯 하지 않았나 하고 물을 수밖에 없다. 아니면 아니라고 설명해주기 바란다. 인양 당시의 동영상을 유엔 안보리에서 상영했다는 보도가 있는데, 국회와 국민들에게도 이를 그대로 공개해야 한다.

파고들수록 어뢰피격설에는 여러 하자가 드러나고, 이것이 하나둘 모이면서 어뢰피격설 자체를 뒤흔들어버린다. 정부가 좀더 책임있고 체계적으로 자신의 입장과 논리를 보강하고 증거를 확실해 내놓아야 한다. 그렇지 않다면 어뢰추진체 자체에 대한 의혹으로 비화될 것이다.

3. 좌초와 기뢰는 절대 침몰의 원인이 될 수 없는가?

1) 3월 26일 20:30∼21:25 사이 천안함 항적에 분명히 문제가 있었다

필자가 김태영 국방장관과 이상의 합참의장으로부터 고소당한 내용 가운데 하나가 바로 "항적은 군사기밀로 볼 수도 없다"는 지난 4월 22일 MBC 〈손석희의 시선집중〉에서 한 필자의 발언이다. 검찰 2차조사에서 고소인 측이 재미있는 진술을 했음을 알게 되었다. 고소

3월 27일 평택 해군2함대사령부에서 열린 실종자 가족 대상 브리핑에서, 실종자 가족들이 해군의 설명이 맞지 않는다며 공개한 당시 작전상황도. ⓒ 아시아경제

인 측의 요지는 천안함이 얕은 바다에 들어가 좌초됐을 가능성을 주장하기 위한 목적에서 피고소인 박선원이 항적을 공개하라고 요구하는 것인데, 이에 응할 수 없다는 거다. 분명히 항적정보는 이 사건의 원인 규명에 중요한 단서를 제공할 것이다. 그게 너무도 싫은 국방부와 합참은 항적이 암호체계와 연동된 작전상 기밀을 노출하지 않음에도 불구하고 공개하지 않고 있다. 2010년 3월 26일 저녁 8시 30분부터 9시 25분 사이 항적 등 여러 정보를 종합해보면 천안함은 백령도 서측 해안에서 2마일 정도 떨어진 해역에서 남진하다가 비교적 수심이 낮은 25미터 어장과 어초가 있다는 해역에서 방향을 급격하게 돌려서 다시 북서향하다가 침몰했다. 예시한 사진을 놓고 설명하면 위에서 밑으로 타고 내려오다가 손가락으로 지적한 곳 부근에서 급선회하여 위로 거슬러 북서쪽으로 올라가는데 이 근방 수심이 위치에 따라 40-25-17m 사이다. 그런 점에서 이종인, 신상철 등

일부 민간전문가들과 최문순, 김효석 의원 등이 제기하는, 급선회 후 함미가 무언가에 부딪혀서 좌초했다는 주장은 상당히 설득력이 있어 보인다. 좌초설을 주장하는 분들이 앞으로 계속 검증할 문제다.

만약 이 항적이 사실이라면 좌초설만이 아니라 기뢰설의 방증도 된다. 김태영 국방부장관은 2010년 4월 22일 MBC라디오 〈뉴스의 광장〉 인터뷰에서 다음과 같이 말한 바 있다. "천안함이 이동한 서쪽 해안에는 1977~1978년께 북한이 백령도에 상륙하는 것을 상정해 연평도에서 당시 미군이 사용하던 폭뢰를 만들어 썼다. (…) 그런데 그 후로 낙뢰 같은 걸로 인해 자동적으로 폭발한 적도 있다고 하고, 작전 효율성에도 문제가 있다고 판단해 1985년에 컨트롤박스를 제거하고 도선을 전부 절단해서 폭발이 되지 않도록 조치했다. 그러나 그 이후에 문제가 또 좀…… 군에 문제가 있어 합참의장으로 재직하던 2008년에 탐색을 전부 다시 해서 발견된 10발은 완전 제거했고 나머지 것들은 도저히 〔수심에 따른 기뢰 종류를〕 확인할 수 없어서 그런 상태에서 작전을 끝낸 바 있다." 어쨌든 기뢰는 다 수거되지 못하고 백령도 서쪽 해역에 남아 있었다. 그리고 천안함은 그 부근을 헤집고 돌았다.

필자는 전직 해군최고위급 장교와 나눈 대화에 기초하여 "천안함이 지나치게 해안 가까이 접근하는 과정에서 스크루가 그물을 감고 그 그물이 철근이 들어 있는 통발을 끌어당기면서 과거 우리 측이 연화리 앞바다에 깔아놓은 기뢰를 격발시킨 게 아닌가" 하는 주장을 한 적이 있다(CBS라디오 〈김현정의 뉴스쇼〉 인터뷰, 2010.3.28). 항적을 보면 그런 일이 일어났을 법하다.

수심이 낮은 해점에서 급속 유턴을 했다면 선체는 흘수선 3m보다 더 깊이 잠기면서, 급선회시 프로펠러에 가해진 동력으로 인해 바다 밑바닥에 깔려 있는 그물을 바닷물의 회전력으로 끌어올릴 수 있다. 그리고 그것이 김태영 장관이 언급한 기뢰들을 격발할 가능성을 배제할 수 없다. 5월 중순 미국 중간급 관리에 의하면 이번 합조단에 기술지원차 참여한 미국 측 전문가도 이론적으로는 스크루가 그물을 감고 그 과정에서 바다 밑바닥에 있는 기뢰를 격발시킬 가능성 자체는 인정했다고 한다. 그 경우 대체로 폭발은 함미 부근에서 일어났어야 할 것이라는 첨언도 있었다. 필자는 폭발지점은 말아올려진 그물이나 밧줄, 그리고 금속조각이 어디에 위치한 기뢰를 격발하느냐에 따라 달라질 수 있다고 본다.

2) 기뢰설을 쉽게 포기할 수 없게 하는 사진이 존재한다

아래 사진은 2010년 5월 19일 평택 2함대사령부 내로 옮겨진 천안함 배 밑바닥 부분이다. 천안함 엔진과 스크루를 잇는 샤프트에 그물과 밧줄이 감겨 있다. 사진을 자세히 보면 통발은 아니지만 샤프트 위까지 세 점 이상의 금속성 어구가 딸려 올라가 있는 것이 보인다.

출처: 최문순 의원

이 사진의 제공자에 의하면 사진 하단의 파란색 통 안에는 미처 버리지 못한 그물이 가득 들어 있었다고 한다. 다시 말하면 이 사진에 나타난 그물과 밧줄도 이미 여러차례 쳐내버렸음에도 남아 있는 것이라고 보면 된다.

2010년 3월 덴마크 해군이 2차대전 당시 독일과 영국이 각각 매설한 기뢰 2점을 발견하면서, 그 기뢰들이 '어선과 선박에 위험이 될 수 있다'고 경고했다. 2009년에도 영국 해군은 2차대전 때 독일이 투하한 기뢰를 찾아내 깊은 바다로 끌고 가 폭파시키면서 여전히 2차대전 때 설치된 기뢰가 지금도 폭발할 수 있다는 걸 경고했다.

비록 기뢰 격발 가능성을 보여주는 사진이 있긴 하지만 이것만으로 어뢰피격설을 완전히 대체하기엔 아직 부족하다. 폭심 부근에서 기뢰 파편을 찾아야 한다. 4월말 국방부 발표에 따르면 약 250여점의 금속파편을 수거했다는 점에 주목할 필요가 있다. 이 가운데 기뢰 파편은 없는지 무척 궁금하다.

4. 미국의 과잉써비스와 정부의 포상 남발, 어떻게 이해할까?

미국의 대응에 대해 말들이 많다. 캐슬린 스티븐스(Kathleen Stephens) 주한미대사가 독도함까지 찾아갔다. 월터 샤프(Walter Sharp) 주한미군사령관은 한주호 준위의 빈소를 찾아 위로했다. 미국의 핵잠수함이 천안함을 오폭해서 그런 것 아니냐는 극단적인 주장도 있었다. 하지만 근거 없는 것이다. 미국 핵잠수함이 무엇 때문에 수심 50미터 수역에 들어가는가? 그것도 중국 해군이 귀를 세워 핵잠수함의 음향특성을 탐지하려 할 것이 자명한 일인데 말이다.

동맹국의 선의를 사시로 볼 생각은 전혀 없다. 하지만 미국의 협력과 배려는 고마운 일이지만 좀 유별나다는 말을 안할 수 없다. 도대체 왜 이 정도까지 하냐는 의문이 든다. 최근 만난 미국 관리는 한국군이 확성기를 사용해 대북선전을 하지 않는 게 좋겠다는 의사를 전달했다고 하며 실제로 한국군은 대북선전을 하지 않고 있다. 이명박정부의 외교라인이 미국에 의존하는 정도는 이제 하나하나 돌봐주지 않으면 안되는 수준으로까지 전락한 것이다.

또한 이명박정부의 천안함사건 관련자 대접이 참으로 호방하다. 희생자들은 사고발생 당시 대부분 평상복으로 갈아입고 작전수행 중이 아니었다는 것까지 확인되었는데도 무공훈장이 추서되었다. 물론 국가는 그렇게 배려해야 한다. 하지만 무공의 내용이 무엇인지는 불가사의하다. 그렇다면 분명 생존자들도 뭔가 무공이 있었으리라. 어쩌면 살아남았다는 그 이유만으로도 더 큰 무공이 아닌지 모르겠다. 그런데 왜 포상휴가는커녕 외부접촉조차 불허해왔는지 참 궁금하다. '너희들이 말을 까딱 잘못하면 전사한 전우들의 무공이 다 없어져버린다'고 윽박지르진 않았을 게다. 그러니 더 궁금하다. 대한민국 국방의 주력 합참작전본부는 거의 궤멸적 타격을 입었다고 할 정도로 책임을 면치 못하고 있는데 합조단 참여자들에게는 포상이 주어진다고 한다. 실종자 수색과 구조 및 여러 다양한 인양작업에 참가한 사람들에게도 뭔가 준비중이다.

국방장관은 감사원 감사결과에 기탄없이 불만을 표시한다. 이명박 대통령의 사전 양해도 있었다고 한다. 군 형법에 따른 처벌 요구는 없었다고 못박는다. 음주로 상황을 제대로 장악하지 못했다는 합참의장의 불만도 표출되고 있다. 왜 나만 갖고 그러냐는 식의 당당함마저 묻어나온다. 합조단의 군측 단장인 박정이 중장은 이번에 4성

장군이 되었다. 5월 4일 전군주요지휘관회의에서 국방장관이 이렇게 말했다. "우리 안보에 중대한 위기이며 치욕의 참패였다." 합참의장도 대청해전이라는 조그마한 승리에 도취해 빚어진 일이라고 말했다. 그런데 어뢰추진체를 발견하고 난 뒤에는 국방부 장성들의 그 의기양양함이 마치 개선장군 같다. 또 전쟁기념관에서 연설하는 군통수권자는 무슨 선전포고를 하는 듯했다. 그러더니 유엔 외교가 참담한 결과로 나온 요즘에도 이런 당당한 처우가 그대로인 것을 보면 어찌된 일인지 빚잔치 같기도 하다.

5. 결론을 대신하여

6월 18일자 『데일리안』은 "박선원 전 청와대 통일안보전략비서관과 신상철 민군합동조사단 위원에 대한 고소·고발 사건과 관련해 천안함 민군합동조사단 전문위원들에 대한 조사를 우선 실시하기로 했다"라고 보도했다. 그런 일이 가급적 신속히 진행되기를 희망한다. 검찰은 이제 더이상 김태영 장관과 이상의 합참의장의 명예훼손 고소 건을 미루지 말고 처리하기 바란다. 둘 중에 하나 아닌가? 피고소인인 박선원이 무혐의든지, 아니면 고소인들이 옳아서 기소처분을 하든지. 더이상 시간 끌지 말고 기소해서 재판에 들어가길 강력히 원한다. 그래야 모든 것이 밝혀지지 않겠는가? 피고소인이 고소인의 명예를 훼손한 공안사범인지, 아니면 고소인들이 군 형법을 적용받아야 할지를 단번에 결정해줄 법정이 열려야 한다.

박선원 • 브루킹스연구소 초빙연구원, 前 노무현대통령 안보전략비서관

천안함 진실찾기, 이제부터 시작이다

언론3단체 검증위의 문제제기와 논쟁

—

황준호

—

천안함 민군합동조사단은 6월 29일 국방부 대회의실에서 한국기자협회, 한국PD연합회, 전국언론노조가 구성한 '천안함 조사결과 언론보도 검증위원회'(이하 '언론3단체 검증위')를 상대로 설명회를 열었다.

이 자리에서는 두가지 인상적인 발언이 나왔다. 그 하나는 합조단이 5월 20일 조사결과 발표 당시 '실무자의 실수로' 실제와 다른 어뢰 설계도를 제시했고, 그것은 "시간에 쫓겨서 그랬다"고 답한 점이다. 폭발 씨뮬레이션이 완성되지도 않았고, 어뢰폭발이 있었다면 직접 타격을 받았을 가스터빈실에 대한 검토도 끝나지 않은 등 모든 게 부실한 상태에서 발표를 강행한 것에 대해서도 '시간이 촉박해서'라는 태도를 보였다. 다른 하나는 발표 이후 세간의 화제가 된 "산에서 고래를 만났다"는 표현. 합조단에 따르면 천안함에서는 '세계 최초'로 발견된 현상이 세가지 있다. 첫째, 어뢰폭발로 인한 버블제트 효과로 군함이 파괴된 점, 둘째, 어뢰폭발로 폭발재인 알루미늄이 산화해 대부분이 비결정질 산화알루미늄으로 변한 점, 셋째, 스크루가 급정거로 휜 점이다. 이 세가지가 바로 "산에서 고래를 만난 격"이라는 것이다. 잊을 수 없는 이 두가지 발언은 천안함 조사결과가 왜 이토록 많은 논란을 일으키고, 발표 자체를 신뢰할 수 없게 만드는지를 단적으로 드러낸다. 다시 말해, 5월 20일 조사결과 발표는 6월 2일 지방선거라는 정치일정에 맞추기 위해 다급하게 이뤄졌으며, 과학적 근거가 희박한 부분은 '세계 최초'라는 '용감한' 말로 건너뛴 것이다.

이에 따라 드러나는 수많은 문제점은 크게 두 갈래로 공박이 이뤄지고 있다. 하나는 서재정(미 존스홉킨스대 교수), 이승헌(미 버지니아대 교수), 양판석(캐나다 매니토바대 지질과학과 분석실장)이 주도하는 논쟁으로 합조단 발표의 과학적·논리적 결함을 파고든다. 다른 하나는 천안함이 좌초 등 다른 원인에 의해 침몰했다고 주장해온 이종인(알파잠수기술공사 대표), 신상철(서프라이즈 대표)이 이끄는 논쟁이다. 선박 및 해난사고에 관한 현장전문가인 이들은 주로 스크루 변형, 어뢰추진체 부식 등의 문제점에 주목한다. 노종면 전 YTN 노조위원장이 주도하는 언론3단체 검증위는 이 두 갈래의 논쟁에 언론들이 제기하는 각종 의혹을 더해 종합적인 검증과 반박을 펼치고 있다. 합조단은 6월 4일 검증위가 1차 활동보고서를 발표하자 며칠 후 공개토론회를 제안했고, 다시 며칠 후 설명회부터 하자고 수정제안을 내놓았다. 검증위는 이를 수용해 29일 설명회에 참석했다. 합조단 발표의 과학적 결함에 관한 전체적인 그림은 서재정·이승헌 교수의 글에서 소개된 만큼 여기에서는 언론3단체 대상 설명회 이후 전개되는 과학 논쟁의 추이와 그밖의 주요 문제점들을 정리해본다.

1. 흡착물질은 정말 산화알루미늄인가?

합조단은 천안함이 어뢰에 의해 폭파됐다는 핵심 증거로 선체와 어뢰추진체에 흡착된 물질이 같고, 자신들이 자체 실시한 수중폭발 실험에서 나온 물질도 같았다는 점을 제시했다. 이에 대해 이승헌 교수는 세 흡착물질에 대한 에너지분광(EDS) 분석결과는 같지만 엑스선회절기(XRD) 분석에서는 선체와 어뢰에서 산화알루미늄이 나타나지 않는 불일치를 지적했다. 알루미늄은 폭발재의 핵심 물질이다. 그러자 합조단은 폭발로 인해 산화알루미늄이 대부분 비결정질로 됐기 때문에 XRD 데이터에서 보이지 않으며, 그것이 바로 폭발의 증거라고 주장했다. 그러나 이 교수는 알루미늄은 용융되더라도 100% 산화되기 힘들고, 설령 그렇게 됐더라도 대부분 결정질로 바뀌며, 설령 비결정질이 됐더라도 XRD에서 보여야 한다고 반박했다.[1]

양판석 문제제기 어뢰추진체와 천안함 파괴의 인과관계를 따지는 핵심인 이 흡착물질 논쟁에 캐나다 매니토바대의 양판석 박사가 뛰어들었다. EDS를 이용한 지질분석 전문가인 양박사는 선체와 어뢰 흡착물의 EDS 데이터는 합조단이 주장하는 비결정질 산화알루미

....

[1] 미국물리학연구소(American Institute of Physics)가 발행하는 학술지 *Physics of Fluids*에 실린 논문 "Ignition of aluminum droplets behind shock waves in water"(1994)의 내용은 이교수의 주장과 일치한다. 또한 유럽의 알루미늄 권위자 크리스띠앙 바르젤(Christian Vargel) 박사가 1999년 쓴 *The Corrosion of Aluminum*(알루미늄의 부식)이라는 책에도 "섭씨 350도 이상의 고온에서는 결정질 알루미늄산화물이 나온다"고 되어 있다. 합조단은 언론3단체 설명회에서 알루미늄이 용융 후 급랭하면 대부분 결정질 산화알루미늄이 나온다는 이교수의 주장을 인정하면서 어뢰폭발로 비결정질이 나오는 건 "산에서 고래를 만난 것과 같다"고 했다. 「"천안함 침몰=어뢰 폭발? … 알루미늄은 진실을 말한다"」, 『프레시안』 2010.6.22.

늄이 아니라고 주장했다. 알루미늄에 대비한 산소의 비율 때문인데, 선체 흡착물의 산소 비율은 약 0.92, 어뢰 흡착물의 산소 비율은 0.9로 강하게 나타난다. 그러나 양박사는 미국표준기술연구소(NIST)의 EDS 씨뮬레이션 프로그램(NIST DTSA II)을 사용해 얻은 비결정질 알루미늄산화물의 EDS 분석 결과 산소의 비율은 0.23에 불과하다는 사실을 발견했다. 전혀 다른 물질이라는 것이다. 참고로 EDS 분석은 전자선을 물질에 쏠 때 나타나는 반응으로 해당 물질을 구성하는 원자의 종류, 각 원자의 상대적인 비율 등을 확인할 수 있다.[2]

합조단 1차 반박 그러자 합조단은 언론3단체 설명회에서 양박사의 주장에 대한 1차 반박을 시도했다. 합조단 폭발유형분과의 이근덕 박사는 "양박사는 흡착물질에 수분(H_2O)이 40% 가까이 된다는 사실을 간과했다"고 말했다. 합조단은 흡착물에 대한 성분분석 결과 수분 등이 36~42% 함유됐다고 말해왔는데, 이 수분에 들어 있는 산소가 더해져서 EDS의 산소 비율이 일반 비결정질 산화알루미늄보다 훨씬 높게 나타났다는 것이다. 이박사는 '수분이 있는 상태로 EDS 분석을 했느냐'는 질문에 "그렇다. 시료에 수분이 있었다. 양박사가 그걸 간과했다"고 거듭 확인했다.

양판석 1차 재반박 양박사는 다음날 곧바로 재반박에 나섰다. 수분이 있는 상태로 EDS 분석을 하는 것은 불가능하다는 게 핵심 논지였다. EDS 분석을 하려면 시료를 전도체로 만들기 위해 진공상태에서 금으로 코팅을 하는데, 진공상태에서는 습기가 증발해버린다는 것

2 「"천안함 데이터 치명적 오류…알루미늄은 거짓말 안 해"」, 『프레시안』 2010.6.24.

이다. 따라서 양박사는 선체·어뢰 흡착물에서 나타난 산소는 습기가 아니라 물질 내부에서 화학적 결합을 하고 있는 이른바 '구조수(構造水)'로 봐야 하고, 바닷물에서 이온상태로 존재하는 나트륨과 염소가 XRD 데이터에서 결정상태인 소금(NaCl)으로 나타난 것은 수분이 증발됐다는 증거라고 주장했다. 그렇다면 선체와 어뢰의 흡착물은 과연 무엇인가? 그는 "자연상태에서는 알루미늄 산화물보다 산소를 더 많이 포함하는 알루미늄 화합물이 많다"며 "합조단의 EDS 분석결과는 수산화알루미늄(Al(OH)$_3$)의 산소 비율과 놀랍도록 유사하다"고 말했다. 실제 수산화알루미늄의 산소 비율은 0.85로 선체·어뢰 흡착물의 산소 비율과 유사하다. 수산화알루미늄은 풍화작용, 알루미늄 부식으로 생성되는 물질이다. 자연상태에서 채취해 천안함과 같은 배의 방화벽 재료로도 널리 쓰인다.[3]

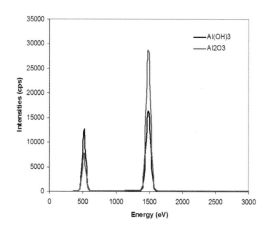

수산화알루미늄(검은선)의 왼쪽 산소 피크는 오른쪽 알루미늄 피크의 0.85 높이로 합조단의 EDS 분석결과와 유사하다. 그러나 비결정질 산화알루미늄(빨간선)의 왼쪽 산소 피크는 오른쪽 알루미늄 피크의 0.23에 불과하다. 출처: 이승헌·양판석, "Was the "Critical Evidence" presented in the South Korean Official Cheonan Report fabricated?"(http://arxiv.org/abs/1006.0680)

....

3 「이상한 나라의 '천안함' … "알루미늄 산화물은 없었다"」, 『프레시안』 2010.6.30.

합조단 2차 반박 이에 합조단은 7월 6일 "깁사이트(수산화알루미늄)는 암석(보그사이트)에 포함된 광물의 일종으로 결정질이므로 XRD 데이터에 반드시 결정 피크가 나타나야 하지만 그렇지 않았으므로 깁사이트가 아니다"고 말했다. 수분 문제에 대해서는 "흡착물질은 다공성 물질이기 때문에 기공 내부에 흡착된 수분이 쉽게 증발되지 않은 것으로 판단된다"는 답변을 내놓았다.

양판석 2차 재반박 하지만 양박사는 물러서지 않았다. 그는 풍화작용을 통해 만들어지는 수산화알루미늄은 결정질 광물이 맞지만 풍화작용 초기에는 비결정질이며, 더구나 알루미늄의 부식을 통해 나타나는 수산화알루미늄은 비결정질이라는 사실을 지적했다. 따라서 합조단의 말대로 흡착물이 비결정질이라면 그건 비결정질 산화알루미늄이 아니라 비결정질 수산화알루미늄이라고 주장했다. 양박사가 명시적으로 말하지는 않았지만, 흡착물에 나타난 수산화알루미늄은 알루미늄이 녹슬어서 나온 것일 가능성이 매우 높다. 또한 양박사는 합조단의 '다공성 물질' 주장에 대해서는 "흡착물의 습기는 그것이 기공에 들어 있더라도 기공이 외부와 연결돼 있다면 결국은 증발되어야 한다"며 "합조단이 기공의 모양을 보여주는 주사전자현미경(SEM) 사진을 공개하면 해결될 문제다. 합조단의 말이 맞다면 무려 40%나 되는 물을 채우기에 적당한 크기의 기공이 SEM 사진에서 보여야 한다"고 공박했다.[4]

....
4 「"천안함, 이제 '뇌송송 구멍탁' 산화알루미늄이냐!"」 『프레시안』 2010.7.7.

양판석 씨뮬레이션 이어 양판석 박사는 '황우석 줄기세포 스캔들' 당시 인터넷 토론장으로 주목받았던 생물학연구정보센터(BRIC)에 자신의 주장을 가져가 젊은 과학자들과의 논쟁을 주도하기도 했다. 그 과정에서 양박사는 합조단의 주장대로 산화알루미늄에 수분이 있을 경우를 가정한 데이터를 공개했다. 산화알루미늄에 얼마의 수분이 있어야 합조단의 EDS 데이터와 유사한 모양이 나오는지를 씨뮬레이션한 것이다. 그 결과 양박사는 4마이크로미터의 수포가 있거나 시료 표면에 1.5마이크로미터의 습기층이 있어야 산소 비율이 0.8가량으로 나온다는 사실을 밝혀냈다. 그러나 이는 어디까지나 컴퓨터에 수치를 대입해 억지로 얻어낸 결과일 뿐 실제 EDS 분석으로 나온 게 아니다. 실제 EDS 분석을 하려면 진공상태에서 시료를 금으로 코팅해야 하는데, 그 과정에서 모든 습기가 날아가버리기 때문이다. 양박사는 천안함 흡착물질은 수산화알루미늄이라고 재차 못 박은 뒤, 합조단에 공개실험을 요구했다.[5]

6월 24일 양박사의 문제제기로 시작된 이 논쟁은 합조단의 1차 반박(6월 29일), 양박사의 1차 재반박(6월 30일), 합조단의 2차 반박(7월 6일), 양박사의 2차 재반박(7월 7일)과 씨뮬레이션 데이터 공개(7월 21일)로 이어지면서 달아올랐다. 그러나 합조단은 이 글이 작성된 7월 23일까지 더이상의 반론을 펴지 않고 있다. SEM 사진도 공개하지 않고 있다. 합조단은 또다시, 산소 비율이 0.9가량 되는 비결정질 산화알루미늄, 그것도 40%나 되는 수분을 채우기에 적당한 크기의 기공이 있는 '뇌송송 구멍탁' 산화알루미늄을 '세계 최초'로 발견했다고 할 것인가?

---

5 「천안함 진실게임…어뢰폭발 '결정적 증거'는 없다」, 『프레시안』 2010.7.21.

2. 휘어진 스크루가 던지는 의문

언론3단체 대상 설명회에서 또 하나의 중요한 쟁점은 천안함 뒤쪽에서 볼 때 오른쪽에 있는 스크루가 왜 안쪽으로 오그라들었는지에 관한 것이었다. 이는 주로 천안함이 좌초됐다고 추정하는 이들에 의해 제기된 문제다. 천안함이 부드러운 모래언덕에 얹힌 뒤 빠져나오려고 스크루를 강제로 돌리다가 휘어진 게 아니냐는 것이나. 6월 7일 합조단은 앞서 언론3단체가 제기한 의문점에 대한 답변자료에서 "날개 파손이나 표면에 긁힌 흔적이 없는 점으로 보아 좌초 등 충돌로 인한 변형은 아니며 고속으로 회전하는 프로펠러가 급정지할 때 날개면에 작용하는 회전 관성력에 의해 변형이 발생 가능한 것으로 분석됐다"고 밝혔다.

29일 설명회에서 합조단은 스크루가 빠른 속도로 회전하다가 1/100~1/1000초 사이에 급정지하면 관성력에 의해 휠 수 있다고 주장했다. 그러면서 그같은 상황을 가정한 씨뮬레이션 영상을 공개했다. 왼쪽 스크루가 상대적으로 멀쩡한 이유에 대해서는 "급정지를 하지 않았을 것"이라고만 말했다. 합조단 관계자는 "프로펠러 제작사인 스웨덴 카메와(KAMEWA)사도 급정지를 하면 프로펠러가 휠 수 있다는 조언을 해왔다"며 400MPa(메가파스칼)의 충격까지 견디는 날개면에 700MPa의 관성력이 가해질 경우 휠 수 있다고 답했다. 하지만 이 역시도 이론적으로 그렇다는 것이지 휨 현상이 실제 나타난 건 역시 천안함이 '세계 최초'라고 합조단은 주장했다. 이에 참가자들은 급정지할 경우 축과 기어박스도 같이 혹은 먼저 훼손되어야 하는데 멀쩡하다는 점과 날개 끝부분에 깨지거나 찢긴 듯한 손상이 일률적으로 나타난다는 문제를 집중제기했다. 그러나 합조단 관계자들은 "어뢰폭발이 밝혀진 상황에서 더 조사할 필요가 없었다"거나 "비용 문제 때문에 정식으로 씨뮬레이션을 요청하지 않았다"는 등의 답을 했다.

그로부터 아흐레 뒤 언론3단체 검증위는 스크루 변형 원인에 대한 분석에 오류가 있었음을 시인하는 발언을 합조단의 한 민간위원으로부터 듣게 된다. 검증위를 자문하는 한 전문가가 7월 8일 직접 이 민간위원의 연구실로 찾아가 합조단의 씨뮬레이션 동영상에 나오는 스크루의 변형 방향과 실제 변형 방향이 정반대라는 점을 지적하자, 이 위원은 "현재의 씨뮬레이션으로 현상태의 스크루 변형을 설명하는 것은 불가능하다"고 실토했다.[6] 스크루가 관성력에 의해 휘었다는

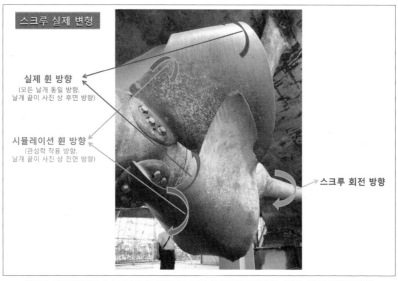

합조단 씨뮬레이션에서 스크루가 휜 방향과 실제로 휜 방향은 반대이다. (출처: 언론3단체 검증위)

6 「합조단, '천안함 스크루 시뮬레이션' 오류 인정」, 전국언론노동조합 보도자료 2010.7.9.

합조단의 발표는 과연 어떤 과학적 근거를 가지고 나온 것인지 묻지 않을 수 없게 하는 말이었다. 또한 어뢰에 의한 선체 파손 씨뮬레이션이 외부폭발을 전제로 한 것이어서 그 자체만으로는 외부폭발의 증거가 될 수 없듯, 스크루가 관성력 때문에 휘어진다는 것을 전제로 한 씨뮬레이션은 그 전제를 입증할 수 없다. 아울러 언론3단체 검증위는 "현장확인과 근접촬영 등을 통해 스크루에는 여러 종류의 매우 심각한 손상이 모든 날개에서 발견됐다"며 "손상의 종류와 손상 부위에 대한 정밀분석으로 사건의 원인과 관련한 중요한 단초를 찾을 가능성이 높다"고 주장했다. 이는 단지 언론3단체의 주장만은 아니다. 5월 31일부터 6월 7일까지 천안함 조사결과를 검토하기 위해 방한한 러시아 전문가팀은 천안함이 함수와 함미로 분리되기 전에 다른 원인으로 스크루가 먼저 훼손됐을 가능성을 제기한 것으로 보도됐다.[7] 합조단은 이에 대해 현재까지 아무런 답변을 내놓지 않고 있다.

3. 어뢰추진체 부식, 물기둥 진술, 폭발원점 문제

어뢰추진체 부식 합조단은 설명회에서 '결정적 증거'라는 어뢰추진체가 며칠 동안 바닷물 속에 가라앉아 있었는지를 밝혀줄 부식상태에 대해 "측정불가" 판단을 내렸다. 합조단 관계자는 "어뢰추진체의 부식상태는 재질과 부위별로 최고 6배가량 부식 두께 차이가 심해 부식기간이 얼마나 되는지 판단이 어렵다"며 "다만, 금속재질 전문가가 눈으로 식별한 결과 어뢰와 선체의 부식 정도가 1~2개월 경과

7 「천안함 조사 러시아 "1번어뢰, 침몰과 무관"」, 『한겨레』 2010.7.8.

해 비슷한 것으로 판단했다"고 밝혔다. 전문가의 육안감식 결과만 믿으라는 말이었다. 이에 언론3단체 검증위는 현대과학기술로 부식상태에 대한 감식이 불가능한지 의문이라고 되물었다. 러시아 전문가 팀도 어뢰추진체의 페인트와 부식 정도 등에 비춰볼 때 어뢰가 물속에 있던 기간에 문제를 제기했다고 전해졌다.[8]

물기둥 목격 진술 합조단은 5월 20일 발표에서 "백령도 해안 초병이 2~3초간 높이 약 100m의 백색 섬광 기둥을 관측했다는 진술 내용 등은 수중폭발로 발생한 물기둥 현상과 일치했다"고 말했다. 이후 민주당 최문순 의원은 초병 두 명의 진술서를 확보해 공개했다. 초병 A는 섬광의 위치가 방위각 280도 부근이었다며 "두무진 돌출부에 의해 불빛의 오른쪽이 가려진 상태"라고 말했다. 초병 B도 두무진 돌출부 쪽이었다면서 "두무진 돌출부는 시정이 좋지 않아도 위치가 잘 판단되는 지형"이라고 말했다. 그러나 합조단이 제시한 해안 초소의 위치를 기준으로 두무진 돌출부는 북서쪽이고 천안함 사고지점은 남서쪽이다. 방향이 완전히 다른 것이다.

합조단 관계자는 언론3단체 설명회에서 "초병이 진술한 280도 방향과 폭발원점은 차이가 있다"고 시인하면서도 "당시 야간이고 해무가 끼어 있으며, (섬광 발견지점이) 4km라고 말한 것도 멀다는 표현이지 정확한 것은 아니고, 폭발원점은 KNTDS, 지진파 등에 의해 확

---

8 『한겨레』 앞의 기사. 이종인 대표(알파잠수기술공사)는 어뢰추진체와 거의 유사한 금속을 바다 뻘 속에 50일간 묻어뒀다가 꺼낸 결과를 공개하며 거의 부식이 이뤄지지 않았다고 밝혔다. 이종인 대표는 "(천안함의) 어뢰추진체는 터무니없이 녹이 많이 슬어 있었던 것으로 보인다"며 "적어도 물 속에서 4~5년 있다가 물 밖에 나와 상당기간 있었던 것으로 추정된다"고 말했다. 「어뢰금속 실험결과 거의 녹 안슬어?」, 『미디어오늘』 2010.7.13.

백령도 247초소에서 두무진 돌출부 방향은 북서쪽이고 천안함 사고지점은 남서쪽이다.
(출처: 최문순 의원 보도자료 「초병이 관측한 백색섬광, 천안함 사고지점과 다르다」 2010.7.1)

인된 것"이라고 주장했다. 그러자 언론3단체는 "아무리 그래도 몇도 차이도 아니고 '북서쪽과 남서쪽'은 차이가 너무 크고, 초병들은 두무진이라는 지형지물을 근거로 방위각(280도)을 보고한 것인데 방위각 보고는 잘못됐다고 버리면서 '섬광 기둥을 봤다'는 진술만을 취한 이유는 무엇이냐"고 따졌다. 그러자 한 해군 관계자는 "바다 쪽을 보고 있었으니 문제가 없다"는 기막힌 답변을 내놨다.

폭발원점 어뢰가 폭발했다면 정확히 어느 지점에서 천안함을 가격했는지 '폭발원점'에 관한 문제도 쟁점이다. 언론3단체 검증위는 TOD 관측초소(북위 37도 57분 11초, 동경 124도 37분 35초)를 꼭짓점으로 합조단이 밝힌 폭발원점과 함미침몰 해점까지 각각 선을 그은 뒤 두 선 사이의 각도를 재는 방식으로 폭발원점을 계산해냈다. 합조단은 설명회에서 그같은 검증위의 분석방식에 동의하면서, 그 각도가 7.5도라고 밝혔다. 검증위 역시 침몰장면을 찍은 TOD 영상의 관측각도 변화를 볼 때 합조단의 7.5도 판단은 맞다는 계산 결과를 얻었다. 문제는 합조단이 확인한 함미침몰 해점(북위 37도 55분 40초, 동경 124도 36분 6초)과 폭발원점(북위 37도 55분 45초, 동경 124도 36분 2초) 사이의 실제 각도는 2.8도에 불과하다는 점이다. 이는 합조단이 확인한 각도인 7.5도가 되려면 두 선이 더 벌어져야 한다는 것을 의미한다. 여기서 TOD 초소의 위치와 함미침몰 해점은 틀릴 수 없는 고정변수이므로 결국 추정치인 폭발원점의 좌표에 오류가 있게 된다. 따라서 언론3단체 검증위는 폭발원점이 현재 좌표에서 북서쪽으로 수백m(최소 400m)를 이동해야 한다는 결론을 얻었다. 어뢰가 터졌다면 합조단이 발표한 해점이 아닌 다른 곳에서 터졌다는 것이다. 이게 사실이라면 또다른 문제가 발생한다. 합조단은 어뢰추진체가 '기존의 폭발원점 30~40m 근처'에서 발견됐다고 밝혔다. 이

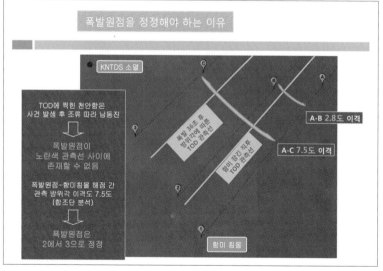

함미침몰 해점인 ①과 합조단이 밝힌 폭발원점 ② 사이의 각도는 2.8도에 불과하다. 합조단이 밝힌 대로 그 각도가 7.5도가 되려면 실제 폭발원점은 ③이 되어야 한다. ①과 TOD 초소 위치는 틀릴 수 없는 고정변수다. (출처: 언론3단체 검증위)

때 추진체 발견 장소는 불변이기 때문에 결국 어뢰추진체는 400m가량을 흘러내려온 셈이 된다. 이에 언론3단체 검증위는 "어뢰 잔해 두 개가 400m를 같이 움직였다는 건 기적"이라고 꼬집었다.[9]

4. 국민 상식 무시하는 합조단의 논리적 비약

언론3단체 설명회에서는 그외에도 지진파, 연어급 잠수정 위성사진 등 몇가지 문제가 논란이 됐다. 그러나 합조단의 문병옥 대변인은 "이 정도로 설명했으면 공개토론이 필요하지 않을 것"이라며 더이상의 문제제기는 받아들이지 않겠다는 태도를 보였다. 하지만 앞서 보았듯 흡착물 문제와 관련한 전문가들의 거듭되는 반박과 스크루 변형에 관한 합조단 민간위원의 오류 시인, 조사결과에 대한 러시아 전문가팀의 이견 등이 그후로도 이어졌다. 보도자료를 통해 간간히 반론을 펴던 합조단은 7월 6일 이후 입을 닫았고, 7월말 종합보고서를 내겠다고 선언했다.

합조단의 설명은 언뜻 보면 그럴 듯도 하지만, 논리적 연결구조를 하나하나 뜯어보면 그 설명에 얼마나 많은 논리적 비약이 숨어 있는지를 발견하게 된다. 일례로 서재정 교수는 천안함과 어뢰에서 발견된 흡착물질의 구성원자와 결정구조가 같기 때문에 어뢰 폭발이 맞다는 합조단의 주장에 대해 "A가 먹는 밥과 B가 먹는 밥의 구성원자도 같고 결정구조도 같으므로 두 밥이 같은 밥통에서 만든 것이라는 논리와 같다"고 논박했다. 다른 밥통, 즉 다른 이유에서 흡착된 물질

9 「천안함 폭발원점 오류 판명」, 전국언론노동조합 보도자료 2010.7.19.

일 수 있다는 얘기다.[10] 지진파 문제도 그렇다. 지진파는 우선 천안함이 아닌 다른 원인에 의해 발생했을 가능성을 배제해선 안된다. 설령 천안함 때문에 발생한 것이라고 할지라도 그것은 천안함 파괴의 시점과 충격 규모, 장소만을 알려줄 뿐이다. 그걸 두고 어뢰폭발의 증거라고 하는 것은 어불성설이다. 천안함을 파괴시킬 수 있는 모든 원인의 증거라고 하는 게 차라리 나을까. 아울러 '같은 현상을 설명하는 두 개의 주장이 있다면 간단한 쪽을 선택하라'는 소위 오컴의 면도날(Occam's Razor) 원리를 내세우며 북한의 소행이라고 하는 게 가장 명쾌하다는 주장도 있다. 그러나 북한이 그 시간 그곳에 잠수정으로 침투한 후 천안함을 격파하고 유유히 사라졌다는 소설 같은 이야기는 결코 간단한 가설이 아니다. 중국도, 미국도, 러시아도, 한국도 아니기 때문에 범인은 북한이라는 논리도 마찬가지다. 이른바 '배제를 통한 논리 추론' 방식인데, 천안함 침몰의 원인을 밝히는 것은 경우의 수가 6개로 한정된 주사위 던지기가 아니다. 천안함 침몰의 경우의 수는 수없이 많고 그 경계를 명확히 긋기란 불가능하다. 이종석 전 통일부 장관은 지난 5월 한 토론회에서 "한국사회가 보수냐 진보냐가 아니라 기본적인 상식과 합리주의가 통하는 사회냐에 대한 문제가 천안함사건을 계기로 시험대에 올랐다"고 말했다. 그 말에 전적으로 동의한다. 이제 겨우 첫걸음을 떼고 있는 천안함 진실찾기는 상식과 합리주의를 위한 싸움이다. 그 싸움은 이제 시작일뿐이다.

황준호 • 프레시안 기자

---

10 서재정 「천안함과 어뢰의 인과관계를 입증하라」, 『경향신문』 2010.6.22.

3

감춰진 정보, 선택된 사실

천안함사건 조사에서의 군의 정보통제

정보 통제와 선별공개, 이견제시에 대한 억압

—

이태호

—

1. 들어가며

5월 20일 민군합동조사단의 천안함 침몰원인에 대한 조사결과 발표에도 불구하고 수많은 의혹과 불신은 사라지지 않고 있다. 여기에는 최종 조사결과 자체의 문제점 외에도 조사 절차와 방식, 조사주체의 구성과 운영에 있어 군 스스로 불투명하고 배타적인 태도로 일관해온 것에 적지 않은 이유가 있다.

아래에서는 천안함 침몰 조사과정에서 드러난 문제점을 군의 정보 통제와 선별공개의 문제점, 합조단 구성의 문제점으로 나누어 살펴보고자 한다.

2. 군의 정보 통제와 선별공개의 문제점

문제점 1. 천안함 관련 기초자료 비공개

천안함사건이 발생한 직후인 3월 31일, 참여연대는 천안함 침몰원인의 명확하고 객관적인 규명을 위해서 국방부에 4개 분야 16개 항목의 관련정보 공개를 청구했다.[1] 4개 분야는 첫째, 사건 전후 주요일지와 교신 및 항적 기록 관련 각종 정보, 둘째, 해군의 사고예방 및 대응 매뉴얼과 이행기록 관련 각종 정보, 셋째, 기뢰 등에 의한 외파 혹은 오폭 의혹을 규명할 각종 정보, 넷째, 당일 천안함의 기동목표와 당시 한미연합전력의 배치 관련 각종 정보 등을 망라한 것이었다. 하지만 국방부는 한국전쟁 당시의 북한 기뢰 매설에 대한 간략한 설명자료를 제외한 일체를 군사기밀로 간주하여 비공개 처분했다.

이에 참여연대와 민주사회를위한변호사모임은 6월 3일 시민 1100여 명과 함께 천안함 관련 12개 분야 세부정보에 대한 정보공개를 재청구했다.[2] 하지만 이번에도 군은 이미 언론에 공개된 4가지 정보를 제외한 나머지 핵심정보 8가지를 모두 비공개한다고 통보해왔다.

군이 의지만 있다면 얼마든지 비밀문서가 아닌 형태로 공개할 수 있는 것이었고, 설사 비밀이라 하더라도 북한의 공격을 입증하여 만연한 의혹을 푸는 것은 국가안보에 매우 중요한 일이었다. 하지만 군은 대다수 자료를 비공개했다.

그 결과 합조단 발표 후 지금에 이르기까지 시민들은 사고함정인 천안함이 무엇을 위해, 어디에서 어디로 향하고 있었고, 어느 지점[3]

---

172 제3부

	공개대상정보	공개청구사항	공개여부	비공개사유 및 공개내용
1	TOD 일체	사고 당일 백령도에서 촬영된 TOD 일체	비공개	군사기밀
2	항적기록	조타사일지, KNTDS, 항적별 수심층 기록 사본 혹은 평문보고서	비공개	군사기밀
3	교신기록	해군 해경 등 교신기록, 이에 대해 군지휘부 대통령에 보고된 보고서	비공개	군사기밀
4	구조인양 기록	사건당일 구조, 인양, 경계, 추격을 위해 내렸던 지시사항 관련 보고서	비공개	군사기밀
5	수리정비 기록	2008년 이후 천안함 정비일지	비공개	군사기밀
6	故 한주호 준위 작업 기록	故 한주호 준위 사망 당시 임무, 위치, 이후 조치내역	부분공개	임무: 침몰 함수 내선 설치 위치: 함수 침몰위치 (37-54-324N, 24-40-923E) 조치: 추모사업 등
7	북한어뢰 자료	'북한산 무기소개책자' 혹은 CHT-02D 어뢰 설계도	비공개	군사기밀
8	북잠수정 자료	'연어급 잠수정'의 제원, 성능, 무장 관련 자료	비공개	군사기밀
9	절단면	천안함 인양 후 촬영된 천안함 함체, 부품 사진, 입체영상자료 일체	비공개	군사기밀
10	폭발흔적 분석자료	화약과 알루미늄 산화물의 화학적 성분을 분석한 보고서 일체	공개	언론에 공개된 내용의 요약
11	조사단 구성	합조단, 해외조사단의 명단, 구성, 임무, 각 조사팀 보고서 목록	부분공개	구성과 임무: 최문순 의원실이 공개한 사항과 동일 해외조사단 임무 불투명, 보고서 목록도 비공개
12	당일 함정 배치상황	사고 발생시 천안함 기준 50Km 이내에 있던 한미 함정	부분공개	고속정 5척(대청도 인근) 및 초계함 1척(천안함 남쪽 약 49Km), 미 함정은 0척

에서, 어떤 원인과 과정에 의해 침몰했는지에 대해 육하원칙에 따른 기초 사실관계 정보조차 정확히 알지 못한다.

문제점 2. 군의 선별 정보공개와 말바꾸기

군은 정보를 독점한 채로 일부 정보의 존재를 의도적으로 숨기거나, 왜곡해서 설명하곤 했다. 또한 자신의 주장을 뒷받침하는 정보에 한해서는 군사기밀 여부와 관련 없이 선택적으로 언론에 공개하곤 했다. 선별공개된 정보 중에도 왜곡되었거나 허위사실인 경우가 적지 않았다.

□ TOD 동영상

군은 사건 직후 TOD 동영상이 없다고 하다가 군 전역자들의 제보가 잇따르자 3월 30일부터 이를 제한적으로 공개하기 시작했다. 군은 3월 30일 1차로 40분짜리 TOD 동영상을 1분 20초로 편집해 공개한 뒤 전체 동영상을 공개하지 않는다는 비판이 일자 4월 1일 전체 동영상을 공개하며 더이상의 동영상은 존재하지 않는다고 주장했다. 그러나 4월 7일, 합조단에 의해 '발견'된 동영상이 추가로 공개되었다.[4]

그러나 이후에도 TOD 동영상은 자동 녹화되며 지역이 중첩되어 찍히기 때문에 사각지대란 있을 수 없다는 제보가 잇따랐다. 일부 언

3 「천안함 항로 좌표와 사고지점 불일치」, 『노컷뉴스』 2010.5.24. http://www.cbs.co.kr/nocut/Show.asp?IDX=1481761

4 4월 8일 국방부 원태재 대변인은 "폭발 순간을 담은 영상은 없다"며 "TOD 운영병이 천안함이 지나가자 딴 곳을 감시하다가 폭발음을 듣고 TOD를 그곳으로 돌렸다"고 해명했다. 『민중의소리』 2010.4.8.

론은 사고 전과정을 촬영한 동영상을 봤다는 익명의 제보자의 진술을 보도했고 민주노동당 이정희 의원도 5월 19일 국회에서 같은 취지로 발언했다.[5] 일부 장교들은 이정희 의원을 명예훼손으로 고소했다. 하지만, 군은 5월 30일 다시 약 3시간 10분 분량의 TOD 동영상을 추가로 공개했고, 사건 발생 약 40초 뒤의 장면이라고 판단되는 8초 내외의 동영상이 여기에 포함되어 있었다.

　□ 생존자 증언과 물기둥

　합조단은 생존자들의 증언도 4월 7일 기자회견 형식으로 매우 통제된 분위기에서 제한적으로만 공개했을 뿐이다. 생존자들의 증언이 비교적 상세히 알려질 수 있었던 것은 국방부가 특위에 제시한 자료를 민주당 최문순 의원이 6월 24일 전격 공개했기 때문이다.[6] 이는 정부가 조사결과를 발표한 5월 20일 이후 한달도 더 지난 뒤였다.

　이 자료의 공개로 사고 당시 생존자들이 물기둥도 화염도 보지 못했다는 사실, 그리고 백령도 초병은 물기둥이 아니라 섬광으로 보고했었다는 사실이 새로이 밝혀졌다. 그러나 이때는 이미 초병이 100m 높이의 물기둥을 목격했다는 보고서가 유엔에 제출된 후였다.

　김태영 국방부장관을 비롯한 군은 "천안함 생존자들을 언제라도 만날 수 있다"고 발언해왔지만, 이제까지 생존자들의 외부접촉은 지난 4월 7일 국군수도병원 집단 기자회견 이후 없었다. 국회 천안함특위 소속인 신학용 민주당 의원이 6월 21일 밝힌 바에 따르면, 김태영

5 「이정희 의원, "침몰 순간 TOD 영상 있다"」, 『미디어오늘』 2010.5.19. http://www.mediatoday.co.kr/news/articleView.html?idxno=88380
6 「"천안함, 물기둥·화염 못봐 … 화약·가스 냄새도 없었다"」, 『경향신문』 2010.6.25. http://news.khan.co.kr/kh_news/khan_art_view.html?artid=201006241820355

국방장관과 군이 "생존자들이 평택 2함대사령부에서 치료 받으며 자유롭게 생활하고 있다"고 보고한 5월 24일부터 6월 5일까지 2주간, 실제로 생존 장병 58명 중 52명은 진해의 충무공리더십센터에서 '심리적 안정 회복 등의 목적'으로 집체교육을 받았다.[7]

□ 미국에는 251쪽, 국회엔 4쪽

클린턴 미 국무장관은 지난 5월 26일 한국 측으로부터 400쪽 분량의 천안함 보고서를 받아보았다는 요지의 발언을 했고 이는 큰 논란거리가 되었다. 이에 박지원 민주당 원내대표는 다음날 기자간담회를 열고 "외국정부에 400쪽짜리 조사보고서를, 국회와 국민에게는 발표당일 3~4쪽짜리 발표문만 주느냐"며 강력히 항의하기도 했다. 이 일은 참여연대 등의 2차 정보공개 청구의 계기로도 작용했다.

하지만 합조단은 "400페이지 자료는 합동조사단에서 만들지도 않았고 전달한 적도 없다"고 회신했다. 그러나 주한 미대사관 측은 6월 21일 국회 천안함특위 소속 민주당 의원 보좌관을 상대로 비공개 설명회를 열어 "한국 국방부로부터 한미연합사를 통해 열흘 전쯤 251쪽 분량의 '천안함 침몰 민군합동조사단 보고서'를 받았다"라고 밝혔다. 또한 "한국 국방부가 '이 보고서를 국회에 보고하지 않은 만큼 외부에 알리지 말아 달라'고 요청했다"는 놀라운 사실도 전했다. 다만, 5월 26일 전달되었다는 400쪽 보고서에 대해서는 언급하지 않았다.

김성환 청와대 외교안보수석은 6월 24일 국회 운영위원회에 출석해 "400쪽 분량의 보고서는 정부에서 작성한 바 없고, 251쪽 분량의

<hr />

7 「천안함 생존자 2함대에 없었다」, 『한겨레』 2010.6.21. http://www.hani.co.kr/arti/politics/politics_general/426733.html

보고서는 유엔에 국제공조를 요청하기 위해 보낸 보고서"라고 밝혔다. 이같은 정부 측의 해명은 도리어 시민들과 국회의원들의 비난과 강력한 공개 요구를 불러일으켰다. 이에 국방부는 "합조단의 활동이 끝나는 7월말 250쪽 안팎의 종합보고서를 발간할 계획"이라며 은근슬쩍 보고서의 존재를 기정사실화했다. 하지만 정작 국방부는 이 보고서를 정부기관과 조사에 참여한 외국 정부에 배포할 예정이지만 일반 시민에게는 공개하지 않을 것이며, 일반 공개용으로는 '조사 과정 및 결과를 요약한 대국민백서'를 별도로 만들 것이라고 밝혀 또다시 비판의 도마 위에 올랐다.

군의 발표대로라면, 외국 정부도 받아보고 정부기관에도 배포될 보고서가 시민과 민간전문가들에게는 알려져서는 안될 '군사기밀'이라는 것이다. 그후 '뭐가 켕기냐'는 식의 반발이 이어진 것은 물론이다. 국방부는 결국 하루 만에 입장을 번복, 일반 시민도 7월말 발표될 보고서를 국방부 싸이트를 통해 열람할 수 있도록 했다.

하지만 여전히 두가지 문제점이 남아 있다. 첫째, 군이 "군사기밀 관련 부분은 제외할 것"이라는 단서를 달았다는 점이다. 즉 7월말 발간될 보고서에서는 시민이 알아야 할 일부가—어쩌면 중요한 대부분이—군사기밀로 묶일 수 있다. 둘째, 국방부는 클린턴 국무장관이 언급한 400쪽 보고서는 물론, 미 대사관이 언급한 251쪽 보고서에 대해서도 여전히 아무런 설명을 하지 않고 있다는 점이다. 7월 20일 현재, 이들 보고서는 시민들은 물론 국회에도 전혀 공개되지 않고 있으며, 국방부는 앞으로도 공개하지 않을 심산인 듯하다. 7월말 일반에 '부분공개'될 보고서가 지난달 한미연합사를 통해 미국에 전달되었다는 보고서와 같은 내용일지는 전혀 알 수 없다.

문제점 3. 의혹 제기 시민들에 대한 제재

천안함 조사결과와 이에 따른 정부의 대북 군사적·경제적 제재와 외교적 조치에 의문을 제기하는 시민들에 대해 법적·정치적 수단을 악용한 제재가 이어지고 있다.

☐ 어뢰피격 아닌 다른 가능성을 제기한 시민에 대한 소송

천안함의 어뢰피격에 의문을 제기했던 전직 NSC 공직자 박선원 박사(현 미국 브루킹스연구소 연구원), 좌초설을 제기했던 민주당 추천 합조단 전문위원 신상철 서프라이즈 대표에 대한 명예훼손 소송이 대표적인 사례다. 검찰 공안1부가 이 사건을 담당하고 있다. 또한 군의 조사발표를 믿을 수 없고 북한이 만약 결백하다면 매우 억울할 것이라는 취지로 강연한 도올 김용옥 교수는 일부 보수적 시민들에 의해 국가보안법으로 고발당했고 검찰은 이 사건 역시 공안1부에 배당했다. 이밖에도 미군 잠수함과의 충돌설 등의 의혹을 인터넷에서 제기했던 시민들에 대한 군의 명예훼손 고소 혹은 관련 게시물에 대한 정부의 삭제 압력이 이어지고 있다.

☐ 참여연대의 유엔안보리 서한 전달 파장

한편 정부가 의문이 해소되지 않은 천안함 조사결과를 유엔 안보리로 가져가 대북결의안을 추진하는 것에 대해 참여연대는 지난 6월 10일 유엔 안보리 이사국 대표부와 유엔 한국대표부, 유엔 사무총장실 등에 전자메일 형식의 서한을 보내, 천안함 조사결과에 대해 다수의 시민과 전문가, 국회의원들이 제기하고 있는 의문점들을 알리고 아직 진실이 충분히 밝혀지지 않은 만큼 "신중하고 공정하게 그리고 한반도 평화를 최우선으로 고려하여 검토"해줄 것을 요청했다.

이에 대한 정부·여당 측의 반응은 매우 거칠었다. 외교통상부는 정례브리핑에서 "극히 유감스럽다"며 "천안함사태를 국제사회가 다루고 있는 상황에서 우리 국민은 일치되고 단합된 모습을 보이는 것이 중요하다"고 밝혔고, 국무총리까지 나서 "어느 나라 국민인가?"라고 힐난했다. 청와대는 "무슨 목적으로 이런 일들을 벌이는지 묻고 싶다"며 비난에 가세했고, 집권여당 원내대표는 "매국 이적행위로서 헌법적 제재가 가해져야 한다"고 주장했다.

이런 분위기에서 일부 보수단체는 참여연대 사무실 앞에서 거친 항의시위를 이어갔고, 그중 일부 사람들은 가스통과 오물 등을 들고 와 참여연대 임직원들을 위협하기도 했다. 몇몇 보수단체들은 참여연대의 이적행위에 대해 검찰이 국가보안법 위반 등의 혐의로 수사할 것을 요청했다. 검찰은 앞서 말한 것처럼 이 사건을 공안1부에 배당하여 수사에 착수했다.

참여연대가 유엔 안보리 이사국에 보낸 서한

이에 대해 참여연대는 "NGO들이 국가외교정책에 대해 발언하고 이를 유엔에 전달하는 일은 유엔에서 일상화된 일"이라고 설명하는 한편, "정부가 국민과 국회 내에서 좀더 폭넓은 합의를 이룬 뒤에 이에 대한 외교적 조치를 취하는 것이 마땅함에도, 정부가 국민의 의문을 해소하기 전에 합의 없이 유엔 안보리에 상정한 것이 더 큰 문제"라고 반박했다.

참여연대는 정부를 향해 시민들의 정당한 이견제시 활동을 '이적행위'

로 몰아붙이고 겁을 주는 선동정치를 중단하고, 의문을 제기하는 시민들에 대한 법적·정치적 제재를 중단하라고 주장하고 있다.

3. 민군합동조사단의 문제점

문제점 4. '민간'은 사실상 배제된 합조단

4월 1일 활동을 시작한 이른바 '민군합동조사단'은 처음 구성될 때부터 명단이 전혀 공개되지 않았다. 참여연대 등 시민단체의 문제제기에 따라 4월 6일 이명박 대통령이 조사단 단장을 군에서 민간으로 교체하라고 지시하여 4월 11일 조사단 민간인 위원장으로 윤덕용 KAIST 명예교수가 임명되었으나 그후에도 실질적 개선은 없었다. 5월 20일 합조단의 조사결과 발표, 그리고 이후 한국정부가 이 사건을 유엔 안보리에 회부할 때까지 이 조사단의 구성과 역할은 정확히 알려지지 않은 상태였다.

□ 정부출연기관 관련자 등을 제외한 순수 민간연구자는 10명 이하

가장 큰 문제의 하나는 민군합동조사단이라는 이름에도 불구하고 실질적으로 어떤 '민간'주체가 참여했는지, 이들은 과연 민간인이라 할 수 있을지에 관한 것이다.

합조단이 5월말 최문순 의원에게 열람형식으로 공개한 조사위원 명단을 보면 "민군합동조사단의 순수 조사활동에 참여한 인원은 47명으로 민간인 25명, 군인 22명"이다. 군은 6월말 참여연대에도 같은 자료를 제시했다.

하지만 국방부가 민간위원으로 분류한 25명 가운데 순수한 민간

천안함 민군합동조사단 구성요원	
공동 조사단장(2인)	민간 1, 군 1
부단장(1인)	군 1
대변인(1인)	군 1
과학수사(14인)	민간 7(국과수 6, 국방홍보원 1), 군 7
함정구조, 관리(12)	민간 7(울산대 교수 1, 충남대 교수 1, 한국선급 1, 한국기계연구원 1, ADD(국방과학연구소: 국방부 산하 연구기관) 1, 현대중공업 1, 삼성중공업 1), 군 5
폭발유형(13)	민간 8(ADD 5, 민간연구소 1, KAIST 1, 예비역 1), 군 5
정보분석(4)	민간 2(국립해양조사원 1, 한국해양조사원 1), 군 2

민군합동조사단의 구성표 (자료: 국방부)

출신 인사는 사실상 8명에 불과했으며, 나머지 17명은 군 또는 정부 관계기관 및 연구소 소속 인사들인 것으로 나타났다. 여기에 현대중공업처럼 정부를 계약자로 하는 방위산업체 인원을 제외하면 순수 민간인 비율은 더 줄어든다. 참여연대와 최문순 의원 등이 지적했듯이 "상당수는 국방과학연구원, 국과수 등 국방부나 정부기관에 포함된 인사"로서 천안함사건에 대해 좀더 객관적이고 공정한 입장에서 조사를 할 민간위원으로 분류하기는 어렵다.[8]

☐ 민간 조사위원의 조사활동 제한

『한겨레21』의 독점취재에 따르면, 민간 조사위원들은 주로 "인양된 천안함의 변형상태와 지진파, 생존 승조원의 진술 등을 종합해 선

---

8 최문순 의원 블로그 2010.5.31. http://blog.daum.net/moonsoonc/8495626

체 파손의 원인과 결과를 과학적으로 규명하는 역할"을 맡았던 것으로 알려지고 있다.[9] 민간위원들의 연구결과는 지난 5월 20일 천안함이 파단되는 과정을 담은 제한적인 씨뮬레이션으로 공개됐다. 위원들은 이밖에도 좌초설·충돌설 등에 대한 논리적 반박이나 물기둥 등 부족한 정황근거에 대한 과학적 답변도 함께 준비했던 것으로 알려졌다.

하지만 이들은 '결정적 증거물'인 어뢰부품에 대해서는 5월 18일 전에는 알지 못했거나, 조사에서 배제됐던 것으로 알려지고 있다. 인터뷰 기사에 따르면, 이들은 5월 18일 이 사실을 슬라이드를 통해 사진으로만 알게 되었다는 것이다. 어뢰피격 부위로서 사건원인에 대해 핵심정보를 제공할 가능성이 있는 것으로 알려진 가스터빈실에 대해서도 이들은 잘 알지 못했거나 조사에 참여하지 않았다.

다만, 인터뷰에 응한 민간위원들은 "절대적인 시간이 걸리는데다, 조사결과를 바꿀 만한 단서라고 판단하지 않았거나 씨뮬레이션에 필수적인 요소가 아니었기 때문"에 큰 문제가 되는 것은 아니라고 해명했다. 그러나 일부 위원은 "인양 뒤 함정에 대한 정보가 있어야 조사가 진행되는 것은 당연한데, 관련자료 제공이 원활하지 않아 어려움이 많았다"며 "군의 경직성이 학자 입장에서는 난감했다"고 밝혔다.

이같은 보도는 신상철 서프라이즈 대표가 합조단 조사결과 발표 전후 인터뷰 등을 통해 "합조단은 항적기록, KNTDS, TOD 동영상 등 조사에 필요한 기초정보를 전혀 제공하지 않았고, 조사활동이 애초 어뢰폭발을 전제하고 진행되었으며, 다른 가능성은 조사대상에서 배

....
9 「'1번 어뢰' 민간 조사위원들에겐 감춰」, 『한겨레21』 2010.6.11. http://h21.hani.co.kr/arti/special/special_general/27509.html

제되었고 합당한 조사도 이루어지지 않았다"고 진술했던 것과 일맥 상통한다.

문제점 5. 알려지지 않은 해외조사단의 역할

합조단이 불투명하고 독립성을 갖추지 못했다는 비판이 이어지자 합조단은 4월 7일 "한미 공동사고조사위원회 구성 등 미국을 비롯한 각국의 전문가 참여를 추진하겠다"고 밝혔고, 5월 20일 조사결과 기자회견에서도 "다국적 해외조사단 파견을 요청하여 미국 15명을 비롯한 4개국 24명(호주 3명, 스웨덴 4명, 영국 2명)이 합조단에 결합했다"고 재확인했다.

그러나 해외전문가 참여의 성격, 이들의 구체적인 임무와 역할에 대한 정부의 설명은 매우 추상적이고 불투명하며, 그 내용도 일관적이지 않다.

우선, 이번 조사가 국제공동조사인지 아닌지가 불투명하다. 이명박 대통령은 5월 30일 한중일 정상회담 언론보도문에서 '국제공동조사단'이라고 명명했다. 이후 많은 언론들이 합조단 활동을 국제공동조사활동으로 묘사했다. 그러나 주한 미대사관은 "우리는 철저한 조사 후에 만장일치로 도달한 그들의 결론을 전적으로 지지"한다면서도 "이것은 미국이 보조적 역할을 했던 한국정부의 조사" 혹은 "한국정부가 주도하는 합조단에 외국전문가가 참여한 것"이라고 설명하는 등 '공동조사'라는 의미 부여에는 선을 긋고 있다. 이를 의식한 듯 정부도 이후부터 공동조사라는 표현을 사용하지 않고 있다.

둘째, 해외전문가들의 구체적인 임무와 역할도 불투명하다. 이에 대해 정부가 제공한 상세한 정보는 없었다. 다만 최문순 의원실과 참여연대 측에 제공된 국방부 자료를 통해 "조사팀에 4명, 과학수사팀에 11명, 함정구조/관리에 5명, 폭발관리에 4명이 합류했다"고만 알려졌을 뿐이다.

미국측 단장 토머스 에클스(Thomas Eccles)는 5월 20일 조사결과 발표회견에서 "미군 조사단은 한국과 긴밀한 협조하에서 조사를 진행했고 증언과 과학적 분석을 토대로 조사결과에 모두 동의한다"고 발언했다. 해외조사단의 구체적 역할을 묻는 질문이 있었지만 이 이상 답변하지 않았다. 주한 미대사관도 참여연대의 질의에 그 이상의 정보를 제공하지 않았다. 하지만 이 발언으로는 해외조사단이 단순히 옵저버로 참여한 것인지, 아니면 원인규명에 있어 좀더 적극적인 역할을 한 것인지 알 수 없다. 특히 이들 해외조사단이 어뢰에 의한 피격 증거 확보나 북한 잠수정의 입출경로 추적 등에서 구체적이고 핵심적인 분석과 정보를 제공한 것인지 아니면 한국군이 제시하는 조사결과에 대해 판단만 공유한 것인지에 대해서도 알 수 없다.

4. 나오며

천안함 침몰원인 규명을 위한 조사과정에서 이명박정부와 군은 군사기밀제도를 악용하여 정보를 독점하면서, 필수정보를 비공개하고 군에 유리한 일부 정보는 편의적이고 선택적으로 공개했고, 의혹을 제기하는 시민들에 대해서는 정치적·법적 제재를 남용했다. 이는 민주적 시민통제의 기본원칙과는 동떨어진 심각한 안보권력 남용이다. 정부는 민간주체와 외국전문가들이 참여했다는 점을 내세워 군 주도의 통제된 조사활동 과정과 결과에 정당성을 부여하려 했으나, 그들의 역할이 무엇인지 명확하지 않아 논란을 빚고 있다. 무엇보다

군이 선별적으로 공개한 정보와 발표결과가 여러번 번복되어 신뢰를 잃고 있다. 천안함 침몰에 대한 진상조사는 좀더 중립적이고 민주적으로 개방된 주체에 의해 다시 이루어져야 한다. 국민이 납득할 만한 결론을 도출하기 위해서는 국회 국정조사가 불가피하다.

이태호 • 참여연대 협동사무처장

감사원이 군을 단죄한 속내는 무엇인가

—

김종대

—

충격, 폭음, 섬광

군사적 요충지인 서북해역 백령도 서남단을 항해중이던 천안함이 사고를 당한 시각은 2010년 3월 26일 밤 9시 22분이었다.

함장실에서 KNTDS를 통해 다음날 작전을 계획하던 최원일 함장은 폭발음과 함께 큰 충격을 받아 몸이 30~40cm 솟아올랐다. 그가 왼쪽으로 나가떨어지며 우현 쪽에 깔려 있던 중 캄캄한 속에서 머리 위로 "함장님" 하고 부르는 통신장의 목소리가 들렸다. 최함장이 이에 응답을 하고 부하들의 도움으로 갑판에 나온 시각은 9시 30분, 이미 포술장(砲術長)[1]은 구조를 요청한 상태였다. 갑자기 내기장(內機

---

[1] 포술장은 함포, 미사일, 어뢰, 기뢰, 폭뢰, 탄약 등 무기체계의 운용·정비를 맡는 지위를 말한다.

長)²인 오모 상사가 울면서 외쳤다.

"함장님, 함미가 없습니다. 우리 애들이 안 보여요."

최함장이 함미를 본 순간 연돌(연통) 이후 부분이 보이지 않았다. 어디선가 역한 기름냄새가 났고 자신이 서 있는 함수부분은 우현으로 90도 기울어 돛대 팔이 바다에 닿았다 말았다 했다. 이때 통신장이 "PRC³ 가지고 나왔습니다, 교신 설정했습니다"라고 보고하기에 최함장은 "계속 가드해라(상황을 보고하라)"고 지시하고 현장을 지휘하기 시작했다.

현장을 통제하던 중 박모 작전관이 말했다.

"함장님, 어뢰 같은데요."

이에 최함장도 동조했다.

"응, 나도 그렇게 느꼈어. 봐라, 함미가 아예 안 보이잖나?"

이때 통신장이 최함장에게 "전대장⁴님이 전화를 바꾸랍니다"라며 전화기를 건넸다. 최함장이 말했다.

"뭐에 맞은 것 같습니다."

"뭔 거 같아?"

"어뢰 같은데요. 함미가 아예 안 보입니다."

"어디? 함미 어디부터?"

"연돌이 안 보여요. 고속정과 리브(RIB)⁵를 빨리 조치해주십시오."

최함장의 "어뢰 같다"는 보고를 받은 지상기지의 전대장과 2함대

---

2 내기장이란 함선의 내부를 운용하는 기장을 말한다.

3 PRC(Portable Radio Communication)란 비상용 무전기를 통칭한다.

4 전대장이란 해군 2함대사령부 예하 전대의 장을 일컫는다. 전대란 구축함 전대, 고속정 전대와 같이 함정별로 편성된 부대를 말한다.

5 리브(RIB, Rigid Inflatable Boat)는 일명 '리브 보트' '레스큐 보트' 등으로 불리며, 해양경찰, 해군, 해병대, 특전사에서 운용 중이다.

사령부는 이 보고를 토대로 어뢰공격으로 단정하기를 망설였다. 경황이 없는 와중에 어떻게 어뢰라고 단정할 수 있단 말인가? 2함대사령부는 어뢰라는 부분은 '통신장의 임의판단'이라고 보고 이를 삭제한 후 "뭔가에 맞은 것 같습니다"라는 보고내용만 해군작전사령부와 합참에 전달했다.

한편 사건이 발생하던 바로 그 시각에 백령도 해병 ○○초소 근무자 2명은 "쿵" 하는 큰 소리에 고개를 돌렸고, 초소에서 11시 방향의 바다에서 하얀 섬광이 좌우로 퍼지는 것을 목격했다. 섬광은 좌우로 퍼지다가 2~3초 만에 소멸했다. 급히 시계를 본 김모 상병은 선임자 박모 상병에게 이 사실을 목격시간과 함께 보고했고, 박모 상병은 중대상황실로 이 사실을 재차 보고했다.

사건해역에서 2.8km 떨어진 초소에서 목격된 것은 단지 폭음과 섬광이었고 그 외에 물기둥, 부유물, 초계함 등은 보이지 않았다. 해무가 짙었다. 적어도 100m의 물기둥이었다면 이 정도 거리의 해안에 큰 파도가 칠 만도 했다. 하지만 어떤 물기둥 같은 흔적을 느끼지 못한 초병은 "천둥과 낙뢰로 판단된다"고 상황실에 알렸다. 그러나 초병의 폭음 청취 사실은 마찬가지로 합참에 보고되지 않았다. 5월 2일 민군합동조사단은 거짓말탐지기까지 동원하여 초병의 진술을 재검증했는데 진실반응으로 나왔다.

한편 천안함으로부터 49km 떨어진 소청도 서쪽에서 작전 중이던 속초함은 밤 9시 32분에 연락을 받고 급히 사고지점으로 북상하기 시작했다. 현장에 도착한 시각은 밤 10시 40분. 그리고 10시 55분에 갑자기 레이더상에 북상하는 고속의 표적이 포착되어 속초함은 뱃머리를 북으로 돌렸다. 45노트의 속도로 북상하는 검은 물체였다. 속초함은 이 물체가 천안함을 공격한 뒤 숨어 있다가 도주하는 북 함정으로 판단해 백령도 서북단 해안지점으로부터 11시 방향으로 격파사격을 실시하기 시작했다. 최초 표적과의 거리는 9.3km로 유효사거리가 12km인 76mm 주포를 130여발 발사했다. 물체는 사격을 받고도 계속 북상하다가 11시 05분에 NLL을 넘었고 이 순간 속초함은 사격을 중지했다. 3분 후에 레이더상에서 소실된 물체는 1분 후인 11시 09분에 다시 나타났다가 11시 11분에 이미 육지인 장산곶 부근에서 사라졌다.

속초함장으로부터 이 사실을 보고받은 2함대사령부는 검은 물체는 '새떼'라고 판단했다. 더불어 속초함장으로 하여금 검은 물체는 '새떼'라고 수정하여 보고하도록 지시했다.

무언가 긴박한 사건이 벌어지고 있던 상황에서 해상과 지상에서는 각기 미묘한 군사적 반응들이 있었고, 그 의미를 찾기란 쉽지 않았다. 적어도 이 순간의 상황만을 놓고 이성적이고 논리적으로 분석하기란 불가능했다. 오직 동물적 감각과 직관에 의한 상황통제라는 긴박한 요구가 우선시되었다. 이명박 대통령도 사건이 발생한 이후 4월에 "군의 초동대처는 아주 잘되었다"며 아무런 의문도 제기하지 않았다. 적어도 우리의 서북해역, 그것도 백령도 연안이라는 천혜의 자연장애물이 있는 지역에 북한의 신형 잠수함이 들어왔을 것이라고 선뜻 인정하기는 어려웠다.

그러나 놀라운, 사태의 반전이 일어났다.

어뢰공격에 맞춘 감사원 감사

감사원은 6월 10일 감사결과를 발표하면서 주로 합참의장을 비롯한 국방부와 합참의 정책·작전 직위자들의 직무수행에 대해 적나라

하게 문제점을 지적했다. 감사원이 징계를 요구한 25명 중에는 군 서열 1위인 이상의 대장을 비롯하여 장성급만 13명, 별이 27개다. 단일 사건으로 1993년 하나회사건 이후 최대 규모의 징계다. 국방부와 합참은 감사결과에 강력히 반발했다.

14일에 이의장은 「천안함사건 감사 관련 국민 여러분께 드리는 글」에서 "개인의 평생 명예가 걸린 문제에 대해 일체의 소명기회도 주어지지 않은 채 언론 등에 보도됨으로써 우리 군의 명예는 더이상 방치할 수 없을 정도로 추락함에 따라 특단의 조치가 필요하다"며 전역지원서를 제출했다.

감사원 감사 중간발표와 일부 언론의 보도 내용은 첫째, 비상사태에서 국방부와 합참이 위기조치반도 소집하지 않은 '노는 군대', 둘째, 합참의장이 음주 후 지휘통제실에서 지휘하지 않고 의장실에서 취침한 '술 취한 군대', 셋째, 문서를 조작하고 허위보고를 한 '거짓말하는 군대'라는 것이다. 특히 이 과정에서 감사원은 해군이 천안함장이 "어뢰피격"이라고 최초보고한 사실과 초병의 폭발음 청취보고가 합참으로 전달되지 않고 누락되었다고 발표했다. 또한 속초함이 사격한 것은 반잠수정일 가능성이 높은데도 2함대사령부가 이를 '새떼'로 단정하여 수정보고하도록 강요했다는 것이다. 말하자면 조작이 이루어졌다는 것이다. 과연 이것은 사실일까?

김태영 국방장관은 감사결과가 발표된 그 주 일요일인 13일 오후 3시에 청와대에서 인사비서관, 안보특보, 외교안보수석 3인과 대장급 군 인사안을 협의했다. 애초 청와대가 추천하려던 인사와 달리 김장관은 흐트러진 군을 조기에 안정시키려는 의도로 한민구 육군총장을 합참의장으로, 황의돈 한미연합사 부사령관을 육군총장으로 내정한 자신의 안을 강력히 주장했다. 5시에 김장관과 청와대 인사들은 이대통령을 만났다. 김장관이 이대통령에게 "감사원 발표 중 일방적이고 왜곡된 부분에 대해서는 국방부가 완곡하게 반박하겠다"고 말했고, 이대통령은 이에 대해 아무런 반응을 보이지 않았다. 대통령의 이러한 태도는 사실상 국방부가 여론을 향해 소명하는 것을 묵인했음을 의미한다. 14일에 김장관은 재차 청와대에 들어가 대통령으로부터 군 인사안을 자신이 건의한 대로 재가받았다.

국방부가 감사원에 반발하고 있다는 데 대해 아무런 반응이 없던 이대통령의 입장이 구체화되어 나온 것은 17일, 대장급 군 진급 및 보직신고가 있던 자리였다. 이 자리에서 이대통령은 "감사원 감사결과에 대해 군이 겸허하게 수용하라"고 주문한 것으로 알려졌다. 사실상 청와대는 감사원의 손을 들어준 것이다. 그러나 소명기회를 갖지 못한 합참이 정부내 관계 요로와 국회를 통해 자신의 억울한 사연을 드러내면서 국회에서도 서서히 군에 대한 동정론이 일었다. 특히 국회 국방위와 천안함특위를 중심으로, 감사원 감사의 적절성에 대한 논란이 다시 일어났다. 특히 일부 장교들에 대한 징계와 형사처벌을 요구하는 감사원의 처분통보에 대해 김태영 국방장관은 지나치게 가혹하다며 "자체적으로 조사하겠다"고 국회에서 말했다.

이뿐만이 아니다. 북한이 잠수함을 통한 어뢰공격을 할 가능성에 대비해야 한다는 특수정보(SI)가 작년 11월부터 나왔음에도 해군은 이에 대한 대비태세를 갖추지 않았다는 점도 드러났다고 감사원은 밝혔다. 결국 모든 정황이 북한의 반잠수정에 의한 어뢰피격이었는데도 해군과 합참이 이를 고의로 무시하고 안일하게 대비했다는 것으로 결론내린 것이다.

국방부장관과 합참의장이 사건 초기에 제대로 지휘보고를 받지 못했음은 물론이고, 계속 겉도는 지휘를 했다는 사실은 국가 위기관리 차원에서도 커다란 구멍이 뚫렸음을 드러내고 있다. 국회 천안함 특위에서 밝혀진 바로는 국방장관이 어뢰피격이라는 최초보고가 있었다는 사실을 제대로 알았을 때는 사건이 난 지 10일째 되는 4월 4일이었다.

'좌초로 인한 침몰'로 기울었던 사건 초기

이러한 일련의 감사내용은 명확히 한가지 방향을 지향하고 있다. 사건 이전에는 북한 잠수함의 어뢰공격 징후가 있었고, 사건 당시에는 반잠수정에 의한 어뢰공격 정황이 곳곳에서 드러나고 있었는데도 해군과 합참이 서로 소통하지 않았고 제대로 처리조차 하지 못했다는 것이다. 그렇다면 함수와 함미 인양을 통해 분석된 결과와 어뢰추진체 파편이 없었더라면 우리 군은 북한의 어뢰공격을 확신하지 못했을 것이고, 영구미제 사건으로 흘렀을 가능성이 있었음을 어렵지 않게 짐작할 수 있다. 특히 국방부와 합참의 위기조치반이 소집되지 않았다는 감사원 발표는 사건 당시 군 당국이 어뢰공격으로 인한 급박한 교전상황이라는 판단을 배제하고 사태를 처리했다는 점을 드러내고 있다. 만일 어뢰공격으로 인한 교전상황이었다면 합참이 그렇게 안이하게 대응했을 리는 없기 때문이다. 이에 대해서는 이상의 합참의장이 진솔하게 고백한 바 있다. 『월간조선』(2010년 7월호)에서 이의장은 "만일 어뢰에 맞은 것이 확실했다면, 의장으로서 제 조치가 확 달라졌을 겁니다. 민감한 부분이기는 하지만, 천안함을 때린 놈은 올라갔을 테니까, 적 잠수함이나 잠수정 기지를 바로 때리면 그만입니다. 교전규칙상 '비례성의 원칙'이죠"라고 말했다. 이 말은 당시 합참이 북한의 어뢰공격으로 판단할 수 없었다는 증언으로 읽힌다.

결국 어뢰공격은 여러가지 보고에 섞여 있는 한가지 추정 씨나리오에 불과한 것이었지, 선택할 만한 유력한 가능성은 아니었다는 얘기다. 따라서 합참에 전달된 정보에는 어뢰 가능성이 삭제되었고, 그리하여 국가최고 위기관리층이 '좌초로 인한 침몰' 쪽으로 판단이 기울게 되었던 것이다. 이와 관련하여 합참작전본부의 한 관계자는 당시 상황을 다음과 같이 말한다.

"합참은 사건 초기 당시 천안함이 '무언가에 얻어맞았다'라는 것이 원인을 짐작게 하는, 보고받은 내용의 전부였다. 이것만으로는 북한의 어뢰공격이라는 개연성은 낮았다. 그리고 시간대별로 해군의 보고내용은 '파공이 형성되어 50% 침수되었다, 60% 침수되었다'라는 식의 내용이 전부였다. 그 외에는 어떠한 특이한 군사상황 보고도 없었다."

전선과 후방의 북한군은 평온하기만 했다. '파공'과 '침수'라는 좌초를 연상시키는 단어가 부각되면서 군이 대비태세를 격상할 필요성은 제기되지 않았다. '진돗개 하나'를 발령하면 주요지점마다 검문소가 운용되고 예비군까지 소집해야 하는 비상태세에 돌입하기 때문에 부담이 크다. 그러나 그보다 천안함 침몰은 '현장의 문제'라고 판단하고 해군에 작전을 맡기는 것이 현명하다고 보았을 것이다.

한편 해군도 어뢰피격 가능성에 대해 자신감을 갖지 못한 것으로 보인다. 우선 해군의 오랜 고정관념에 의하면 서북해역에서 북한 잠수함에 의한 어뢰공격은 선뜻 인정하기 어려운 가설이었다. 북한 해군의 의도와 능력도 문제고 백령도 인근의 얕은 수심과 빠른 조류, 짙은 염분, 불량한 시계 등 천연의 장애물이 있는 지역에서 잠수함에 의한 피격사건이 발생했을 개연성은 낮았다.

이와 관련하여 사건 초기 일간지에 보도된 정부 주요 관계자들의 언급을 소개한다.

• 3월 27일 이기식 합참 정보작전처장—"북한 함정이 포착되지 않았고 사고해역에 접근할 가능성도 없었다."

• 3월 29일 김태영 국방장관—"(사고 당일) 15척 정도의 함정이 주변에 있었고 백령도, 연평도, 소청도 레이더가 다 작동 중에 있었는데 그것을 모두 평가해봤을 때 북한에서 공격한 징후는 없었다."

• 3월 30일 청와대 안보참모—(북한 기뢰로 인한 천안함 침몰 가능성이 일부 언론에서 제기되고 있는 데 대해) "왜 북한으로 몰아가려 하느냐, 나중에 사실이 아니면 어쩔 거냐."

• 4월 1일 이명박 대통령—"북한이 개입된 정황이 아직 없는 상태다."

• 4월 1일 익명의 정부 고위관계자—"보수층 일각과 군 출신 인사들이 증거도 없이 북한 연계성을 주장하면서 정부를 압박하는 것은 매우 위험한 태도다."

사건발생 직후인 27일 새벽 3시에 황중선 합참작전본부장이 전군 비상경계령을 선포할 무렵 합참의장은 의장실에서 취침했다. 실종자 구조 외에 군사적 특이사항은 없다고 판단했기 때문이다. 이렇게 보면 청와대 지하벙커에 모인 안보관계 장관들은 천안함이 '좌초'되었다는 인식으로 기울었을 개연성이 명확하다. 김태영 국방장관도 11일 천안함특위에서 "최초 3월 26일 밤, 청와대 지하벙커에서 열린 안보관계장관회의에서 '좌초' 비슷한 보고가 있어서……"라며 사실상 좌초 가능성을 의식하고 있었음을 시인했다. 첫날 안보관계장관회의 후 청와대는 언론에 "북한 소행이 아닌 것 같다"고 말했다. 천안함 침몰이 적의 공격으로 인한 '안보사태'가 아니라 암초충돌이나 피로파괴[6] 같은 '재난사태'로 사실상 성격을 규정한 셈이다. 사건 이후 한동안 언론이 북한 공격설을 제기하자 오히려 청와대가 반박하고 나섰다. 북한 공격 가능성에 대한 질문을 받은 청와대 핵심관계자가 "만일 북한 소행이 아닌 것으로 밝혀지면 어떡할 거냐?"라고 발끈하는 분위기까지 언론에 그대로 보도되었다.

그렇다면 정작 국방장관이 어뢰로 인한 피격 가능성을 확신한 시기는 언제일까? 이에 대해 김장관은 "함미가 인양된 다음날인 4월 16일"이라고 밝혔다. 선체 절단면을 보고서야 어뢰 및 기뢰로 인한 공격 가능성을 인정하게 되더란 얘기다. 이 점에 대해서는 합참도 같은 입장인 것으로 보인다.

"부적절한 감사 있었다"

이렇게 보면 감사원과 국방부·합참의 의견이 대립하는 가장 결정적인 지점은 이것이다. "사건 초기에 북한의 반잠수정에 의한 어뢰공격 가능성임을 인지하고 그에 상응하는 대비를 했어야 했다"는 감사원과, "북한의 반잠수정에 의한 어뢰공격이라고 확신할 만한 근거는 없었다"는 국방부·합참의 대립이다. 특히 이에 대해서는 김장관도 11일 국회 천안함특위에서 안보관계장관회의 당시에 이대통령이 "내가 북한 어뢰공격 가능성을 언급하면 선거에서 '북풍'을 일으킨다고 할 터이니 모든 가능성을 열어두고 조사하라"는 말을 했다는 점을 공개하면서 어뢰피격 가능성과 거리를 두는 초기행보가 있었음을 밝혔다. 이러한 '신중한 접근법'은 단순히 천안함사건을 넘어

----

6 피로파괴(疲勞破壞, fatigue failure)는 재료에 외부의 힘이 반복적으로 가해지면서 어떤 시간이 경과된 뒤 재료가 파괴되는 현상을 말한다.

국내정치와 남북관계에서부터 국가위기관리 차원까지 고려해야 하는 대통령의 판단이었다.

김태영 국방장관은 단순히 군을 대표하는 위치가 아니라 이러한 대통령의 의도까지 보좌해야 하는 장관으로서 청와대와 군 사이에서 몹시 흔들렸다. 그 대표적인 사례가 지난 4월 2일 국회 대정부질문에 답변 중인 김태영 장관에게 전달된 청와대 메모다(『노컷뉴스』 2010.4.5). 여기에는 "VIP(대통령)께서 장관님의 답변이 어뢰 쪽으로 기우는 것 같은 감을 느꼈다고 한다"며 "(침몰원인은) 초계함을 건져봐야 알 수 있으며 어느 쪽에도 치우치지 않는다고 말해달라"고 주문하고 있다.

어뢰피격 정황과 관련하여 감사원 감사에서 가장 관심이 가는 대목은 속초함이 사격한 검은 물체의 정체다. 이와 관련하여 아직까지 국방부와 합참은 속초함에서 사격한 "북상하는 검은 물체에 대해 2함대사령부가 반잠수정이 아니라고 판단한 것은 합리적"이라는 의견이다. 당시 파고가 2m인 상황에서 45노트라는 빠른 속도로 북상한 물체가 반잠수정이라면 필경 높은 파도에 뒤집혔든지 격파되었을 것이다. 그러나 감사원은 이와 달리 "속초함장이 반잠수정이라는 보고를 했고 지금도 검은 물체가 반잠수정이라고 생각하고 있다"며 이를 뒤집는 발표를 했다. 그러므로 "검은 물체가 새떼인지 북한 신형 반잠수정인지는 판단을 유보해야 한다"는 입장이다.

그러나 군 관계자는 이에 대해 이렇게 설명한다. "감사 당시 감사원은 속초함장 한명을 총 스무번 소환하여 조사했다. 그런데 여기서 경천동지할 부적절한 감사기법이 동원되었다. 반잠수정이라는 점을 불라고 여러번 압박하다가 열아홉번째 소환한 날에 감사원 관계자는 급기야 '현장에서 북한 공작원이 목격되었다'며 함장을 압박했다.

이런 유도심문에 속초함장이 말려든 것이다."

이 깜짝 놀랄 말에 기자(필자)는 재차 "감사원이 그런 식으로 속초함장을 압박했는지" 확인하면서, 더불어 "속초함장이 아직도 새떼라고 생각하는가"라는 점을 문의했다. 이에 이 관계자는 "분명히 그렇다"라고 답변했다. 매우 중요한 대목이다. 이 관계자 말이 사실이라면 감사원이 허위사실까지 동원하여 속초함장의 판단을 반잠수정으로 몰아갔다는 것이다. 게다가 스무번 조사했다는 것 자체가 상식적으로 이해되지 않는다. 한 개인을 심리적으로 압박하고 궁지로 몰아넣음으로써 특정한 결론을 유도하지 않기 위해서라면 이렇게 조사할 이유가 없다. 이와 관련하여 또다른 합참의 관계자는 "우리는 감사원 발표를 보고 경악했다. 당시 감사원의 부적절한 조사가 녹음이라도 되어 있을지 모른다고 보고 지금 그것을 찾고 있다"며, "그런 자료만 발견되면 감사원 발표의 허구성은 그대로 드러난다"고 주장한다.

이와 같은 참상은 감사 시작부터 곳곳에서 드러났다. 예컨대 합참의 한 부서를 감사하면서 "과장이 다 인정한 사실을 왜 과원이 은폐하느냐"고 다그쳐서 한 부서의 직원들끼리 서로 이간하도록 한 것이다. 이런 현상이 도처에서 벌어지면서 한 부서의 직원들끼리 서로 의심하고 싸우는 일이 벌어졌다. 조직 전체가 아수라장이 된 것이다. 그런데 이러한 감사기법의 동원은 통상적인 감사와는 매우 다른 특이한 현상이었다. 역시 한 합참 관계자의 말이다.

"우리는 최초 감사원 감사가 우리 군의 씨스템을 개선하는 계기가 될 것으로 기대했다. 그래서 정책적인 감사라고 생각하고 임했는데 첫날부터 분위기가 이상했다. 마치 범죄 피의자를 조사하는 분위기였고, 이때 '뭔가 이상하다'는 느낌이 들기 시작했다. 그때서야 우리가 이미 응징의 대상이 되어 있는 '표적감사'라는 사실을 깨닫게 되었다."

이러한 군의 주장에 대해 감사원은 "감사에 아무런 문제가 없음"을 강조하며 재반박하고 있다.

증폭되는 의문들

폭발음 청취는 군 상황보고에서 누락되어 감사원 발표에서 중요사항으로 지적되었는데, 물기둥 관측 여부는 이상할 정도로 감사대상에서 비껴나 있는 것도 문제다. 사실 천안함에 버블제트 효과가 있었느냐에 대한 논란은 폭발음보다는 물기둥 존재 여부가 더 중요한 사안이다. 폭발음이야 버블제트가 아니더라도 여러 종류의 충격파, 예컨대 기뢰나 내부폭발, 또는 그 외의 원인에 의해서도 발생될 수 있지만, 물기둥은 버블제트를 입증하는 유력하고 결정적인 증거가 될 수 있다. 그런데 이에 대해 감사원은 "감사대상도 아니었다"고 국회 특위에서 말했다.

물론 하얀 섬광이 물기둥일 수도 있다. 그러나 "초병이 물기둥을 관측했다"는 세간의 통설은 사실이 아닌 것으로 보인다. 정확히 말하면 아직까지도 물기둥을 본 사람은 아무도 없다! 애초 합조단은 250kg의 폭약이 폭발할 경우 폭이 20~30m에 달하는 물기둥은 100m 높이까지 치솟으며, 이번 사건에서도 그런 현상이 발생했다고 말했다. 미국의 나이아가라 폭포 높이도 50m밖에 안된다. 그 두배에 달하는 100m라면 엄청난 높이와 규모의 물기둥이고, 그로 인해 세찬 파도가 해안에서도 관측되었어야 한다. 합조단은 물기둥이 있었다는 근거로, 천안함 갑판에 있던 견시병의 얼굴에 물방울이 튀었다는 증언과 해안 초병이 폭발음을 듣고 섬광을 보았다는 증언을 엉성하게 조합했다. 그러나 초병은 "물기둥은 보지 못했고 당시 섬광과 폭음을 고려해 낙뢰로 판단했다"고 말하고 있다. 새떼가 반잠수정으로 뒤집힌 감사과정에서 물기둥의 실체 확인의 필요성에 대해서는 의도적으로 비껴난 점은 이해하기 어렵다.

이렇게 보면 감사원의 의도가 서서히 드러나고 있다. 어뢰로 인한 피격을 입증하는 증거는 부각시키고 이에 반하는 정보는 축소하거나 조사에서 누락시키는 것이다. 또한 어뢰피격에 대한 초기정황을 부각함으로써 사건 초기에 절대적으로 정보가 부족한 상황에서 '모든 가능성을 열어두고' 이성적이고 신중한 대응을 했던 국방부와 합참의 일부 인사들에 대해 징벌효과를 극대화하려는 것이다. 감사원 감사에 내재된 이러한 정치적 의도는 국민적 의혹을 해소하는 것이 아니라 반대로 키울 수 있다는 우려가 국회 국방위와 특위 위원들 사이에서도 나오고 있다.

그러면 감사원 감사에서 지적된 문제점이 애초 없었고 군이 '제대로' 상황에 대처했다면 어떤 일이 발생했을지 상황을 재구성해보기로 한다.

3월 26일 밤 9시 22분에 천안함이 피격되었다는 사실이 해군과 합참, 국방부에 신속하게 전달되자마자 즉시 어뢰에 의한 공격상황임을 통찰한 우리 군의 지휘부는 위기조치반을 소집해 운용하고 해군은 전투태세에 돌입한다. 해군은 지난해 11월 대청해전 당시 도발한 북한 함정에 대해 끝까지 추적하여 결국 'NLL 이북'에서 격파했던 것과 똑같은 기준을 적용, 도주하는 적의 반잠수정 또는 위협세력을 보복·응징하는데, 여기서 어느 해역이냐는 중요치 않다. 설령 북의 영해라도 추격한다. 이윽고 단시간 내에 출동한 대잠 링스헬기, P-3C

대잠 링스헬기(위) 금강 · 백두정찰기(가운데) P-3C 해상초계기(아래)

해상초계기가 수색을 진행하고 우리 함정과 구축함은 일제히 북상
하면서 새떼건, 반잠수정이건 의심이 가는 물체에 대해서는 일제히
사격한다. 우리의 특수부대가 동원되어 북의 영해에서 의심가는 반
잠수정에 대한 추적에 들어가고 필요시 폭파한다. 그래도 적의 실체
가 드러나지 않을 경우에는 공군의 F-15K 편대를 동원하여 북의 영

해와 영공까지 들어가 의심거점에 대해서는 합참의 통제를 받아 작전을 진행한다. 이 과정에서 북한군도 대응태세에 돌입하여 해안 장사정포가 사격준비에 들어가고, 이와 함께 전방의 인민군도 전원 전투태세에 돌입한다. 이에 따라 한미연합 포병전력에도 대응사격 준비태세가 발령된다. 이윽고 합참의장은 어뢰에 의한 피격임을 확신하고 대통령에게 북의 잠수함기지를 파괴하겠다는 건의를 한다. 이때 대통령은 1·21사태 이후 지난 40년 이래 가장 심각한 안보위기에서 의사결정을 해야 하는 역사적 순간에 처한다. 특히 전면전 위협이 있는 상황에서 한미연합사가 위기관리에 개입하여 '데프콘'을 격상해야 할 필요가 있는지에 대해 적극 검토하기 시작한다.

감사원 감사가 요구하는 정답이 바로 이런 상황일까?

전쟁을 결심해야 하는 역사적 순간에 처하게 된 국가의 운명은 제쳐두고, 이를 실행하지 못했다는 명목으로 군부의 일각을 징벌한 감사원의 태도가 석연치 않은 점은 바로 여기에 있다.

김종대 • 군사전문지 『디앤디 포커스』 편집장

4

천안함과
정치 · 외교 · 안보

스스로의 덫에 갇힌 천안함 외교

—

강태호

—

남북정상회담 추진하다 최악의 긴장국면으로

천안함 침몰을 빼놓고 보면 2010년 한반도는 봄을 예고하고 있었다. 이명박 대통령은 올 1월 영국 BBC와의 회견에서 "조만간이라고 단정지어 말할 수 없지만 아마 김정일 북한 국방위원장을 연내에 만날 수 있을 것 같다고 본다"고 말했다. 그게 1월 29일이니 천안함사건이 일어나기 불과 두어달 전이다. 북한이 서해 북방한계선 인근 해역에서 포 사격훈련을 하는 와중이었다. 당시 청와대의 한 핵심관계자는 남북관계가 험악한데 뭔소리냐는 기자들의 반응에 이렇게 말했다. "동트기 전의 새벽이 가장 어둡다."

그뒤 금강산관광 재개 문제가 틀어지면서 남북관계가 다시 경색되긴 했지만 남북은 보다 큰 그림에서 정상회담을 내다보고 움직였다. 도널드 그레그(Donald Gregg) 전 주한 미대사는 "2009년 늦여름부터 한달 반에 걸쳐 세차례 이대통령을 만날 수 있었는데 (북한과 관련한) 사고에 상당한 변화와 진전이 있었다는 것을 확인할 수 있었다"고 말했다. 그는 "8월 중순경만 해도 (이대통령이) 남북한 관계가 개선될 여지가 있다는 기대를 아예 접어버린 게 아닌가 하는 인상마저 보였"지만 북한 조문단을 접견한 뒤 큰 변화를 보였다고 덧붙였다.[1] 실제로 지난해 8월 23일 김대중 전 대통령 서거를 계기로 이대통령이 김정일 국방위원장의 특사 조의방문단을 만나면서 남북대화 복원과 정상회담 가능성을 탐색하기 시작했다. 당시 김기남 노동당 비서 등 북쪽 대표단은 간접적인 어법으로 두 지도자가 만날 필요성을 언급했고, 이대통령은 어떤 문제든 대화로 풀어나간다면 해결하지 못할 일이 없다고 밝혔다. 그뒤 10월에는 남북정상회담 개최를 논의하기 위한 싱가포르 비밀회동이 열렸고, 당시 추석을 맞아 재개된 이산가족 상봉은 이런 맥락에서 가능했던 것이다.

당시 싱가포르 비밀회동에 즈음해 총련 기관지 『조선신보』는 북이 북미관계와 남북관계라는 "두 수레바퀴가 맞물려 굴러가는 정세 발전"을 염두에 두고 있다고 강조했다. 흔히 말하는 '통미봉남'이 아니라 이른바 북미·남북관계 발전을 연동하는 전략이었다.

그러나 남북정상회담 후속논의를 위해 열린 몇차례의 실무급 회동은 지난해 11월 10일 터진 3차 서해교전이라는 악재와 정상회담 의제를 둘러싼 이견으로 불발로 그쳤다. 남쪽은 핵 포기를 전제로 한 정상회담 또는 핵 포기를 위한 정상회담을 고집했고, 북쪽은 이를 받아들이지 않았다. 남쪽은 또 국내 보수층을 의식해 남북관계 발전을

---

1 조지프 나이 외 『2020 대한민국』, 이은주 옮김, 랜덤하우스코리아 2010. 코리아소사 이어티 회장인 도널드 그레그 전 대사 등 이명박 대통령의 국제자문단이 집필에 참여한 책이다.

위한 포괄적인 밑그림보다는 국군포로 송환과 납북자 고향방문 등 '이벤트'에 집착했다. 이대통령도 지난해 11월 27일 '대통령과의 대화'에서는 "북핵 포기에 도움이 되고 인도적 입장에서 국군포로, 납북자 문제 등을 풀 수 있다면 (정상들이) 만날 수 있다"고 강조했다.

교착상태에 빠진 정상회담 추진 움직임이 수면 위로 떠오른 것은 앞서 언급한 이대통령의 1월 29일 BBC 회견이었지만, 남북정상회담 논의는 그전인 2009년 12월 스티븐 보즈워스(Stephen W. Bosworth) 미국 대북정책 특별대표의 방북에서 이미 새로운 국면을 맞았다. 오바마 대통령의 친서를 휴대한 보즈워스의 방북에서 북미는 '9·19공동성명의 중요성과 6자회담 프로쎄스의 필요성에 대한 공감대'를 확인했다.

북한이 1월 들어서 외무성 성명과 담화(11, 18일)를 통해 '평화협정 당사국 회담과 비핵화를 위한 6자회담의 병행'을 제시한 것은 이를 바탕으로 나온 것이다. 오바마 행정부 들어 처음으로 6자회담 재개를 위해 북한이 내놓은 구체적인 제안이었다. 이를 두고선 유엔 대북제재 해제, 비핵화와 평화체제 협상의 선후 등에서 북미·한미간에 이견이 있었지만, 미국은 이를 협상의 출발점으로 받아들였다. 보즈워스 특별대표는 북 외무성 성명 직후인 1월 13일 "앞으로 수주 또는 수개월 내에 (북핵과 관련한) 외교적 프로쎄스로 되돌아가서 기본적인 문제를 다루고 진전을 이뤄낼 수 있기를 희망한다"고 말했다.

이대통령의 BBC 회견은 비핵화를 위한 6자회담 재개, 한반도 평화체제 협상, 남북대화 재개라는 국면을 내다보고 나온 것이다. 이대통령은 이 회견에서 2009년 11월 '대통령과의 대화'에서 밝힌 국군포로, 납북자 문제 등 정상회담을 위한 조건을 언급하지 않은 채 "우리가 유익한 대화를 해야 하고 북한 핵문제에 대해서 충분한 이야기를 할 수 있어야 하고, 양측간의 화해와 협력을 위해서는 열린 마음으로 사전에 만나는 데 대한 조건이 없어야 하며 그렇게 되면 언제든지 만날 수 있다"고 말했다.

이 회견 뒤 남북은 3통(통행·통신·통관)문제 등 개성공단 활성화와 금강산관광 복원을 위한 실무협의를 열어 대화 재개를 모색했고, 6자회담도 의장국인 중국이 적극 나서 2월 왕자루이(王家瑞) 당 대외연락부장의 방북으로 김정일 위원장의 중국 방문을 조율하면서 회담 재개 쪽으로 움직였다.

천안함사건 초기 침몰원인을 두고 이명박 대통령이 북한 공격을 단정하지 않은 채 신중한 자세를 견지한 것은 이런 맥락에서 볼 필요가 있다. 무엇보다도 천안함 침몰 직전인 3월 하순엔 6자회담이 가시권 안에 있었다. 2월말 아시아를 순방한 보즈워스 특별대표는 2월 27일 토오꾜오의 테이꼬꾸(帝國)호텔에서 6자회담이 "상당히 빨리"(fairly soon) 재개되기를 기대한다면서 "미국을 포함해 5개국은 (북한이 6자회담 복귀를 결정한다면) 아주 신속하게 움직일 준비가 돼있다"는 메씨지를 전했다. 중국은 3월 들어서 한중·한일 외교장관회담 그리고 제임스 스타인버그(James B. Steinberg) 국무부 부장관의 방중 등 미국과의 조율 아래 6자회담 재개를 위한 외교를 본격화하고 있었다. 이를 바탕으로 북미간 예비회담이 열리고, 그런 뒤에 북한이 6자회담으로 돌아오는 수순이 예상됐다. 중국이 3월초 '북미 추가대화→6자 예비회담→6자 본회담'의 3단계 중재의견을 제시한데 대해 미국은 6자 예비회담 소집에는 응하되 북미 추가대화에 대해서는, 첫째 북한이 회담복귀를 확약하고, 둘째 6자회담 재개로 직결돼야 한다는 점을 조건으로 내세웠다. 이에 따라 천안함사건 직전에는 북미대화를 예비회담의 틀 안에서 개최하는 '6자 예비회담(양자대화 병행)→6자 본회담'의 2단계론으로 절충이 이뤄지고 있었다. 일본 『요미우리신문』은 3월 21일 워싱턴발 기사에서 복수의 미 정부 관계자를 인용해 "미국측이 예비회담에서 북한의 비핵화를 위한 실질적인 논의를 할 생각이고 예비회담의 틀 안에서 북미 양자회담 개최 요구에도 유연하게 대응할 방침"이라고 전했다. 김정일 위원장의 방중은 또한 미중정상회담을 겨냥한 것이었다. 후진타오(胡錦濤) 중국 국가주석은 4월 12~13일 워싱턴에서 열리는 핵안보정상회의에서 오바마 미 대통령과의 정상회담을 앞두고 있었다. 그에 앞서 북한이 6자회담에 나오겠다는 뜻을 밝힘과 동시에 후주석을 통해 오바마 대통령에게 메씨지를 전달할 가능성도 있었다. 청와대 김은혜 대변인이 나서 김정일 위원장의 방중 임박을 예고한 것은 3월말이었다. 실제로 외교부의 고위당국자는 4월초 김정일 위원장의 방중 움직임이 매우 구체적으로 포착됐으나 무슨 이유인지 취소됐다고 말했다. 그건 3월 26일 발생한 천안함사건 때문이었을 것이다. 중국이 천안함 침몰을 "불행한 돌발사건"이라 부른 것은 그런 점에서 음미해볼 만하다. 중국이 김정일 국방위원장의 방중 이후 "어떤 상황이 발생하거나 어떠한 변화가 있더라도"(장위姜瑜 외교부 대변인) 6자회담을 조속히 열자는 입장을 보였던 것도 이런 맥락에서 봐야 할 것이다.

캄캄한 어둠 속으로

천안함사건은 이런 흐름을 일거에 뒤바꿔버렸다. 한반도는 동트기 전의 새벽이 아니라 깊은 어둠 속으로 빠져들었다. 천안함사건은 4월 15일 함미 부분이 인양된 뒤부터 북한의 도발 쪽으로 흘러갔다. 4월 21일 정부는 외교 안보부처 차원에서 북한의 소행을 전제로 대응책을 검토하면서 외교부는 안보리 회부를, 국방부는 자위권 행사 검토를, 통일부는 교역중단 등의 방향을 정하기 시작했다. 뒤이어 5월 13일에는 군이 7년 전에 확보한 북한의 훈련용 어뢰가 존재한다는 걸 확인하면서, 침몰 해역에서 발견된 파편들과의 상호연관성을 비교·분석하고 있음을 공개했으며, 청와대 박형준 정무수석은 이날 처음으로 천안함사건을 '외부공격'으로 표현했다.

그럼에도 미국은 신중했다. 보즈워스 대북정책 특별대표는 4월 23일 "천안함사태로 단기적인 불확실성에 직면해 있지만 다자간 개입정책이 최선의 방법이라고 믿는다"고 말했다. 그는 2009년 12월 자신이 방북했을 때 6자회담의 재개가 중요하다는 점에 대해 합의를 이루는 등 북한이 회담에 복귀할 의지를 보이고 있고 여타 당사국들도 강한 의지를 보이고 있다는 점에서 낙관적으로 생각한다고 덧붙였다. 부시 1기 행정부에서 국무부 정책실장을 역임한 리처드 하스(Richard Haass) 미 외교협회 회장도 5월 14일 서울에서 열린 한 쎄미나에서 천안함사건에 대해 "설득력 있고 확증력 있는 증거를 국제사회에 제시하기 전까지 결론을 유보해야 할 것"이라고 말했다. 그는 한국의 대응은 증거에 비례해야 할 것이라고 조언했다.

쌍끌이 어선이 북한 어뢰로 추정되는 프로펠러와 추진후부, 샤프트, 모터를 인양한 건 5월 15일이었다. 이명박정부는 이를 천안함사건이 북한의 공격에 의한 침몰임을 보여주는 "설득력 있고 확증력 있는 증거"로 간주했다.

5월 20일 민군합동조사단은 이를 '결정적 증거'로 삼은 조사결과를 내놨고, 이를 과신한 나머지 이대통령은 정면승부를 걸었다. 물론 6월 2일 지방선거를 앞둔 정략적 판단도 작용했을 것이다. 이대통령은 조사결과가 나온 뒤인 5월 24일 전쟁기념관에서 대국민 담화를 통해 "한반도 정세가 중대한 전환점을 맞았다"고 선언하고 "국제사회의 책임있는 어떤 나라도 천안함사태가 북한에 의해 자행됐음을 부인할 수 없게 됐다"고 못을 박았다. 설득의 자세는 아니었다. 이대통령은 "부인할 수 없다"고 단정했다. 과연 어느 나라가 공개적이고 공식적으로 부인할 수 있을 것인가? 힐러리 클린턴 미 국무장관이 밝혔듯이 "이제 어느 누구도 아무 일도 없었던 듯 넘어갈 수는 없게" 됐다. 이대통령은 이 담화에서 천안함 침몰을 "대한민국을 공격한 북한의 군사도발"이라고 규정하고 "대한민국과 국제사회 앞에 사과하고 이번 사건 관련자들을 즉각 처벌"할 것을 요구했다. 그는 이를 "북한이 우선적으로 취해야 할 기본적 책무"라고 말했다.

　그러나 북한이 응할 가능성은 제로였다. 담화 뒤 나온 북한의 반응은 격렬했다. 최고권력기관인 국방위원회 대변인은 24일 중앙통신 기자와의 회견에서 "담화는 상전과 주구가 머리를 맞대고 꾸민 '날조극'이 드러날까봐 쓰고 있는 권모술수"라면서 "역적패당은 우리를 반대해 서툰 '날조극' '모략극'을 꾸민 책임에서 절대로 벗어날 수 없다는 것을 명심해야 한다"고 주장했다. 남북은 천안함의 덫에 갇혔다. 북한의 격렬한 반응은 예상됐던 것이고 남북은 제로썸 게임에 들어갔다. 누가 더 잃을 게 많은가. 더이상 잃을 게 없는 북한은 한반도의 긴장을 고조시키는 쪽으로 갈 수밖에 없다. 남북관계는 20년 전으로 후퇴했다.

　천안함은 또한 미국과 중국을 '동맹의 덫'에 가둬버렸다. 미국은 천안함 초기에 보였던, 객관적으로 거리를 두던 냉정한 자세에서 벗어나 5월 20일 천안함 조사결과가 발표되는 시점을 전후해서는 이명박정부의 가장 든든한 지지자로서 한치의 흔들림 없는 모습을 보였다. 미국, 영국, 오스트레일리아, 캐나다 등은 합조단에 자국의 전문가들을 참여시켰다. 미국의 무조건적이고 전폭적인 지지는 당연한 것이다. 미국은 동맹의 편에 섰다.

이대통령이 담화에서 언급한 "국제사회의 책임있는 어떤 나라도"라는 표현은 중국을 겨냥한 것으로 보인다. 그러나 안보리 상임이사국 중국은 이미 5월 18일 조사결과를 사전통보받았음에도 지지의사를 밝히지 않은 채 유보적인 자세를 고수했다. 오히려 중국은 혈맹인 북한이 이 사건과 무관하다는 입장을 밝혔다고 일찍부터 공식화했다. 여기서 러시아가 처음부터 지지대열에 가담하지 않은 건 중요하다. 많은 이들은 중국이 열쇠를 쥐고 있다고 했지만 또다른 안보리 상임이사국 러시아의 태도는 국제사회의 지지를 배경으로 한 '한미 대 북중'이라는 힘의 구도에 심각한 영향을 끼칠 수 있었다.

24일 담화 뒤 천안함사건의 안보리 회부는 시간문제였다. 그러나 애초부터 안보리 회부는 실효성이 의문시됐다. 추가제재 내지 핵실험에 따른 안보리 결의 1874호가 있는데 이를 강화한다는 게 무슨 의미가 있는가 하는 것이다. 6월 4일 미국의 일간지 『크리스천 싸이언스 모니터』(The Christian Science Monitor) 인터넷판은 미국이 대북제재를 강화하려고 하지만, 경제라고 할 만한 것이 거의 없는 국가에 경제제재를 강화하는 것이 과연 가능한지에 대한 의문이 제기되고 있다면서 이렇게 비유했다. "대북 경제제재는 호두에서 레몬즙을 짜내려는 것과 마찬가지다." 북한은 이미 강력한 제재를 받고 있고 중국의 힘을 빌려 생존을 모색하고 있다. 안보리의 추가제재가 북에 타격을 주거나 북의 태도를 변화시킬 수는 없었다.

게다가 안보리로 가는 길은 처음부터 문턱을 넘어서는 것조차 버거운 상황이었다. 중국은 물론이고 러시아는 처음부터 조사결과를 검토중이라고 말했다. 말이 검토지 조사결과에 의문을 제기한 것이었다.

6자회담은 어떻게 할 것인가? 정부는 천안함 문제가 해결돼야 한다고 말했다. 그건 언제인가? 정부는 그 답을 내놓을 수 없다. 중국이 북한을 무시하지 않고 있듯이, 천안함 문제 해결 없이 6자회담으로 갈 수 없다는 데는 미국도 이에 동의했다. 그러나 미국이 6자회담보다 '천안함'을 더 중요하게 본다는 뜻은 아닐 것이다. 또 미국이 천안함 문제에서 한국을 지지하기 위해 중국과 대립할 것으로 보는 건 순진한 생각이다. 이제 6자회담을 열지 못하는 게 북한 때문이 아니라 한국 때문이라면 그래도 천안함 문제를 붙잡고 버틸 수 있을까?

천안함과 함께 가라앉고 있는 외교

천안함의 '침몰'은 이명박정부 안보의 '침몰'이었다. 합조단의 발표대로라면 그건 세계해군사에 남을 북한 잠수정의 신출귀몰한 작전을 보여주는 것이기도 하지만, 경계·정보·작전·위기대응·지휘체계 등 거의 모든 영역에 걸쳐 믿을 수 없을 정도로 취약하고 무능한 한국군의 현실을 거리낌없이 보여준 것이다.

천안함 외교는 어떤가? 이명박정부의 천안함 외교는 비유컨대 여론조사에선 이기고 선거결과에선 패한 6·2 지방선거의 궤적을 밟았다. 5월 20일 조사결과가 나오자 국제사회의 여론은 압도적으로 북한의 도발을 규탄했다. 홍콩의 『싸우스차이나 모닝포스트』(*South China Morning Post*)는 미국이 한국정부를 전폭 지지하는 가운데, 중국이 천안함 문제로 한반도 문제에 붙잡힌 상황이라며 최대의 외교적 딜레마에 처해 있다고 말했다. 『워싱턴포스트』도 중국의 영향력에 손상을 줄 것이라고 지적했다.

5월 24일 이명박 대통령이 전쟁기념관에서 발표한 대국민 담화는 이런 분위기에서 나온 것이다. 이대통령은 이 시기 천안함 외교에 매달렸다. 다른 외부일정은 일절 갖지 않았다. 6월 2일의 지방선거를 염두에 두고 파죽지세로 밀어붙였다. 5월 24~25일 미중 전략대화를 위해 삐이징을 방문한 힐러리 클린턴 국무장관을 26일 서울로 불러들였고, 29일 제주에서 열린 한중일 정상회담을 계기로 하또야마 유끼오(鳩山由紀夫) 일본 총리의 지원을 받으며 원자빠오(溫家寶) 중국 총리를 설득해 북한을 압박하는 공동전선을 구축할 수 있으리라는 판단이 있었던 것으로 보인다. 이를 배경으로 6월 4일 싱가포르에서 열리는 연례 아시아안보대화에서 한미 국방장관회담을 열어 서해상에서의 한미연합훈련을 발표해 북한에 대한 단호한 응징의지를 과시하고, 이대통령이 싱가포르로 가서 유엔 안보리 회부를 발표함으로써 천안함 외교의 대미를 장식하려 했을 것이다. 담화 발표를 전후해 미국, 러시아, 일본, 오스트레일리아 등 아시아·태평양 지역 주요 정상들과 잇따른 전화 통화로 결속을 다진 만큼 지방선거와 마찬가지로 압승을 기대했을 것이다. 그러나 정세현 전 통일부 장관이 적절히 표현했듯이 6월 4일 오전 11시(한국시각 5일 0시) 천안함사건을 유엔 안보리에 회부하는 서한을 제출함과 동시에 "천안함, 잔치는 끝났다".[2]

안보리의 제재결의는 언감생심이 됐다. 정부는 구속력 없는 의장성명에라도 '북한의 도발'을 명시하면 된다고 후퇴했다. 그러나 그마저도 쉽지 않은 상황이 됐다. 천안함 조사결과에 의문을 제기한 참여연대의 안보리 서한을 두고 이 정부가 보인 '치졸한' 대응은 그만큼

2 「'불편한 진실'…천안함, '잔치'는 끝났다」, 『프레시안』 2010.6.8.

절박한 처지에 있다는 방증일 것이다. 무시하면 됐을 것을 참여연대의 입을 틀어막으려다 보니 사람들은 참여연대의 말에 더욱 귀를 기울이게 되고, 스스로는 참여연대의 힘을 인정하는 꼴이 돼버리고 말았다.

애초부터 앞서 나갈 생각이 없었지만, 뒤에서 밀어주던 미국이 주저앉기 시작했다. 이대통령이 안보리 회부를 발표한 6월 4일 로버트 게이츠(Robert M. Gates) 미 국방장관은 싱가포르에서 "유엔 대북제재가 과연 어디까지 가능할지 모르겠다, 효과가 있는지도 모르겠다"고 말했다. 그는 김태영 국방장관과 싱가포르에서 만난 뒤 "유엔에서 얻을 수 있는 것들을 우선 지켜보고, 그후에 다음 조치를 생각하고 싶다"고 말했다. 그러고는 준비부족을 내세워 6월 8일부터 11일까지로 예정되어 있던 서해에서의 한미합동군사훈련을 연기했다. 국방부는 이 군사훈련에 핵추진항공모함 조지 워싱턴호(9만7천톤급)가 참가할 것이라고 흘렸다. 그러나 미 국방부는 이를 부인했을 뿐만 아니라 예고했던 한미 국방장관의 공동기자회견도 취소했다.

게이츠 장관의 6월 6일 BBC 회견은 그의 말 그대로 솔직했다. "솔직히 말하면, 북한이 자기 체제에 대한 외부세계의 생각에 신경쓰지 않는 한, 또 북한이 자국 국민의 안녕에 신경쓰지 않는 한, 어느 시점에 군사력을 쓸 의향이 없다면 할 수 있는 것이 많지 않다." 한마디로 한국이 안보리에 회부해서 얻을 게 뭔지, 북한을 압박해서 얻을 수 있는 게 뭔지 모르겠다는 것이다. AP통신이, 천안함 침몰사건 20여분 전까지 불과 75해상마일(139km) 떨어진 곳에서 한국과 미국이 한국 잠수함을 가상의 적으로 설정해 추적하는 대잠훈련을 했다는 보도를 한 건 그 뒤였다. 그동안 미국은 천안함 관련해서는 한국정부의 입장을 지지하는 발언 이외에 어떤 구체적 언급도 하지 않고 있었다.

그러나 6월 6일 AP통신은 미군 관계자들을 통해 대잠훈련의 장소, 참가 함정, 내용 등을 공개했다. 주한미군 대변인 제인 크라이튼(Jane Crichton) 대령은 직접 이 훈련이 3월 25일 22시에 시작해 26일 21시에 종료됐다고 시간까지 확인해줬다.

이명박정부의 천안함 외교는 갑자기 미국에 의해, 그것도 북한에 대해 가장 강경할 수 있는 미 국방부에 의해 구멍난 풍선처럼 바람이 빠지기 시작했다. 미국의 시사주간지 『뉴스위크』는 6월 4일 게이츠 국방장관이 중국을 방문하려다 '퇴짜'를 맞은 것은 미중관계의 긴장을 드러낸 것이라면서, 천안함사건이 이런 긴장을 더욱 고조시키고 있다고 지적했다. 게이츠 장관이 한발 물러선 건 중국 때문이었다. 중국 당기관지 『인민일보(人民日報)』가 발행하는 국제문제 전문지 『환구시보(環球時報)』와 그 영문판 『글로벌타임즈』(Global Times)는 8일 1면 톱으로 미 항공모함(조지 워싱턴호)이 서해훈련에 참가할 경우 남북간은 물론이고 중국을 포함한 한반도 주변의 긴장을 고조시킬 것이라고 경고했다. 또 홍콩의 『싸우스차이나 모닝포스트』는 6일 한국이 천안함사태에 대한 대응방안의 하나로 3세대 패트리어트 미사일(PAC3)을 도입해 미국 주도의 미사일방어(MD) 체제에 참여하는 방안을 검토하고 있다면서 이는 중국의 반발을 살 우려가 있다고 말했다.

중국은 이처럼 미국을 통해, 고삐가 풀린 듯한 한국의 강경대응에 제동을 거는 한편 러시아와 공동전선을 펼쳤다. 이대통령이 안보리 회부를 공식 발표한 4일 양제츠(楊潔篪) 외교부장의 초청을 받은 쎄르게이 라브로프(Sergei Lavrov) 러시아 외무장관은 뻬이징에서 회담 뒤 이렇게 밝혔다. "러시아와 중국은 한반도가 실질적으로 군사적·정치적 위기 직전의 상태에 와 있는 것에 매우 우려한다. 천안함 침몰과 관련된 증거들은 세계가 필요하고 적절하다고 생각할 정도까지 설명할 수 있는 것이어야 한다."

라브로프 장관은 또 북핵 6자회담과 관련해 "아직 그걸(6자회담을) 얘기하는 건 너무 이르다"면서도 "6자회담의 협상프로쎄스가 시작될 것을 확신한다"고 말했다. 중국은 천안함사태 이래 일관되게 "한반도의 평화와 안정을 수호하는 것이 모든 관련국의 이익에 부합하며 6자회담을 조속히 여는 것이 필요하다"는 입장을 견지해왔다. 미국의 속내도 중국과 다르지 않았다. 5월 26일 서울에 잠시 머문 클린턴 장관은 기자회견에서 "북한의 호전성과 도발행위에 눈을 감아서는 안된다"며 안보리 회부 지지와 북한의 책임을 묻는 추가대응을 검토하겠다고 말했다. 그러나 그가 5월 24~25일 미중 전략대화에서 합의한 것은 "(한반도의 평화와 안정은) 미국과 중국의 공동책임"이라는 것이었다. 클린턴 장관의 서울 기자회견도 강조점을 어디에 두냐에 따라 그 메씨지는 달리 읽힐 수 있다. 그는 마지막 대목에 이렇게 덧붙였다. "천안함 침몰이라는 즉각적인 위기에는 아주 강하지만 계산된 대응책이 필요하다. 좀더 장기적으로 북한의 방향을 전환하는 전략도 필요하다."[3]

그럼에도 이대통령은 천안함 문제 해결 없인 한걸음도 나아갈 수

----

3 미국은 공식적으로는 중국에 안보리 회부 문제를 제기하지 않았을 뿐만 아니라 중국을 압박하지도 않았다. 미중이 합의한 것은 "한반도의 평화와 안정 실현이라는 목표를 공유하고 있다"는 것이었다. 오바마 행정부의 핵심 관리들 발언 어디를 봐도 중국을 압박하지 않고 있다. 커트 캠벨(Kurt M. Campbell) 미국 국무부 동아태 차관보는 5월 27일 "중국이 북한을 천안함의 배후로 인정하고, (그런 쪽으로) 미묘하게 입장을 바꾸게 될 것이라는 느낌을 갖게 됐다"고 말했다. 그랬으면 좋겠다는 것이다. 제임스 존스(James Jones) 미국 백악관 국가안보보좌관의 말은 더 분명하다. 그는 27일 유엔 안보리에서 중국의 동참 여부에 대해 "중국이 주어진 증거를 바탕으로 틀림없이 올바르게 행동할 것으로 기대한다"고 말했다.

없다는 자세를 보였다. 그는 6월 4일 싱가포르 『스트레이츠 타임즈』 (*The Straits Times*)와의 회견에서 "천안함사태 해결 없이는 6자회담도 성과를 거둘 수가 없다"고 말했다. 스스로의 덫에 갇혀버렸다. 그건 현실정세에 대한 무지와 오만이 자초한 것이다.

국제적 검증의 시험대에 선 천안함 조사결과

천안함사태의 발목을 잡고 있는 건 중국과 러시아인가? 합조단의 조사결과를 과신한 나머지 스스로 발목이 잡힌 건 아닌가? 이명박 대통령은 대국민 담화에서 "국제사회의 책임있는 어떤 나라도 천안함사태가 북한에 의해 자행됐음을 부인할 수 없게 됐다"고 말했지만, 국내는 물론이고 중국과 러시아는 합조단의 조사결과를 그렇게 받아들이지 않았다.

중국은 뒤에서 말을 아꼈다. 러시아가 대신 의문을 제기했다. 이고르 리아낀프롤로프(Igor Lyakin-Frolov) 외무부 부대변인은 5월 26일 인쩨르팍스(Interfax)통신과의 인터뷰에서 "러시아는 이번 사건이 북한의 소행이라는 것이 완벽하게 밝혀질 때까지 대북제재에 협력하는 걸 지지하지 않을 것이며 우리는 북한이 이번 사건에 어떤 역할을 했다는 것을 입증하는 100% 확실한 증거를 가질 필요가 있다"고 밝혔다. 러시아 과학아카데미 극동문제연구소의 알렉산드르 제빈 (Alexandr Zhebin) 소장도 이날 일간 『이즈베스찌야』(*Izvestia*)와의 인터뷰에서 "천안함 침몰이 북한의 소행이라면 적어도 상시 북한군 동향을 감시하는 미국 위성에 잡혔을 것"이라면서 조사결과에 의혹을 제기했다. 인쩨르팍스통신은 6월 8일, 한국 측의 요청을 받아들여 천안함 침몰에 대한 조사결과를 검증한 러시아 전문가팀이 북한의 관여를 입증할 만한 확정적인 증거를 발견하지 못했다고 보도했다. 급기야 드미뜨리 메드베데프(Dmitry A. Medvedev) 러시아 대통령은 직접 북한에 대해 어떤 조처가 취해지기 전에 천안함사건에 대한 철저한 조사가 우선해야 한다고 촉구했다. 리아노보스찌(RIA Novosti)통신은 6월 18일 메드베데프 대통령이 미국의 『월스트리트저널』과의 회견에서 "(사건에 대한) 하나의 견해만이 폭넓게 유포되고 있지만, 우리는 이를 즉각적으로 당연한 것으로 받아들여서는 안된다"며 그렇게 밝힌 것으로 전했다.

송민순 민주당 의원(전 외교부장관)은 일찍이 "'우리가 다 조사했으니 따르라'는 식으로는 중국과 러시아가 수긍할 수도 없고, 유엔 안보리에서 획기적 메씨지를 끌어낼 수도 없다"고 말했다.[4] 그의 지적처럼 중국의 입장은 일관되고 단호했다. 5월 24일 힐러리 클린턴 국무장관이 미중 전략대화에서 천안함에 대한 북한의 책임을 요구한 데 대해 마차오쉬(馬朝旭) 중국 외교부 대변인은 국제문제를 다루는 '기본정신'을 밝혔다. "'사안의 옳고 그름'에 따라 공정하고 객관적으로 국제 및 지역문제에 대응해야 한다는 게" 중국의 기본정신이며 "천안함사건과 유관문제 역시 이같은 기본정신을 준수해야 한다"는 것이다. 한국의 조사결과만으로는 천안함의 옳고 그름이 분명치 않다는 뜻이었다. 5월 26일 장즈쥔(張志軍) 중국 외교부 부부장의 발언은 좀더 구체적인 메씨지를 담고 있었다. 그는 5월 28일 원자빠오 총리의 한국, 일본 등 아시아 4개국 순방을 설명하면서 "천안함사건은 매우 복잡한 사건"이라고 전제하고 "중국은 관련정보를 수집 중이며 천안함사건에 대한 1차적인 자료를 확보하고 있지 않다"고 말

---

4 「북·중·러 참여시켜 '천안함 조사' 검증 필요」, 『경향신문』 2010.5.25.

했다. 원총리가 이대통령과의 정상회담에서 중국의 자체평가 결과를 전달할 계획이 있느냐는 물음에 대한 답변이었다. 그는 천안함 조사 결과를 어떻게 판단하는지에 대해선 "여전히 신중하게 연구하고 평가·분석 작업을 진행 중"이라며, "중국은 공평하게 대처하고 처리할 것"이라고 강조했다.

북한은 러시아와 중국의 이런 입장을 적극 활용했다. 박림수 국방위원회 정책국장은 5월 28일 이례적으로 평양 주재 각국대사관 관계자들과 내외신기자들을 불러놓고 합조단의 조사결과를 조목조목 반박했다. 중국 『환구시보』가 5월 26일 「외부세계의 의혹에 진지하게 응하는 것이 북한에 유리하다」는 제목의 사설에서 북한이 국제사회에서 인정받을 수 있는 성의있는 진실 규명에 나설 것을 촉구한 뒤였다.

일부 전문가들은 천안함으로 북중관계가 시험대에 섰다고 말했다. 그러나 오히려 본격적이고 혹독한 국제적 차원의 검증이라는 시험대에 선 건 합조단의 조사결과였다. 중국과 러시아의 지지를 얻지 못하는 한 안보리 논의는 벽에 부딪힐 수밖에 없다. 중국은 안보리에 안건이 회부된 뒤에도 여전히 요지부동이었다. 친깡(秦剛) 중국 외교부 대변인은 6월 22일 정례브리핑에서 "천안함사건은 매우 복잡한 사건으로 중국은 천안함사건에 대한 1차적인 자료를 확보하고 있지 않다"면서 "우리는 사건의 옳고 그름에 따라 객관적이고 공정하게 이 사건을 처리할 것"이라고 기존의 입장을 재확인했다. 그는 "천안함사건 처리에 대한 중국의 출발점은 한반도의 평화와 안정 수호"라면서 평화 및 안정의 중요성을 재차 강조했다. 그는 "유엔 안보리가 이 문제를 논의하고 있다"면서 "한국과 북한이 각자의 입장과 관점을 설명한 것은 안보리 이사국들이 상황을 이해하는 데 도움을 줄 것"이라고 덧붙였다.

정부는 안보리의 제재결의는 일찌감치 포기했고 의장성명 채택으로 목표를 낮췄다. 그러나 이마저도 북을 규탄하는 내용을 담기가 어려운 상황이 됐다. 6월 한달 동안 안보리 의장을 맡은 클라우드 헬러(Claude Heller) 멕시코 대사의 말은 안보리의 분위기를 대변했다. 그는 6월 14일 천안함 '침몰'을 "한반도의 평화와 안정에 위협을 가져온 사건"으로 표현했을 뿐 아니라 강한 어조로 "남북 모두에게 긴장을 고조시키는 어떤 행동도 자제해줄 것"을 요청했다.

헬러 의장의 말에서 드러나듯이 안보리가 불개입적인 자세를 보이거나 중립적인 판단을 내린다면 이명박정부의 천안함 외교는 참담한 상황에 빠지게 되어 있다. 마치 검찰이 결정적 증거물을 찾았다며 살인 용의자를 기소하기 위해 영장을 청구했는데 재판에 가기도 전에 증거불충분으로 기각되는 상황이 될 수 있다. 혐의를 입증하려면 재조사가 필요하고 증거도 보완하지 않으면 안된다. 그런데 그 증거라는 것이 갈수록 국내적으로 증거력을 의심받고 있는 상황에서 중국과 러시아가 태도를 바꿀 리는 없다. 안보리가 북에 의한 천안함 공격을 명시하지 않는다면 사실상 북에 '면죄부'를 주는 것이 된다. 그렇다한들 정부는 제대로 항변하기가 어렵게 됐다.

실제로 주요 8개국(G8) 정상들은 6월 26일(현지시각) 캐나다 토론토에서 열린 정상회의에서 발표한 공동성명에서 '천안함 공격을 규탄'했을 뿐 북한을 직접 지칭하지 않았다. 성명은 "우리는 46명이 비극적으로 희생된, 대한민국 군함 천안함의 침몰을 가져온 3월 26일의 공격을 개탄한다"고만 밝혔다. 정상들은 합조단의 조사결과를 언급했으나 북한을 구체적이고 직접적으로 비난하진 못했다.

이날 성명은 "우리는 천안함 침몰을 일으킨 공격을 비난한다"·"천안함 공격에 책임이 있는 자들에 대한 적절한 조처를 촉구한다"는 형태를 띠었다. 다만 성명에서는 "조선민주주의인민공화국에 대한 민국에 대한 어떤 공격이나 적대적인 위협도 삼갈 것을 요구한다" "책임소재 규명을 위한 한국정부의 노력을 지지한다"는 내용이 포함됐다. 익명을 요구한 러시아 대표단의 한 관리는 러시아는 "아직 천안함사건 조사결과를 최종적인 것으로 간주하지 않기 때문에 북한을 더 강하게 비난하는 것은 부정적인 결과를 낳을 수도 있다고 본다"고 지적했다.

안보리는 예상대로 G8 성명 이상의 결과를 내놓지 못했다. 이명박 정부가 뭐라고 해도 안보리 의장성명에서는 얻은 게 없다. 북한을 규탄하지도 못했고, 북한의 사과와 책임자 처벌도, 재발방지 약속도 없었다. 이제는 정부 스스로 천안함에서 벗어나기 위한 출구전략이 시급하게 됐다. 군사분계선 일대의 11개소에서 대북 심리전 확성기를 설치하면서 안보리 이후로 미뤄뒀던 방송을 내보는 건 결국 유보됐다. 안보리에서 북한을 규탄하면 국방부는 이를 근거로 확성기 방송을 시작한다는 계획이었다.

서해에서의 한미합동군사훈련도 마찬가지다. 한국 국방부는 핵추진 항공모함 조지 워싱턴호가 참가하는 이 훈련이 6월 중순에 서해에서 열릴 것이라고 밝혔으나, 그후 준비부족을 이유로 연기되었다. 그 뒤에도 거듭 연기된 끝에 중국의 반대에 부딪혀 결국 동해와 서해에서 번갈아 훈련을 하는 것으로 바뀌었다.

북한 인민군 총참모부는 6월 12일 '중대보도'를 통해 남쪽의 확성기 방송을 '특대형 도발행위'로 규정하고 '직접적인 선전포고'로 간주하겠다고 했다. 확성기 방송을 안한다면 협박에 굴복한 것이 될 수 있다. 군쪽에선 오히려 확성기 방송을 계기로 북한이 공격하면 즉각 대응타격을 가할 수 있는 명분이 되니 천안함 공격에 대한 보복응징 차원에서도 나쁠 게 없다고 판단했던 것으로 알려졌다. 실제로 합참의 한 관계자는 "북한군이 도발한다면 몇배로 응징할 준비가 되어 있다"고 말했다. 보수언론들은 이런 논리로 강경책을 주문했다. 북한은 아예 배수진을 쳤다. 인민군 총참모부는 앞서의 중대보도에서 "우리의 단호한 군사적 타격은 결코 역적패당이 떠드는 '비례적 원칙'에 따른 1대1의 대응이 아니다"라면서 "서울 불바다까지 내다본 무자비한 군사적 타격이라는 것을 명심해야 한다"고 주장했다. 판문점에서의 충돌이 아닌 전면전 불사를 위협한 것이다. 확성기 방송을 선전포고로 규정하고 직접 타격을 하겠다고 공언한 북한도 물러설 수는 없을 것이다. 남쪽의 확성기 방송→북쪽의 조준격파 사격→남측의 대응사격(자위권 발동)이라는 상황은 더이상 가정법이 아니다. 자칫하면 확성기 방송을 둘러싸고 순식간에 국지전을 넘어 '서울 불바다'로 치달을 수 있는 상황이 되어버렸다. 한미 군 당국은 5월 26일 대북정보감시태세인 워치콘을 3단계(위협이 점증해 주의깊은 감시가 필요)에서 2단계(현저한 위험이 초래될 징후가 보임)로 한단계 격상시켰다. 북의 '특이동향' 때문이었다. 북은 5월 24일 인민군 전선중부지구사령관 명의의 '공개경고장'을 통해 "남쪽의 확성기·전광판 등 대북 심리전 수단을 직접 조준격파 사격하겠다"고 위협한 데 이어 군사분계선에 포를 설치하고 정찰횟수를 늘렸으며, 좌표를 입력하는 정밀타격 훈련에 들어갔다. 5월 30일 제주도에서의 한중일 정상회담 뒤 기자회견에서 이명박 대통령이 "우리는 전쟁을 두려워하지 않지만, 전쟁을 원하는 것도 아니다"라고 한 것은 이런 맥락에서 나온 발언이었다. 그런 점에서 대북 확성기 방송을 유보한 것은 북한의 위협에 굴복한 꼴이 되어버리고 말았다.

천안함 문제는 중국이 강조해온 한반도 평화와 안정이라는 관점에서 볼 때 긴박한 현안이 되어버렸다. 남북이 이 문제를 두고 벌이는 대결은 중국만이 아니라 미국이 보기에도 우려스러울 뿐 아니라 두 나라의 공동이해와는 다른 방향으로 가고 있다. 한미합동군사훈련을 거듭 연기하고 훈련장소도 결국 동해로 바꾼 것을 비롯해 한국군이 대북 확성기 방송을 유보한 것은, 미·중의 공동이해가 작동하고 있음을 드러낸다. 안보리 의장성명 발표 후 한국을 방문한 미 국무장관과 국방장관이 비무장지대(DMZ)를 찾아가 뒤늦게 북한에 대한 추가제재를 강조하는 이유는, 말 그대로 "아무 일도 없었던 듯 넘어갈 수 없기" 때문이다. 미국의 추가제재가 기존의 대북제재 결의안 1874호의 범위를 넘어서지는 않을 것이다. 결국 근래 미국의 행보는 의장성명이 북한에 면죄부를 주는 것이 아니라는 걸 강조하기 위한 '립써비스'로 봐야 할 것이다.

송민순 의원은 이렇게 말했다. "미국은 지금 구두로만 지지하고 있다. 한국정부가 강대국의 정치논리를 알아야 한다. 미국과 중국은 한반도 문제와 관련해 북한 비핵화, 긴장보다는 안정에 대해 공유하는 '이익'이 있다. 남북간 긴장이 고조되면 결국 나중에는 미국과 중국이 개입해서 말리는 형국이 될 것이다. 그렇게 되면 한국은 한반도 문제 해결의 대상으로 전락하게 된다."[5]

강태호 • 한겨레신문 국제부 기자

5 『경향신문』, 앞의 기사.

천안함사건과 남북관계

—

김연철

—

1. 정부가 신뢰를 얻지 못하는 이유

6·2 지방선거에서 한나라당이 패배한 이유야 여러가지가 있을 것이다. 그러나 안보의 과도한 정치화가 불러온 역풍 또한 무시할 수 없다. 천안함사건으로 한반도 정세는 변했다. 남북관계는 회복할 수 없는 대결의 길에 들어섰고, 동북아의 새로운 갈등도 생겨났다. 출구는 있는가? 남북관계의 변화도, 6자회담의 재개도 결국 천안함 문제의 매듭이 지어져야 가능해졌다.

어떻게 출구를 찾을 것인가? 우선 사건의 실체에 대한 국내외적인 공감과 합의가 필요하다. 정부는 국민적 신뢰 형성에 실패했다. 국회의 특별위원회는 제대로 가동되지 않았다. 이토록 중요한 현안을 국회에서 심층적으로 다루지 못한 것은 잘못이다. 다양한 수준에서 제기되는 반론들을 정부가 국민에게 설득할 수 있는 기회 아닌가? 자신감이 부족한 것이다. 결국 남은 것은 색깔론이다. 과학이 아니라 믿음 말이다.

천안함사태의 과정에서 정부가 우왕좌왕한 원인이 뭘까? 정책총괄기능이 없기 때문이다. 정책총괄기능에서 핵심은 정보판단이다. 정보판단은 정부 내부의 부처간 정보평가와 관련국들과의 정보공유를 통해 이루어진다. 민군합동조사단의 발표내용이 적합한 정보판단의 과정과 절차를 거쳤는지는 의문이다. 도리어 국내외적으로 결정적 증거에 대한 반론이 계속되고, 과학자들의 반증에 직면해 있는 상황이다.

재차 강조하지만 원인은 정책총괄기능의 부재다. 국방부에 대한 문민통제가 제대로 이루어지고 있는가? 청와대는 부처간 조정을 주도하고 있는가? 혼선과 실수, 번복과 부실은 종합적인 정보판단 체계가 부재하다는 것을 의미한다. 노무현정부 때의 국가안전보장회의(NSC)를 복원해야 한다는 주장이 나오는 것도 그 때문이다. 자존심을 내세울 때가 아니다. 반대할 사람도 없다.

또한 제도보다 중요한 것은 정책의 방향성이다. 천안함 문제를 다룰 때, 대북조치를 발표할 때, 중요한 것은 그러한 선택이 어떤 결과를 가져올지에 대한 예측과 판단이 전제되었는가이다. 그러나 결국 외교도 없고, 안보도 없고, 경제도 없는 결과를 가져왔다. 오직 국내 정치만 있었다. 정부 안에서 정무적 판단을 우선시하는 사람도 있을 것이다. 그러나 외교안보는 길게 보아야 한다. 정치적 판단은 국내 보수층을 결집시킬 수는 있어도, 국제사회를 설득하기 어렵다. 확실한 증거와 분명한 인과관계를 제시하지 않으면, 국제사회의 동의를 얻을 수 없다. 즉 미궁에 빠지고 장기화된다는 말이다.

천안함사건 이후 한반도 정세를 바라보는 주변국의 전략과 이해가 확인되고 있다. 인식과 이익의 차이는 있을지언정, 공통적으로 한반도 주변국은 한반도 질서의 안정을 원한다. 그것은 미국도 마찬가지다. 한반도 주변국은 천안함사건으로 6자회담이 장기표류하는 것을 원하지 않을 것이다. 그러나 한국이 출구를 찾지 못하면, 늪에 빠질 수밖에 없다. 헤어나오는 데 시간이 걸리고, 변화하는 동북아 질서에 능동적으로 대응하기 어렵게 된다. 납치문제의 늪에 빠진 일본처럼 말이다.

군사적 대응은 한계가 있다. 국내에서도 전쟁을 바라는 사람이 실제로 얼마나 있겠는가? 보복은 보복을 낳고 정세가 긴장국면으로 흐를수록, 우리가 잃을 것이 더 많다. 지금 필요한 것은 무모한 용기가 아니다.

그리고 남북관계를 어떻게 할 것인가? 이명박정부는 임기가 끝날 때까지 북한과 대화하지 않을 것인가? 중국의 동북경제권으로 편입되는 북한을 두고만 볼 것인가? 한반도의 안정과 평화를 위한 현 정부의 진지한 고민을 보고 싶다. 임기가 끝났을 때 어떤 역사적 평가를 받게 될지를 한번쯤 생각해볼 시간이다.

2. 누가 서해를 냉전의 바다로 만들었나?

천안함 침몰의 원인은 차치하더라도, 이 사건은 서해가 긴장의 바다, 냉전의 바다로 전환하면서 발생한 비극이다. 평화의 부재가 낳은 참사가 아닐 수 없다. 별일 없던 남북관계가 천안함사건으로 악화되었을까? 아니다. 이미 그전에도 남북관계는 최악이었다. 천안함사건은 서해에서 다시 냉전이 조성되면서 일어났다. 누가 평화의 바다를 냉전의 바다로 만들었나?

노무현정부 시절, 서해교전은 없었다. 물론 1999년과 2002년 두차례 서해에서 우발적 충돌을 겪었다. 이후 어떻게 대응했는가? 이명박정부와 달리 보복의 악순환이 아닌, 서해 평화정착을 선택했다. 그리고 2007년 10·4 정상회담에서 포괄적인 서해평화협력 특별지대를 설치하는 데 합의했다.

맹목적 이념에 사로잡혀 이런 사실을 거꾸로 해석하는 사람들도 있다. 공동어로와 평화수역을 북한이 요구했고, 결국 서해평화협력지대는 북방한계선(NLL)을 양보한 댓가라는 주장이다. 사실이 아니다. 노무현정부가 서해의 평화정착을 위해 얼마나 노력한지 아는가? 험난했던 북한과의 협상과정을 아는가? 10·4합의는 해상경계선 문제를 건드리지 않고 서해에서의 평화와 경제협력의 선순환에 합의한 것이다. 한뼘의 바다도 양보한 적이 없다.

보수언론들은 노무현정부의 NSC가 대북심리전 방송을 중단한 것을 비판한다. 방송을 중단한 것은 사실이다. 왜 그랬을까? 서해에서 우발적 충돌방지 합의가 더 중요했기 때문이다. 그 과정에서 방송을 중단하라는 북한의 요구를 수용한 것이다. 1972년 7·4 남북공동성명에서 이미 합의한 상호비방·중상 금지 원칙을 지키는 것이 잘못인가? 동일한 논리로 서해에서 긴장을 완화하고 대북선전 방송을 중단한 것이 잘못된 일인가? 전쟁불사의 시각에서 보면 이해할 수 없을 것이나, 평화정착의 시각에서 보면 당연한 것이다.

대북선전 방송은 전쟁으로 가는 길에서 나팔을 부는 격이다. 아니나 다를까 방송을 재개할 경우 북한은 격파사격을 하겠다고 경고했다. 이에 우리 정부도 대응사격을 하겠다고 선언하지 않았는가? 그렇게 되면 국지전이 발생한다. 전쟁위기설로 금융시장이 요동치고 불안심리가 확산되어, 북풍은 역풍이 될 수 있다. 전쟁불사를 의미하는 대북조치를 거둬야 하는 이유가 여기에 있다.

돌이켜보면 대한민국의 어떤 정부도 한반도 정세의 안정적 관리를 포기한 적이 없다. 전두환정부가 1983년 아웅산사건에도 불구하고, 바로 다음해인 84년부터 남북대화에 나서고 정상회담을 추진한 이유가 무엇인가? 노태우정부가 1987년 대한항공기 폭파사건에도 불구하고, 집권 이후 7·7 선언을 하고 총리급 회담을 추진했으며, 결국 남북기본합의서를 채택한 이유가 무엇인가? 북한이 예뻐서가 아니다. 긴장이 고조되면 우리가 잃을 것이 더 많기 때문이다. 평화정착이 국익에 부합하기 때문이다.

전두환–노태우정부 같은 원조 보수들도 전쟁불사를 노골적으로 말하지 않았다. 보수라고 해서 한반도 정세관리 책임을 망각하지 않았다. '전쟁불사' 패러다임은 원조 보수정권에서도 그 선례를 찾을 수 없는 말 그대로 '뉴라이트'의 특이한 인식일 뿐이다.

최근의 한반도 정세에서 더욱 실망스러운 것은 오바마 행정부다. 과거 김영삼정부 때는 오히려 클린턴 행정부가 나서서 한반도 정세를 안정적으로 관리했다. 그러나 오바마 행정부는 전쟁불사 패러다임에 편승했다. 북풍 국면을 활용하여 일본을 굴복시켰고, 한미관계에서 쟁점현안을 유리하게 협상할 수 있는 기회를 잡았다. 전술적 이익을 챙긴 것이다. 그러나 동북아 정세의 안정적 관리자라는 위상은 잃었다. 소탐대실이다. 앞으로의 국면에서는 중국이나 러시아처럼 한반도 평화정착의 의지를 보여주기를 기대하나 현재로서는 불투명하다.

평화는 공기와 같다. 있을 때는 잘 모른다. 달빛정책의 시대에 햇볕정책이 빛나듯이, 전쟁불사의 국면에서는 평화의 가치가 소중해지

게 마련이다. 지금은 누가 전쟁위기를 부추기고 있는지 똑똑히 기억
해둬야 할 때다. 세상은 저절로 좋아지지 않는다. 평화는 꿈꾸는 자
들의 것이다.

3. 평화가 없으면 경제도 없다

무모한 북풍이 결국 용의 비늘(역린)을 건드렸다. 대한민국 국민
의 '전쟁에 대한 공포' 말이다. 16년 전인 1994년 6월의 추억이다. 북
한의 핵확산금지조약(NLL) 탈퇴 후 한반도 위기가 고조되자, 주위의
지인들로부터 하루종일 "전쟁 일어나냐?"는 질문을 받았다. 비슷하
지 않은가? '만들어진 공포'였다. 그때도 대통령이 전쟁불사를 외치
고, 언론·방송에서 전쟁씨나리오를 내보냈으며, 전문가라는 사람들
은 국민들의 안보불감증을 비난했다. 며칠 사이에 불감증은 공포로
변했고 사재기가 뒤따랐다. 물론 지금의 국면과는 결정적 차이도 있
다. 당시에는 카터 전 대통령이 있었고 그의 방북으로 국면은 전환됐
다. 전쟁위기 국면은 일주일을 채 넘기지 못했다. 지금은? 카터가 없
다. 오바마 행정부는 오히려 대북강경책에 편승하고 있다. 또 하나의
결정적 차이는 우리 경제가 1994년보다 비교할 수 없을 정도로 개방
되었고, 그만큼 대외변수에 취약해졌다는 사실이다.

누가 시장의 불안을 부추기는가?

경제 외적인 변수, 즉 안보문제를 포함한 대외변수를 흔히 '지정학
적 리스크'라고 부른다. 분단국가인 한반도의 현실을 반영하여 '코리
아 디스카운트'(Korea Discount)라는 표현도 쓴다. 금융시장이 개방

되어 있는 현실에서 정부의 리스크 관리능력은 매우 중요하다. 군사 안보만큼 경제안보가 중요해졌고, 우리는 그것을 '포괄적 안보'라고 부른다.

이명박정부가 강경한 대북조치를 발표하면서 간과한 것은, 바로 금융시장에 미칠 영향이었다. 예상은 했지만 수준 이하다. 안보무능에 경제무능이 겹쳐, 결국 IMF사태를 가져왔던 김영삼정부를 보는 듯하다. 게다가 지금은 유럽발 경제위기의 그늘이 여전히 드리워진 불안정한 국면 아닌가? 이럴 때 안보리스크가 높아지면 금융시장이 요동치는 것은 누구나 예상할 수 있다. 맹목적 이념이 부른 참사에 스스로도 놀랐을 것이나, 정부는 안정을 강조하며, 지정학적 리스크가 단기적일 것이고 우리 경제가 충분히 흡수할 수 있다고 장담한다.

예전에는 그랬다. 최소한 김대중-노무현정부 때 말이다. 서해교전이 일어나고 북한이 핵실험을 하고 미사일을 쏴도, 금융시장에 미치는 영향은 며칠 가지 않았다. 시장에 참여하는 사람들이 '곧 괜찮아지겠지' 하고 판단했기 때문이다. 한국정부의 정세관리 능력을 신뢰했다는 것이 결정적 이유다. 필자는 김대중정부 초기 몇번 청와대로부터 부탁을 받은 적이 있다. 당시 IMF 외환위기를 벗어나는 과정에서 외국자본 유치가 매우 중요했다. 외국계 대형펀드 관계자들도 남북관계 전문가를 만나고 싶어했다. 필자가 그들을 만났을 때, 그들의 첫번째 질문은 "전쟁 안 일어나냐?"였다. 김대중정부의 남북관계 개선 노력을 설명해주면 그들은 안심했다.

지금은 정반대 아닌가? 외국인 투자자들이 궁금해하는 것은 천안함사건 이후의 출구다. 한국정부의 정세관리 능력을 보고 싶어한다. 그러나 정세가 안정될 것이라는 근거를 어디에서 찾을 것인가? 한국정부는 위기를 관리하는 대신 오히려 부추기고 있다. 여당의 일부 국회의원들은 전쟁불사를 외치고, 보수신문들도 전쟁을 두려워하지 말자고 주장한다. 김영삼정부 이후 한번도 겪어보지 못한 상황이다. 이럴 때일수록 막연한 희망이 아니라, 시장참여자들에게 신뢰를 주는 것이 중요하다.

어떻게 대응해야 하는가? 일부 전문가들은 북한이 도발했는데 한국이 아무런 대응도 하지 말아야 하느냐고 묻는다. 그렇다면 되묻고 싶다. 왜 예방하지 못했느냐고. 정세를 관리할 때 가장 기본적인 방식은 예방외교다. 이명박정부가 2007년 10·4합의를 승계했다면 이런 일이 일어나지 않았다. 서해를 평화의 바다로 만들기 위한 최소한의 고민이 있었다면, 충분히 예방할 수 있었다. 예방의 중요성을 강조하는 이유가 있다. 긴장이 조성되면, 우리가 선택할 수 있는 효과적인 수단이 별로 없기 때문이다. 북한은 잃을 것이 별로 없다. 그러나 우리는 잃을 것이 너무 많다. 안보불안이 경제에 미치는 영향, 그것이 핵심이다.

진퇴양난에 빠진 대북 강경정책

금융시장의 불안, 해결책이 있다. 출구를 찾고, 긴장을 완화하면 '안보리스크'는 해소된다. 그렇게 하지 않으면 해법도 없다. 외국인 투자자들의 '쎌 코리아'(Sell Korea)는 계속될 것이다. 국내 투자자들이야 내성이 있다. 이보다 어려운 세월을 살아오지 않았는가? 그러나 외국인들은 다르다. 불안하면 파는 것이다. 장세가 불안해지면 연기금을 풀어 방어하는 것도 한계가 있다. '지정학적 리스크'의 장기화는 곧 연기금의 부실을 의미하는 것이고, 결국 재정부담으로 작용한다. 안보무능이 불러온 경제재앙을 결국 국민 세금으로 메워야 하는가? 그러지 않기를 바란다.

어떻게 할 것인가? 정부가 발표한 대북관련 조치는 효과가 없을 것이다. 북한 선박이 제주해협을 지나다니지 못하도록 막는 것은 의미가 없다. 북한의 화물선 아닌가? 못 가게 막으면 돌아갈 것이다. 교역이나 위탁가공 중단이 북한에 주는 고통은 별로 없으나, 도리어 우리 중소기업에게는 사형선고나 다름없다.

중요한 것은 그 다음의 조치다. 정부는 주적개념을 부활시키겠다고 했다. 이는 무엇을 의미하는가? 북한을 적으로 규정한다는 뜻이다. 1994년 전쟁위기를 겪고, 1995년 처음으로 국방백서에 주적개념을 넣었던 상황과 똑같다. 주적개념을 빼서 안보의식이 해이해졌다고? 그럼 우리가 1988년부터 국방백서를 발간했는데, 1995년 이전은 무엇인가? 더 우려스러운 것은 대북심리전 방송이다. 앞서 말했듯 정부가 발표한 조치가 실행되면, 국지전은 피할 수 없다.

시장참여자들은 바로 이러한 정세예측에 불안해한다. 환율방어나 주식시장에서의 기관매수로 해결할 수 있는 성질이 아니다. 정부가 이번 지방선거에서 북풍을 기대했다면, 그것은 오판이었다. 대한민국 국민들의 '북한 문제'에 대한 의식을 잘못 판단했다. 물론 국민 다수가 북한에 대해 보수적인 것은 사실이다. 그러나 일부를 제외하고, 한반도 정세가 불안해지는 것을 원하는 국민은 없다. 너무 과했다. 주식 떨어지고 환율 올라가는데 좋아할 국민은 없다. 지금이라도 현정부는 대한민국이 분단국가임을 깨달아야 한다. 정세관리에 실패하면, 나라가 망할 수 있음을 명심해야 한다.

4. 남북경제협력의 부재가 불러온 동북경제권

정부는 교역과 위탁가공을 금지했다. 노태우정부가 1989년 7·7선언을 통해 시작했던 남북경제협력이 중단된 것이다. 지난 20여년 세월, 얼마나 많은 우여곡절이 있었던가? 경제협력은 정치군사적 환경에서 자유롭지 못하다. 1990년대 초반에는 전쟁위기를 겪기도 했고, 북한 핵문제로 정세가 불안정한 시절이 적지 않았다. 그러나 교역과 위탁가공은 한국 중소기업의 이익이 더 크기 때문에, 그동안 어려움을 헤치고 여기까지 왔다.

남북경제협력의 부재, 어떻게 될 것인가? 북한 경제가 중국의 동북경제권으로 편입되고 있다. 북중 양국의 경제협력은 오랜 역사가 있지만, 최근 양상은 과거와 다르다. 중국의 전략적 이해가 개입하고, 동북3성도 북한을 필요로 하고 있다. 북한 역시 유일하게 열린 문이 중국이다. 남북관계의 부재가 북한의 대중국 경제의존도를 심화시키고 있다. 이제 남북경제권은 파탄났고, 동북경제권이 부상하고 있다. 북한경제의 동북경제권 편입은 일시적 현상인가? 아니면 새로운 한반도 질서인가?

북중 경제협력은 구조적으로 꾸준히 증가

북중 경제협력의 성격이 달라진 것은 2009년 9월경의 일이다. 중국의 대북정책 방향이 결정된 것이 그즈음이다. 그동안 중국 내부에서도 대북정책을 둘러싸고 갈등이 있었다. 국제사회에서 중국의 달라진 위상을 고려하여, 이제는 중국의 대북정책이 바뀌어야 한다는 입장이 있었다. 변화론이다. 다른 입장은 북중 협력이 중국의 전략적 이해에 부합한다는 의견이다. 지속론이다. 결국 변화론이 아니라 지속론이 중국의 공식 입장으로 결정됐다. 2009년 10월 원자빠오(溫家寶) 총리의 방북 이후 2010년 5월초 김정일 위원장의 방중까지 고위급 접촉이 빈번했고 경제협력 논의는 점점 더 구체화되고 있다.

사실 이전에도 북중 경제협력은 꾸준히 증가해왔다. 무엇 때문인가? 첫째, 중국산 소비재와 생산재의 가격경쟁력 때문이다. 북한의 소비재시장에서 중국산이 차지하는 비중은 압도적이다. 몇년 전 동북3성을 방문했을 때 만났던 한족 사업가의 말이 생각난다. 그때 그는 필자에게 물었다. "한국은 5달러짜리 운동화를 만들 수 있느냐? 우리는 만들 수 있다." 생산재시장도 마찬가지다. 제한된 외화로 설비현대화를 추진해야 하는 북한의 입장에서는 값싼 중국산 기계를 살 수밖에 없다. 2000년대 초반만 하더라도 북한의 공장을 방문하면 간혹 일제 기계를 발견할 수 있었다. 그러나 2~3년 전에 돌아본 북한의 공장에는 오로지 중국산 기계만 존재했다.

둘째, 지리적 잇점 때문이다. 중국의 동북3성은 북한과 국경을 맞대고 있다. 이 지역에는 조선족이 살고 있다. 보따리무역을 할 수 있는 인적 네트워크가 존재한다. 북한에 살고 있는 화교들 역시 중요한 역할을 한다. 과거 문화혁명 시기 전후로 북한지역으로 흘러들어온 화교들은 중국의 개혁개방이 본격화되는 1980년대 후반 이후 중국산 소비재의 북한내 유통을 담당하는 일종의 도매상 역할을 하고 있다. 탈북자들의 증언에 따르면 신의주 지역에서 시장을 움직이는 큰손들은 대부분 화교라고 한다.

셋째, 북중 경제협력은 정치군사적 변수에 크게 영향받지 않는다. 2000년 이후 북한의 대 중국, 한국, 일본의 교역비율을 보면 명확히 알 수 있다. 핵문제 등으로 남북교역이 감소하거나 2002년 납치문제 때문에 북일 경제관계가 악화됐던 당시 북중 경제협력은 증가했다.

북한산 농수산물이 남쪽으로 오지 못하면 결국 중국으로 간다. 남북관계 악화로 남북경제협력이 위축되면, 중국의 중계업자들이 참여하는 남북중 삼각무역이 활성화될 수밖에 없다.

동북3성의 부상이 북한을 필요로 한다

2009년 9월경부터 달라진 것은 무엇인가? 결정적 차이는 중국의 동북3성 발전계획이다. 동북3성은 더이상 과거의 낙후된 중화학공업지대가 아니다. 중국경제의 그늘로 평가되던 거대한 국영공업지대도 아니다. 변화가 시작됐다. 우선 물류망이 달라지고 있다. 따롄에서 시작해서 헤이룽장성의 하얼삔까지 뻗은 뚱삐엔따오(東邊道) 철도가 이제 2011년이면 완공된다. 고속도로망도 '상전벽해'라고 부를 수 있을 정도로 촘촘히 놓여졌다. 그러나 동북3성 발전에서 핵심적인 장애는 동해로 향하는 출구가 없다는 점이다. 중국의 남부경제권과 연결되기 위해서는 중국에서 가장 발전된 옌하이(沿海) 지역을 통과해야 한다. 시간과 비용이 많이 든다. 그런 점에서 북한은 동북3성의 물류기지다. 중국의 입장에서 나진항이라는 동해 출구는 매우 중요하다. 철도와 도로가 해운물류를 만나면서 날개를 달았다. 훈춘(琿春)에서 나진까지 도로망 정비를 위해 중국이 투자하는 비용은 아무것도 아니다.

북한은 또한 동북3성의 원료기지다. 동북3성의 발전소, 제철소 등에서 필요한 무연탄, 철광석 등을 북한에서 조달하고 있다. 북한은 과거 '동방의 엘도라도'라고 불릴 만큼 풍부한 광물자원을 보유하고 있다. 마그네싸이트 같은 경우 세계적인 매장량을 자랑하며 흑연, 텅스텐, 우라늄 등 전략적 가치가 높은 광물자원도 적지 않다. 중국의 대북한 투자의 대부분이 광물자원과 관련되고 있음은 주목할 만하다. 자원 협력의 핵심요소인 경제적이고 안정적인 물류망을 갖출 경우 북중 양국의 광물거래는 지금보다 훨씬 증가할 것이다.

마지막으로 북한은 동북3성의 생산기지다. 인형, 의류, 봉제, 신발 등 노동집약 분야라도 한달 임금을 50달러 수준으로 지불할 수 있는 곳은 이제 중국에서 찾을 수 없다. 그런 점에서 중국 기업들은 북한을 중요한 생산기지로 본다. 압록강에 새로운 다리가 건설되면, 신의주 지역을 중심으로 중국의 위탁가공단지가 들어설 것이다. 위화도를 비롯해서 딴뚱(丹東)과 신의주를 맞보는 접경지역에 새로운 경제협력단지가 들어설 것이다. 중국이 에너지와 기반시설을 담당하고, 북한이 노동력을 제공하는 호혜적 경제협력이 이루어질 가능성이 커졌다.

동북3성과 북한의 경제협력관계는 일방적이 아니다. 현실을 모르는 사람들이 중국의 지원이라는 프리즘으로 바라보지만, 그렇지 않다. 오히려 최근의 북중 경협은 중국의 경제적 이해가 작용하고 있고, 그 핵심에 '호랑이 등에 올라 탄 동북3성'이 있다.

남북경협의 부재가 가져온 풍경

북한은 대중국 경제의존도 심화를 어떻게 생각할까? 결코 바람직하지 않다고 생각할 것이며, 걱정이 많을 것이다. 그러나 북한에 다른 선택은 존재하지 않는다. 1980년대 후반 이후 이른바 '조조합영(朝朝合營)' 즉 북한과 조총련의 경제협력은 1990년대 들어 시들해졌고, '조조무역' 역시 2002년 납치문제로 일본의 독자적인 대북제재가 시작되면서 흔적을 찾을 수 없을 정도로 급감했다. 남북경제협력도 마찬가지다. 남쪽으로 향하는 문은 지금 굳게 닫혀 있다.

2007년경 북한은 베트남과의 경제협력을 추진했다. 그러나 미국의 대북한 경제제재가 유지되고 핵문제가 담보상태에 있는 이상, 베트남이 움직이기 쉽지 않다. 이집트를 비롯한 중동국가와도 마찬가지다. 현재 류경호텔 리모델링, 평양시내 현대화사업, 이동통신사업 등에 이집트, 두바이 등의 기업이 일부 참여하고 있지만 한계는 엄연하다.

북한이 국가개발은행을 만들고, '조선대풍국제투자그룹'이라는 외자유치기관을 만들면 뭐 하는가? 중국 말고는 외자유치에 나설 나라가 없다. 그것이 현실이다. 북한의 선호와 관계없이 중국에 의존할 수밖에 없는 상황이다.

구조적으로 심화될 수 밖에 없는 북중 경협은 한반도 질서를 바꾸고 있다. 이번 사건 이후 한국에서 제재를 말하지만, 중국이 참여하지 않는 제재란 아무런 효과가 없다. 무역을 하지 않는 국가들의 제재란 말뿐이기 때문이다. 중국 역시 전략적 이해관계가 있기 때문에, 북중 경협을 축소할 생각이 없다. 과거 북한의 핵실험이나 미사일 발사로 유엔 안보리의 제재결의안이 채택되고 있지만, 그것은 대부분 군수품이나 군수용으로 전용될 수 있는 전략물자에 한정된다. 정상적인 무역관계의 봉쇄를 의미하지는 않는다. 국제사회의 제재결의안 내용 중 유권해석이 필요한 부분도 마찬가지다. 이명박정부는 인프라사업은 말할 것도 없고 관광사업도 중단했지만, 중국은 북중 경제협력이 유엔 안보리의 제재결의안에 해당되지 않는다고 해석한다. 앞으로도 마찬가지다. 중국은 북한을 경제로 바라보지만, 한국은 이념으로 바라본다. 이념은 대결을 부르고, 경제는 협력을 부른다.

5. 북풍의 패배

과거 냉전반공주의는 친일파들에게 변신의 정당성을 주었고, 민주주의를 억압하는 도구였으며, 무능과 부패를 감추는 공포였다. 21세기 대한민국의 현실에서 다시 '냉전의 추억'이라니. 경악할 만한 사태였다. 무모함이 역풍을 불렀고, 시민들은 북풍 속에 가려진 무능과 시대착오적인 광기를 가려냈다.

6·2 지방선거 패배의 핵심 당사자는 뉴라이트 세력이다. 조중동 프레임의 패배이기도 하다. 그들은 북풍을 통해 선거에서 이기려고 했고, 승리의 여세를 몰아 사회의 재배열을 꿈꾸었다. 전쟁의 공포를 통해 '유사파시즘'을 구축할 태세였다. 그들이 생각한 미래는 '오래된 과거'였다. 그들은 한국사회에서 일제 식민지시절을 미화하고 독재를 옹호하며 분단을 추구하는 것이 통할 것이라고 생각했다. 자신들의 세계에 갇혀, 자신들만의 언어로 한국사회를 해석했다. 소통을 거부하고, 불통을 선택한 결과다. '시대와의 불화' 그것이 패배의 핵심이다.

앞으로 뉴라이트의 운명은 어떻게 될까? 미국의 네오콘처럼 역사에서 퇴장할 것인가? 기대하기 어렵다. 미국에서는 네오콘의 무모함을 질타하는 전통적 보수가 있었지만, 한국에는 없다. 한국에 푸쿠야마 같은 보수논리로 뉴라이트의 무모한 이상주의를 비판하는 학자가 있는가? 한국에 키씬저 같은 외교적 경륜으로 '실패할 외교'를 질타하는 원로가 있는가? '보수의 부재'는 뉴라이트의 잔존을 의미한다. 뉴라이트가 보수의 자리를 차지하는 이상, 그것은 한국 보수의 비극이 될 것이다.

선거는 자신이 잘해서가 아니라, 상대의 몰락으로 이기는 경우가 많다. 시대와 어울리지 않는 뉴라이트 세력은 시민들의 지지를 받기 어렵다. 언론의 퇴행과 공권력의 동원 속에서 시민들이 그들의 정체를 깨닫는 데 아무 지장이 없다.

이명박정부는 외교안보정책을 수정해야 한다. 무능한 외교안보팀을 전면교체하는 것이 맞다. 원점에서 대응하는 것이 순리일 것이다. 그렇게 할 수 있을까? 미국의 부시 행정부는 2006년 중간선거에서 패배하면서 네오콘과 결별했다. 최소한 부시 행정부는 이념과 외교를 분리할 수 있었기 때문이다. 결국 럼스펠드 국방장관이 퇴상하면서 국무부의 협상파가 외교를 주도할 수 있었다. 이명박정부도 그렇게 할 것인가? 기대하기 어렵다. 이명박정부의 외교안보팀은 이념과잉이고, 영혼이 없는 관료들에게 둘러싸여 있으며, 결정적으로 무능하기까지 하다.

진정으로 위기라고 생각하면, 그것이 곧 기회다. 동북아 질서의 변화는 쏜살같은데, 냉전반공주의 외교로 더이상 국제사회의 웃음거리가 되지 말아야 한다. 시대와 어울리고 국제사회와 호흡하는 새로운 외교안보팀을 기다려본다. 임기 절반은 실패했다. 그러나 아직도 절반이 남았다. 너무 멀리 나갔지만, 아직은 '역사의 평가'를 수정할 시간은 충분하다.

김연철 • 인제대 통일학부 교수

무너진 국방개혁이 초래한 이상한 패배

—

김종대

—

합동성 토론회 날, 무너진 합동성

지난 3월 26일 오후 1시, 대전의 육군 교육사령부 대강당. 이상의 합참의장이 수개월 전부터 야심적으로 준비해온 합동성(jointness) 강화 대토론회에 육·해·공군 총장을 비롯한 각 군의 주요 작전직위자들과 합참 전략발전본부 관계자, 미 합동전력사령부(JFCOM)의 후버 부사령관, 한미연합사 작전직위자, 국내의 다수 군사전문가 등 약 150명이 모여들었다. 이상의 합참의장 취임 이후 처음으로 실시된 이 토론회는 합참 주도하에 각 군의 전력을 어떻게 통합운용하고 체계적으로 발전시킬 것인가라는 '합동성 강화방안'을 토론하는 자리였다.

1시에 시작된 1부에서는 권태영 박사(한국전략문제연구소 자문위원)의 '우리 군의 합동성 강화 실태와 발전방안'에 대한 기조발제와 후버 부사령관의 '미군의 군사변혁 및 합동성 강화' 사례발표가 있었고, 2부에서는 분임별 자유토론이 이어졌다. 양병(養兵, 군정)과 용병(用兵, 군령) 기능이 엄격히 분리된 한국군에서 이와 같은 토론회가 열린다는 것 자체가 신선한 '충격'이었다. 전세계 대다수 군대가 군을 현대적으로 변혁할 목적으로 연구에 박차를 가하고 있는 '합동의 문제'를 우리 군 수뇌부가 모여 논의한 적은 과거 단 한차례도 없었다. 이처럼 한국군은 범군적 차원의 효율성을 높이는 목표가 전무했으므로, "대한민국에는 국군이 없고, 오직 육·해·공군만 있다"는 비아냥마저 팽배했다.

이날 토론에서 가장 논란이 된 대목은 앞으로 합참이 전력에 대한 소요(所要)를 실험·검증하고 합동직위자에 대한 인사권을 행사하는 등 권한을 대폭 강화한다는 점이었다. 당연히 육·해·공군 총장의 기득권이 침해되는 예민한 사안이다. 토론회에 참석한 한민구 육군총장, 김성찬 해군총장, 이계훈 공군총장의 표정이 썩 밝아 보이지 않았다. 무엇보다 군령에 전념해야 할 합참의장이 군정의 영역까지 넘보면서 각 군 총장들을 불러모았다는 사실이 썩 유쾌하지는 않았을 터이다. 이날 토론에 대한 불만을 가장 먼저 표출한 사람은 김성찬 해군총장이었다.

"나는 합동성을 강화한다는 대의에는 찬성하지만 한국군이 자칫 물오리가 되자는 얘기처럼 느껴진다. 물오리는 물에서 헤엄도 치고 땅 위에서 걸으며 공중으로 날기도 한다. 얼핏 이런 군이 바람직해 보일 순 있지만 이런 논리로 합동성이 얘기되어서는 곤란하다. 물에서는 상어처럼, 땅에서는 호랑이처럼, 공중에서는 독수리처럼 싸우는 군이어야 한다. 즉 각 군의 전문성이 보장되어야 하는데, 합동성이라는 명분으로 다 섞어놔서 결국 물오리가 되자는 얘기는 아닌지

다시 점검해야 한다."

　뒤이어 한민구 육군총장은, 합동성을 명분으로 내세운 합참의 2단계 조직개편으로 전력발전본부가 신설되었으나 합동직위자 중 육군의 비율이 너무 낮다며 이의를 제기했다. 결국 범국방차원의 통합과 합동을 강조하는 합참과, 각 군의 전문성과 고유성을 주장하는 각 군 본부 사이에서 날카로운 신경전이 이어졌다. 어쩌면 합참의장이 이런 일로 자신들을 불러모았다는 것 자체가 총장들의 비위를 거스르는 일이었다. 이상의 의장은 '창군 이래 최초의 토론회'라며 합동성 구현의 대의를 강조했으나 아직도 갈 길은 멀어 보였다.

　전력발전본부장인 박정이 중장은 공식적인 토론회에서 합의를 이끌어낸다는 것 자체가 쉽지 않음을 잘 알고 있었다. 무언가 비공식적인 소통이 필요했다. 이날 토론이 끝난 뒤에 육·해·공군과 한미연합사 3성 장군급 이상 직위자들은 별도의 만찬이 계획되어 있었고, 이튿날인 토요일 휴무에는 각 군 주요 직위자들과의 골프 회동도 준비되어 있었다. 토론은 서둘러 정리되었고 참석자 중 주요 직위자들은 오후 6시 만찬이 개최되는 유성의 계룡스파텔로 자리를 이동했다.

　우리 군의 핵심 직위자들이 이처럼 만찬과 다음날의 휴일 골프 회동을 기약하며 한자리에 모여 있었던 때는 결과적으로 군사대비태세의 '취약시기'가 되고 말았다. 비공식적인 소통과 친선을 도모하는 동안 서북 해역의 어두운 수중에서는 아무도 모르는 초유의 비상사태가 다가오고 있었다.

　각 군의 의기투합을 이끌어내기 위해 만찬을 주재한 이의장은 술잔을 치켜들며 건배를 제의했다. 세시간이 채 안되는 만찬을 마치고 일일이 참석자들과 인사를 하고 난 합참의장이 상경하기 위해 서대전역에 도착한 것은 밤 9시 22분. 백령도 인근에서 천안함이 두 동강

난 바로 그 시각이었다.

소통의 부재와 갈등의 증폭

9시 27분에 고속철(KTX)에 몸을 실은 이의장은 휴식을 취했다. 이의장이 천안함 침몰에 대한 최초보고를 받은 시각은 기차가 거의 서울에 도착할 무렵인 10시 11분경이었다. 이때는 9시 45분에 해군작전사령부로부터 사건을 보고받은 합참이 청와대 위기상황실로 사건을 보고한 지 이미 26분이 지난 시점이다. 또한 10시에 청와대가 안보관계장관회의 소집을 결정하고도 11분이 지난 시점이다. 사건발생 이후 49분간 군 최고지휘부의 대응이 공백으로 남은 셈이다. 김태영 국방장관이 합참의장보다 3분 더 늦게 보고받은 점까지 고려한다면 청와대가 위기관리체제로 전환된 시점에서도 국방장관과 합참의장만 이 사실을 까맣게 모르고 있었다는, 일반적 통념으로는 이해가 불가능한 상황이 벌어지고 있었다.

사건의 초동단계에서 이러한 '지휘의 공백'은 우리 안보태세에 있어 심각한 결함을 드러냈다. 천안함사건 이후 한나라당 유승민 의원은 국회 국방위에서 "전쟁 나면 한시간 뒤에 보고받을 거냐"며 국방부를 매섭게 질타했다. 한편 국방부는 이러한 보고 지연을 "합참 지휘통제반장의 보고 착오로 인한 실수"라고 해명했다. 그러나 합참의 구조를 조금이라도 아는 사람이라면 이러한 해명에 고개를 젓는다.

합참에서 주요 직위를 거치고 전역한 한 예비역 대령의 말이다.

"합참의 지휘통제실 책임자는 진급이 잘 되지 않는 자리다. 그러나 대체로 여기에 근무하는 실장은 자신도 언젠가 합동작전과장이 될 수 있다는 희망을 갖고 죽어라고 일한다. 그의 첫째 임무가 바로 보고 철저다. 오직 그걸 잘하기 위해 근무하는 지휘통제실장이 보고에 태만했다면 누가 이걸 믿겠는가? 이건 필경 하급자에게 뒤집어씌우기가 아닌지 의혹이 생긴다."

사건발생 자체가 보고되지 않았으니 사건의 원인을 짐작게 하는 중요정보가 해군에서 합참으로 보고되지 않은 것은 불문가지다. 감사원은 5월에 천안함사건 직무감사를 하면서 '어뢰피격'에 대한 천안함장 최초보고와 속초함장의 '반잠수정 보고', 해안초병의 '폭발음 청취' 등 긴급한 중요보고가 거의 전부 합참에 보고되지 않은 사실을 확인했고, 6월 10일 감사결과 발표에서 이를 공개했다. 해군의 2함대사령과 작전사령부가 중요정보를 대부분 숨겼고, 합참에 전달된 내용은 단지 "무언가에 맞은 것 같다" "(천안함에) 파공이 형성되어 50% 침수되었다 (…) 60% 침수되었다"라는 단순한 보고가 전부였다는 것이다. 이 때문에 사건이 발생하고 청와대·국방부·합참은 사실상 북한 공격 가능성을 배제한 '좌초설'로 경도되었고, 이는 사건이 발생한 지 석달이 넘어선 지금까지도 합참과 해군 간에 갈등요인으로 작동하고 있다.

정상적인 소통의 부재는 합동성의 기본가치가 무너졌음을 의미한다. 합동성에서는 무기체계나 씨스템만의 문제가 아니라 '사람의 문제', 즉 소프트파워라는 문화적 요소를 빼놓을 수 없다. 여기서 가장 중요한 것이 '소통'인데 한국군의 정보작전에서 바로 이것이 결여된 것이다. 공교롭게도 모처럼 합동성을 증진하자고 군 수뇌부가 결의하는 날에 무너진 합동성은 우리 군에 극심한 혼란과 갈등을 초래했다. 이로 인해 천안함사건을 처리하는 군 당국에 대한 국민의 의혹과 질타는 이루 말할 수 없이 증폭되었다.

그러나 필자의 취재 결과 이번 천안함 침몰사건 직후부터 현재에 이르기까지 우리 군의 작전지휘에는 더더욱 이해할 수 없는 사실들이 드러나고 있다. 천안함 침몰사건을 지휘한 합참이 스스로 합동성에 대한 이해 결여와 부적절한 작전지휘의 문제점을 드러내고 있다는 점이다. 각 군에 합동성을 요구하기 전에 합참 스스로 합동성 구현을 위한 씨스템과 전문가를 준비하지 않음으로써 천안함사건을 지휘하는 데 심각한 부작용을 드러낸 것이다.

바다에 대해 잘 모르는 합참이 무엇을 해군에 위임하고, 무엇을 지휘할 것인지를 구분하는 일은 애초 불가능했다. 여기서 합참의 조직구조를 보면 합참의장(대장, 육사 30기), 합동작전본부장(중장, 육사 32기), 전략기획본부장(중장, 육사 31기), 전력발전본부장(중장, 육사 32기)로 핵심 의사결정자 전원이 육군 출신이다. 그 산하에 부장급 직위자 13명 중 육군 출신이 10명이고 공군은 2명, 해군은 1명이다. 이러한 극심한 인사편중은 '대규모 지상군 교전상황'을 준비하는 육군 야전사령부의 인력구조와 크게 다르지 않다. 해상에서의 특수한 상황에 대응할 수 있는 전문성과 씨스템이 부재할 수밖에 없었던 것이다. 한편 교전이나 다름없는 긴박한 상황에서 공군 전투기 편대도 사건발생 1시간 14분이 지난 밤 10시 36분에 출격하는 식이었다. 긴박한 사태에서 각 군의 가용전력을 체계적으로 통제하는 모습이 보이지 않았는데, 이것도 바로 합동성의 결여를 드러낸다.

두 동강 난 정보본부, 실종된 핵심정보

합동성이 붕괴된 사연에는 보고 및 지휘체계만이 아니라 정보와 작전의 '부적절한 관계'도 빼놓을 수 없다. 그중에서도 이번 사건에 동원된 북한의 수중무기의 종류와 침투 및 도주경로 등 군사사항에 대해서는 여전히 '판단'과 '추정'에만 의존하는 상황이 되풀이되고 있다. 단지 "사건 직전 2~3일 전 두 대의 잠수함이 비파곶에서 출항 했다가 사건 2~3일 후에 귀환한 것이 확인되었다"는 것이 전부다.

한편 북한 잠수함 정보는 전적으로 미군의 위성정보에 의존하는 데 실제로 사건이 발생한 3월 26일 전후, 즉 25일부터 28일까지 미국 이 제공한 군사정보는 지극히 모호하다. 북한 주요 잠수함에 대해 다 른 시기에는 잘 관측되던 것이 유독 이 4일간만 "시계불량으로 관측 불가"라는 표현이 등장하고 있다. 천안함사건 전후에 '정보공백'이 발생하고 있었다는 얘기다.

한편 6월 20일 합조단 발표 이후에 합참 일각에서는 "북한 잠수함 이 사건 직전에 남하했다"는 미확인 정보내용이 흘러나왔지만 이마 저도 '추정'에 불과한 것으로 확인된다. 반면 주한미군 측에서도 "이 번 사건은 사전에 경고가 있었고, 분명히 예방 및 차단이 가능한 사 건이었다"는 시각이 있는 것으로 알려지고 있다. 그러나 이것은 작 년 11월 대청해전과 올해 1월 북한 해안포의 사격훈련 전후의 정보 일 뿐, 정작 사건발생 전후의 군사정보에 대해 미국은 일절 함구하고 있다.

그러나 군의 공식발표만 본다면 북한이 잠수함을 동원해 도발할 징후는 전혀 없었고, 그럴 가능성과 개연성도 인정되지 않았다. 사건 당시에 잠수함이 온 것도 몰랐고, 발사된 어뢰는 탐지되지 않았으며, 교전상황으로 간주했음에도 도주하는 적을 발견하거나 차단하지 못 했고, 결국 발표 이후에 드러난 특이동향은 없다. 당시 사건이 일어 난 해역 인근에는 훈련 중이던 해군의 이지스함과 구축함, 초계함이 배치되어 있었고, 사건발생 이후에도 대잠 링스헬기, P-3C 해상초계 기, 금강·백두 정찰기, 백령도 인근에 배치된 레이더 등 동원할 수 있는 감시전력은 많았다. 더군다나 주한미군 대변인이 밝힌 대로 사건 발생 시점에 서해에서 한미연합 '대잠수함 훈련'이 진행되던 정황을 고려하면 주한미군을 통해 군사위성정보, 최첨단 스텔스 무인정찰기 쎈티널(RQ-170) 등 첨단 정보전력의 지원을 받을 수 있었다. 특히 이 무인정찰기는 작년 말에 북한제 무기를 실은 그루지야 수송기를 공중에서 전자파로 스캔하고 전자파로 수송기 운항씨스템을 교란해 태국에 불시착하도록 한 최첨단 정찰장비다.

연어급 북한 잠수함이 이번 공격에 투입되었다면 수중 8노트 속력으로는 사고지점에서 45km 이상 떨어진 비파곶에 직선으로 가도 3시간 이상 소요되고, 우회한다면 훨씬 많은 시간이 걸린다. 이렇게 긴 시간 동안 어떤 징후도 확인하지 못한 것이다. 완전한 '정보공백' 상황이었음을 감안한다면, 천신만고 끝에 5월 15일에 찾아낸 물증, 즉 북한 어뢰추진부로 추정되는 파편을 근거로 작전을 거꾸로 재구성하고 있다는 느낌이다.

한미 정보공조는 세계에서 가장 강력한 상시적 공조체제다. 과거 자료를 기준으로 한다 해도 미국은 일명 '헬멧'으로 불리는 군사위성사진을 한국에 2만 5천장 이상 제공하는데, 그 사진의 생산원가만 해도 1년에 3억달러를 상회할 것으로 추정된다. 이 사진을 기초로 북한 후방의 주요기지 동향을 연중 감시할 수 있고 그 외에도 우리의 금강·백두 정찰기는 북한의 의도와 동향을 관찰하는 데 매우 중요한 역할을 하고 있다. 최근 정보당국은 백두정찰기 추가도입을 작년부터 추진한 것으로 알려졌다. 미국이 제공하는 '정보우산'과 한국의 '자주정보력'이 융합되면 한반도의 군사정세를 관리하는 가장 강력한 동력, 즉 '지식의 힘'이 창출된다. 우리의 능동적이고 적극적인 대비에 따라서 군사적 도발은 사전에 예방이 가능하고, 또 예방에 실패했다 할지라도 정보·작전 태세는 신속하게 가동되어 도주하는 적에 대한 추적과 추가적 증거 수집이라는 성과를 내야 했다. 그러나 이번 사건 발표 전후에는 거짓말같이 그런 정황이 없는 완벽한 진공상태에서, 해군 고위관계자들은 "잠수함 들어오는 것은 못 잡는다"는 변명만 하고 있다. 물론 잠수함 탐지가 어려운 것은 사실이나 바로 옆구리에서 어뢰를 쏘고 도주하는 잠수함까지 못 잡는다는 것은 상식 밖이다.

이제껏 제1, 제2연평해전을 포함한 서해상에서의 북한 도발은 반드시 '사전징후'가 있었다. 더군다나 작년 2009년 초부터 국방부는 서해상에서의 북한 도발에 대한 강도 높은 대비태세를 연일 강조해왔다. 이런 상황에서 국가정보원, 국군정보사령부, 국군기무사령부 등 연간 수조원의 예산을 쓰는, 3만명이 넘는 '정보공동체'가 북한의 신형 반잠수정의 존재조차 몰랐고, 80년대 제작되었다는 북한의 신형 유도식 중어뢰(CHT-02D)에 대해 올해 4월 말에야 설계도를 입수하여 그 실체를 겨우 짐작하게 되었다는 것이 합조단의 설명이다.

갑자기 나타난 새로운 '팩트'

이러다보니 불가피하게 초기단계의 군 발표와 5월 20일 합조단 발표 사이에서는 이전의 진술을 뒤집는 새로운 '팩트'도 쏟아졌다. 실제 목격된 '하얀 섬광'이 물기둥으로 비약했고, 처음에는 생존자들이 달빛이 비치는 찰랑이는 물결밖에 본 것이 없다더니 '물방울'이 튀었다는 증언이 나왔다고 발표했다. 합조단의 5월 20일 중간발표는 여러모로 논란거리다. 우선 물증이 발견된 지 단 5일 만에, 무엇이 그리 급했는지, 물증에 대한 물리적·화학적 분석이 충분하지 않은 상황에서 '추정'과 '판단'에 의한 발표가 나왔고, 북한 잠수정의 침투 경로와 사용된 무기의 성능이 단순한 '추정'만으로 제시된 것이다. 게다가 일부 분석의 오류, 즉 합조단이 어뢰공격의 결정적 증거로 제시한 '비결정질 알루미늄 산화물'은 합조단 스스로도 추후에 번복하는 등 그 난맥을 드러내기 시작했다.

한편 이제껏 존재조차 몰랐던 북한의 신형 스텔스 잠수함이 등장했다. '갑자기 나타난' 새로운 북의 수중무기는 언제, 어떻게 수집된 정보인지 궁금해지는 대목이다. 또한 북이 어떤 연습과 훈련을 통해 신출귀몰한 작전을 성공시킨 것인지, 북한의 능력에 대한 정확한 설명도 준비되지 않았다. 우리가 무능한 것인지, 북한이 탁월한 것인지, 정보의 총체적인 혼란과 모호성이 고조되고 있다. 클라우제비츠(C. Clausewitz)가 『전쟁론』에서 말한 "전장의 안개와 마찰"이 오히려 짙어지는 형국이다. 만일 그렇다면 엄청난 국방예산과 동맹국 지원까지 등에 업은 우리의 국방은 '징후경보수집체계' 면에서 총체적인 비효율에 빠져 있다고 해도 과언이 아니다.

이와 관련하여 충격적인 사실이 전제되어 있다. 천안함사건 이전인 작년 초에 기존에 합참에 설치되었던 정보본부가 전격적으로 해체되어 국방부장관이 직접 관할하는 국방부정보본부와 합참작전본부가 관할하는 정보참모부로 이원화되는 등 군사정보 수집 및 판단 기능이 심각하게 약화되어 있었다는 사실이다. 주지하다시피 합참의 정보본부는 1990년 합참 창설 이래 20년 동안 그 역량을 개선해가며 여러 정보를 융합하는 최고의 군사정보기관으로 유지되어왔다. 1999년에는 그간 분산되어 있던 군 정보부대의 지휘권을 정보본부로 통합하면서 미국의 국방정보국(DIA)에 비견되는 군사정보의 최고기관으로서 그 위상을 확대해왔다. 그리고 지난 정부의 '국방개혁 2020'

에서는 자주정보력의 핵심인 금강·백두 정찰기, 조기경보기, 무인
정찰기 등을 통합운용하는 '전략정찰부대'의 창설까지 예견되는 등,
'미래 자주정보력의 심장이자 엔진'인 정보본부의 위상이 더욱 제고
되는 상황이었다.

그러나 2008년에 전임 이상희 국방장관은 돌연 이러한 전략정보
기능의 확충을 백지화하고 기존의 정보본부 자체를 해체하는 합참
조직개편안을 추진하기 시작했다. 그 첫번째 조치는 글로벌호크 무
인정찰기 도입 백지화다. 2008년 4월에 워크숍 참석차 계룡대를 방
문한 이상희 전 장관은 정보본부가 공군에 배치하려던 이 고고도(高
高度) 무인정찰기 도입을 취소하는 대신 육군 사단이 운용하게 될 저
성능의 중고도 무인정찰기를 도입하는 것으로 계획을 수정한다. 전
형적인 육군 편중정책으로 향후 한국군의 자주정보력 확충에 빨간
불이 켜진 것이다. 계룡대에서 이장관은 "국방개혁 2020에서 표방
한 미래 핵심전력은 미국에 의존한다"며 이를 일컬어 '연계전력'
(bridging capability)이라고 표현했다. 그러면서 국방부는 "우리가 글
로벌호크를 사지 않으면 미국이 배치하지 않겠느냐"는 순진한 믿음
도 드러냈다.

그 직후부터 이장관은 지난 정부의 국방개혁 2020에 담겨 있는 합
참 조직개편안을 수정하기 시작하여 2008년 하반기에는 그 밑그림
을 완성한다. 여기에서 바로 기존에 합참에 설치되어 있던 정보본부
를 전격적으로 해체하되, 2성장군인 정보참모부를 합동작전본부장
밑에 위치시킨다. 합동작전본부는 사실상 미래 한국군 합동사령부의
기능을 수행하도록 정보참모부를 합참 전투참모조직의 두번째 기능,
즉 J2(Assistant Chief of Staff 2)로 거느리게 된다. 반면 기존의 정보본
부장은 합참의장이 아닌 국방부장관이 통제하는 구조로 전환하여

합참과 분리된다. 이렇게 해서 정보본부는 마치 천안함처럼 두 동강으로 쪼개진다.

합참의 이러한 조직개편안은 2008년말에 본격적으로 실행되어 2009년 4월에는 현행 조직체계로 재편된다. 그런데 당시 합참의장으로 재직 중이던 김태영 현 장관을 비롯한 합참 관계자들은 이에 대해 강하게 반대한 것으로 알려졌다. 한 관계자는 "당시 김태영 의장은 정보기능의 위축을 우려하며 이장관의 합참개편 의도를 반대했으나 경기고와 육사 선배인 이장관의 위세에 밀려 뜻을 관철하지 못하고 결국 끌려다녔다"고 말한다.

객관적이고 독립적으로 기능해야 할 정보기능이 합참에서는 사실상 작전기능의 영역인 합동작전본부장에 종속되었다. 또한 정보라인 지휘구조가 이원화되면서 지휘문란의 이상현상이 발생하여 한국군의 정보력은 심각하게 약화되었다. 이와 같은 현상은 미국의 럼스펠드 장관이 자신이 직접 군사정보를 통제하면서 이라크 관련 정보를 왜곡·변형하던 2003년 당시와 매우 유사하다. 뜻있는 군 인사들이 이러한 조직개편에 대해 "(이상희) 국방장관이 럼스펠드의 오류를 재현하고 있다"고 비판한 것은 그런 맥락이다.

작전의 비위를 맞추는 정보의 왜곡은 이미 합참 조직개편 전후에 그 조짐이 있었다. 국방부는 2009년 11월로 완결이 예정된 국방개혁 기본계획의 대통령 재가를 앞두고 그해 10월에 의미있는 비밀보고서를 청와대에 제출한다. "북한군의 지상전 위협에 비해 한국은 열세"라며, "현 국방예산구조하에서는 2020년이 되어도 북한과 대등한 지상전 전력 확보가 어려우므로 재래식 전면전 위협에 대비하는 전력보강이 절실"하다는 요지였다. 더불어 보고서는 향후 남북간의 충놀이 대규모 지상전 교선의 양상으로 선개될 것이므로 우리도 지상전 전력을 보강하는 데 국방재원을 집중시켜야 한다고 밝히고 있다. 특히 북한으로부터의 국지도발이나 테러와의 전쟁 같은 새로운 위협에 대해서도 재래식 전면전 전력을 증강하면 저절로 대비가 된다는 인식을 전제로 했다.

그야말로 군 고위인사들의 육군 전력증강을 합리화하는 방향으로 군사정보가 왜곡되기 시작한 것이다. 이렇듯 군사정보의 핵심방향이 지상으로 집중되면서 군사정세에 대한 통찰력은 전반적으로 저하되었다. 군 특유의 예리한 정보판단이 이번 사건에서는 느껴지지 않은 이유가 바로 여기에 있다.

한편 작전 라인의 운용실태도 무시할 수 없는 문제점을 드러낸다. 앞서 언급한 대로 천안함사건 당시 합참의 작전지휘 계통을 보면 합참의장, 합동작전본부장, 작전참모부장, 작전처장, 합동작전과장 등 주요 직위자 전원이 육사 출신으로 채워져 있었다. 통상 이 5개 직위가 현행 작전을 지휘하는 핵심라인이라는 점을 고려한다면 특정군에 완전히 편중된 지휘구조는 합동성과 동떨어진 것이라 할 수 있다. 한편 합참 작전참모부는 이 직위 외에 대령급으로 해상작전과장, 공중작전과장, 통합방위과장 등을 운용하고 있으나, 이들은 주로 자기 분야에만 정통하지 각 군간의 협조된 합동작전은 엄연히 합동작전과 소관이다. 이번 사건의 초기에 언론브리핑을 도맡아 한 이기식 준장은 해군 출신(해사 35기)인데, 그는 현행 작전을 직접 지휘하는 의사결정 라인에서 벗어난 정보작전처장이다. 작전의 핵심 직위자들이 언론에 모습을 드러내지 못하고 계선 밖에 있는 해군 출신 준장을 앞세운 것이다.

한편 위에서 거명한 작전의 주요 직위자들은 육·해·공군 합동작전에 정통한 합동작전 직위 출신이 아니라 대부분이 육군 야전작전참모 출신이거나 육군본부에서 경력을 쌓은 인물들로 알려져 있다. 단적으로 이상의 합참의장은 영관급 이후 국방부와 합참의 정책직위 경력이 전무하고 오직 야전 사단, 군단, 군사령부에서 잔뼈가 굵은 육군 야전파 군인이었다. 전임 김태영, 이상희 의장이 합참과 국방부 핵심 직위에서 경력을 쌓은 것과 대조적인 이력을 갖고 있어 부임 당시부터 의외의 인사로 거론되었다.

합동작전본부장인 황중선 중장은 합참에서 작전처장을 역임했고 연합사에서 작전차장을 역임한 유일한 작전통으로 그나마 공백을 메우고 있다는 평가다. 그러나 그 외에 작전참모부장을 비롯한 작전의 주요 직위자들은 합동작전과 관련된 근무경력이 없다고 알려졌다. 물론 경력이 없다 하더라도 그것이 천안함사건을 잘못 처리했다는 원인이라고 말하기에는 부족한 감이 있다. 그러나 감사원 감사에서도 드러난 핵심문제, 즉 다른 군 사이에서 합동을 도모하기 위한 '존중과 배려'의 기풍이 사라지고 '기만'과 '은폐'의 분위기가 팽배한 이유가 바로 비슷한 경험의 야전 육군 출신들로 작전직위가 독식된 결과 자연스럽게 형성된 '집단사고'(group thinking)에서 연유된 것임을 간과하기 어렵다. 결국 합참의 작전 라인과 해군 사이에 상대방의 전문성에 대한 뿌리 깊은 불신이 도사리고 있었던 것이다. 감사원 감사 이후 이들간의 불신과 비방은 더욱 심화되었다.

거꾸로 가는 국방개혁

이러한 합동성의 결여는 우리 군의 작전수준을 지상군 작전으로 격하한다는 심각한 문제점을 드러낸다. 합동작전은 오케스트라를 지휘하는 것과 같다. 악기의 특성과 장점을 살려 거대한 화음을 만들어내는 것이다. 따라서 지휘자들은 모든 악기에 정통해야 하는데 현재 합참의 구조는 바이올린 주자가 대신 나서서 지휘를 하는 것과 같다. 그러다보니 다른 악기의 효과음은 제한되고 특정 악기의 독주가 시작될 수밖에 없다.

천안함사건 같은 비상사태에서 합참 작전본부는 국가위기관리 본부라고 해도 과언이 아니다. 현 군사정세에 대한 통찰력과 국가위기관리 차원에서의 군사력의 효과를 최대한 발휘하는 수준 높은 합동작전이 나와야 한다. 하지만 현재 합참 작전본부에는 그러한 노력과 구상과 계획을 입안할 만한 핵심역량이 결여되어 있다는 비판에서 자유롭지 못할 듯하다.

결국 이러한 기조에서 작년 6월에 국방부가 지난 정부의 국방개혁 2020을 대폭 수정한 '국방개혁 기본계획'을 이명박 대통령으로부터 재가받는 상황으로까지 나아갔다. 국방부는 "향후 남북한간 전쟁은 대규모 지상군 교전양상으로 전개될 것"이라며 해·공군 전력을 삭감하고 육군의 전차, 장갑차, 자주포, 무인정찰기 같은 지상 기동·화력 분야에 힘을 실어주는 데로 방향을 수정했다. 이 당시부터 육군본부를 중심으로 "지난 좌파정부 10년간 국방개혁은 해·공군에 편중되었다"는 식의 소위 '잃어버린 10년'이 공공연히 거론되었다. 당연히 국방개혁 수정의 방향은 과거 정부가 추진한, 미래 정보력 확충을 기반으로 한 육·해·공 3군의 균형발전과 국방 문민화를 필두로 한 일련의 민주적 개혁조치들을 물거품으로 돌렸다. 근엄한 육군 장성들의 잃어버린 기득권을 복원하는 방향으로 수정된 새로운 국방계획에 대해 이명박 대통령은 "계획이 아주 잘 수립되었다"고 칭찬했다. 대통령 재가로 탄력을 받은 육군의 약진은 육군의 작전참모 출신들이 대거 합참에 진입하면서 그 절정을 이룬다.

그러나 무엇보다 우려스러운 것은 백령도 일원의 군사정세를 정확히 이해하고 비상사태에서 각 군이 갖고 있는 특성과 장점을 어떻게 활용할 것인지, 그 기반 위에서 어떻게 작전의 판을 짤 것인지에 대한 총체적인 이해와 각 군간의 소통 및 실행력, 즉 합동성이 결여되었다는 데 있다.

그 결과 구조작전중 해군의 핵심전력이 북한 군사력과 인접한 접적지역인 백령도 인근에 대거 집결하여 북한에 노출되는 대비태세의 문제점을 드러냈고, 이명박 대통령의 갑작스러운 백령도 방문으로 당시 대비태세에 만전을 기해야 했을 해·공군의 핵심전력이 비정상적으로 경호작전에 투입된 일 등, 적지 않은 문제점들이 드러났다. 특히 합참은 작전을 주도하는 것이 아니라 주어진 상황에 끌려다니는 존재였다. 작전의 중심과 목표는 무엇인지, 통찰력있게 각 군을 지도하는 군사적 리더십을 발휘해야 할 합참이 근본적인 문제점을 안고 있는 것 아니냐는 의문을 지우기 어렵다.

이와 같은 비정상적 인력구조에서 해군이 현재 합참에 대해 품고 있는 불신은 상당한 것으로 여겨진다. 해군은 사건 초기부터 정상적 지휘계통과 별도의 '해군 핫라인'을 가동했다. 언론보도에 따르면(『경향신문』 2010.6.10), 해군이 청와대 국방비서실에 근무하는 해군 대령에게 사적으로 사건발생 사실을 통보하여 결과적으로 국방장관과 합참의장보다 대통령이 먼저 사건발생 사실을 알게 되었다. 해군의 사적 라인이 공식 라인보다 더 신속했던 셈이다.

이와 더불어 군 인사개편 이전, 김성찬 해군총장, 박정화 해군 작전사령관, 김중련 합참차장이 모두 해사 30기 동기생이다. 총장 부임 후 일주일 만에 벌어진 천안함사건으로 후속인사가 연기되자 졸지에 해군 핵심 지휘라인이 신급의 경생사였던 동기생으로 채워졌다.

천안함사건이 작전사령관과 합참차장의 '정년 연장'에 기여한 셈이고, 이로 인해 당분간 해군은 비정상적 운영이 불가피해졌다.

그런데 이와 같은 상황은 해군총장이 국회와 언론에 적극적으로 나서지 못하고 현장에 나가 현장지휘관의 역할을 하고 있다는 비정상적인 현상으로 거듭 연결된다. 해군의 주요 직위자들이 제자리에서 제 역할을 하는 것인지 의문이 생긴다. 아무리 불가피했다고 해도 총장은 총장 역할을 해야 하는데, 정작 그가 총장인지 작전사령관인지를 헷갈리게 한다. 이러한 부적절한 인력구조에서 현재 해군에서는 이 난국을 타개하겠다고 나서는 사람이 보이지 않는다.

이 비정상적인 체제가 거듭된 해군의 링스헬기 실종 및 불시착 등 악순환을 불러일으키는 데 모종의 역할을 한 것은 아닐까? 군령과 군정 사항이 혼재되어 있고, 사건에 대한 성격 진단도 제대로 이뤄지고 있지 않은 채 우왕좌왕하면서 천안함사건 이후에 추가로 인명손실이 일어나는 악순환의 고리를 만들어낸 것은 아닐까.

위의 모든 상황을 종합할 수 있는 표현은 한마디로 '총체적 무능력'이다. 한편 일각에서는 이명박정부 출범 후 합참의 작전예규 변경, 서해상에서의 교전수칙 변경 등 예민한 문제를 처리하는 와중에 서해 NLL 일원의 군사정세 변화를 심각하게 고려하고 대비태세에 만전을 기하는 전략적 통찰력이 결여되었던 것은 아니냐고 주장한다. 특히 북한은 지난해 대청해전 후 해안포 사격훈련 등 과거와 다른 '비대칭적 대결태세'로의 변화를 모색해왔다. 따라서 과거와는 전혀 다른 새로운 무력충돌의 위험이 고조된 상황에서 과연 서해 일원을 과거와 같은 양상으로 방위할 수 있겠느냐는 새로운 문제의식을 품고 있어야 했다. 그러한 문제의식이 있었다면 이번 사건의 북한 연루 여부를 더욱 명확히 밝힐 수 있었을 것이고, 공연한 의혹도 상당부분

해소되었을 것이다. 이에 대해 이상의 합참의장도 "조그만 승리에 도취되어 북의 전술적 변화를 깨닫지 못했다"고 통렬히 자성했다.

합참의 문제점에 대한 이러한 지적은 주로 군 내부로부터 표출되는 것들이다. 그러나 밖에서 보는 필자의 입장은 이와는 또다른 점이 있다. 만일 사건발생 당시에 합참이 불완전한 정보를 근거로 '교전상황'이라고 판단하고 북한의 잠수함기지 공격까지 포함하는 전면적 응징·보복을 결심했다면, 이는 지난 한국전쟁 이래 60년 만에 가장 심각한 전쟁의 위기에 봉착했음을 의미한다. 실제로 이상의 합참의장은 『월간조선』 인터뷰에서 "당시 북한 어뢰공격임을 알았다면 제 대응은 확 달라졌을 겁니다"라며 북한의 영해와 영공을 침범하는 것을 불문하고 응징·보복을 했을 것이라고 말하고 있다. 이럴 경우 이명박 대통령은 한반도에서 전면전 위험을 감수하는 역사적 순간을 맞게 되었을 것이며, 대통령으로서 가장 어려운 결단을 내렸어야 한다. 그러한 위기가 바로 해군의 '허위보고'와 합참의 '적당한 무능력(?)' 때문에 회피되었다고 하는 이 아이러니를 우리는 어떻게 받아들여야 할까?

군의 우왕좌왕과 정치권력이 혼란스러워한 초기양상에 대해 예비역들의 반응은 비판적이다. 한 육군 예비역 대령의 말이다.

"천안함이 어떤 원인으로 침몰되었든, 예컨대 내부폭발이든 외부공격이든 그 원인을 불문하고 이번 사태는 비상사태였다. 그런데 군사대비태세를 관장하는 국방의 최고지휘부나 군 수뇌부가 이번 사태를 단지 재난구조쯤으로 인식하고 대응하려 한 것 아닌가? 그러한 안이함이 결국 국방장관의 대국민담화가 사건발생 22일이 지난 4월 16일에야 나오는 촌극으로 이어졌다. 이 담화는 처음부터 나왔어야 한다. 결국 22일간 대한민국은 정치적 리더십의 마비상태였다. 왜 이런 일이 발생하는가? 그리고 앞으로는 어떻게 하려는 것인가? 위기를 위기로 인식하고 관리하는 역량의 결여다."

바로 이것, 전쟁으로 내몰리는 강제된 상황으로부터 스스로 몸을 피하는 '적당한 무능력'과 '아주 적절한 리더십의 공백'이 잘못된 것이라고 단죄할 수 없는 우리의 곤혹스러움이 여기에 있다. 이는 지난 반세기 동안 그런대로 평화가 유지되어온 배경이기도 하다. 그렇게 해서 이명박 대통령이 전쟁을 결심해야 하는 책임으로부터 면책받은 것까지는 이해할 만하다. 그런데 이제 '결정적 물증'을 앞세워 이에 의문을 표시하는 반대자들을 억압하는 태도는 이중적이다. 청와대가 당시 "북한 소행은 아니다"라고 예단해놓고 이제 와서 똑같은 생각을 가진 사람들을 검찰을 동원하여 억압하는 것은 정작 보수와 안보를 표방해놓고도 국방을 무너뜨린 자신의 원죄를 남에게 전가하는 태도가 아니겠는가?

김종대 • 군사전문지 『디앤디 포커스』 편집장

5

천안함사건의 출구와 해법

천안함사건의 출구와 해법

정세현·최문순·김대호·강태호

강태호(사회) 이 좌담의 주제는 '천안함사건의 출구와 해법'입니다. 이 주제를 좀더 세분화한다면 세가지로 나눌 수 있습니다. 첫째, 천안함사건의 조사결과 등에서 그동안 드러난 문제점과 함께 이 사건을 전반적으로 어떻게 볼 것인가. 둘째, 이 사건의 해법과 관련해서 이른바 '출구전략'이 이야기되고 있는데, 남북관계·6자회담 등 이후 국면에서 이명박정부가 어떤 정책을 취할 것인가. 셋째, 이 사건의 조사결과에 대한 의문이 의혹의 수준을 넘어 재조사의 필요성이 요구되는 상황에서 출구전략을 이야기하는 것이 진정 바람직한가. 한마디로 사건의 근본적인 해결이란, 진실을 밝혀내고 그에 입각

정세현
전 통일부장관

최문순
민주당 국회의원

해서 문제를 풀어가는 것일 텐데 과연 그게 가능한가라는 문제가 있습니다. 우선 천안함사건의 문제점, 그리고 이 사건을 어떻게 볼 것인지에 대해 정세현 전 장관께서 먼저 말씀해주셨으면 합니다.

정세현 과거 경험으로 이야기해보자면, 군 쪽에서 무슨 일이 터졌을 때 정식 보고라인으로 올라오는 보고는 으레 속도가 굉장히 느렸습니다. 김영삼정부 초기에 제가 청와대 외교안보수석실에서 근무할 때인데, 당시엔 유난히 사건사고가 많았습니다. 그 사례들을 접하며 제가 만난 군인들은 이렇게 말하더군요. "이 정도 사건사고는 기본인데…… 문민정부 들어와서 언론통제가 안돼서 그렇지, 군에서 이 정도는 사건도 아니다." 그때 유심히 관찰해보니 군의 보고체계가 너무 다단계화되어 있고, 군의 집단이기주의와 자기보호로 인해 사건이 초기에 제대로 보고가 안되는 경향이 있었습니다.

천안함사건도 비슷한 맥락 아닐까요. 실체적 진실은 군이 알고 있고, 또한 사태를 제대로 파악해야 하는 것은 엄연히 군의 의무입니다. 그런데 보고가 늦어지고 군 내부의 비밀주의·책임회피 등으로 혼란스러워지면서, 다른 기관이나 정치권에서 정보를 정치적으로 혹은 자의적으로 판단하고 왜곡한 게 아니냐는 생각이 듭니다. 그 혼란

김대호
사회디자인연구소 소장

강태호
한겨레 국제부 기자

의 이유를 따져보면, 군의 정보능력·판단능력이라든가 군의 경직된 보고체계 등으로 인한 과정에서의 문제인지 아니면 군이 책임을 모면하려고 하다 발생한 문제인지는 분명치 않습니다. 아무튼 초기엔 북한 소행이 아니라고 했다가 번복하는 등, 군이 너무 혼란스럽고 우왕좌왕하는 모습을 보이면서, 앞뒤가 맞지 않는 말들도 쏟아져나오고 결국 국민적 신뢰를 잃고 만 것이죠.

김대호 이명박정권의 군에 대한 기본적인 관점이랄까, 철학에 문제가 있는 것 같습니다. 다시 말해 큰 틀에서 정부가 군을 바라보는 관점이 부실하다는 느낌이 듭니다. 사실 어느 나라 군이든 승진에 대한 집착이 엄청나게 강하게 마련이고, 더욱이 전장에서 공을 세울 기회가 주어지지 않는 군은 면피주의가 체질화되어 있다고 봅니다. 군에서는 사병이든 장교든 사건사고가 터지면 책임을 지지 않으려고 가능한 한 은폐·축소하려는 경향이 있습니다. 이는 군대 갔다온 사람들이 이구동성으로 하는 얘깁니다.

군은 국가안보나 군사기밀을 이유로 폐쇄성과 불투명성이 법으로 보장되어 있는 조직이라고도 볼 수 있습니다. 60년 가까운 전쟁상태 즉, 휴전상태로 인해 그 어느 나라보다 한국사회에서 이런 분위기가 심할 수밖에 없을 것입니다. 박정희, 전두환, 노태우 정권 시기에 군은 문민통제의 대상이었다고 보기 힘들죠. 늦게나마 문민통제를 하려고 나선다 해도, 군의 정교한 무기체계나 운영체계, 전술체계 등에 대한 전문지식은 아무래도 부족할 수밖에 없습니다. 게다가 문민통제의 지렛대인 국방장관과 국방부는 온통 군 출신인 상황입니다. 군도, 상당수 국민들도 이것을 이상하게 여기지 않지요. 한마디로, 문민통제가 제대로 이뤄지지 않은 역사적인 배경 그리고 폐쇄성·불투명성·면피주의가 체질화되어버린 군의 상황을 고려해볼 때, 대형사고가 터졌다면 일단 국방부와 군의 은폐, 축소, 왜곡을 의심하는 것이 자연스러운 태도라고 생각합니다.

실제로 3월 26일 천안함사고가 터진 뒤, 발생시간이나 침몰지점이 오락가락하는 등 군의 면피를 위한 왜곡 징후는 뚜렷했습니다. 그럼에도 이명박정부는 전역과 동시에 국방부장관이 된 사람에게, 그것도 4월초부터 북한 어뢰공격설을 주창하여 대통령의 메모로 제지를 받던 사람에게 민군합동조사단의 구성과 운영 등 사고 조사의 주도권을 넘기다시피 했습니다. 이는 말이 안되는 일이죠. 그래서 국방부와 군에 대한 이명박정권의 기본관점이 문제가 있다는 겁니다.

부실한 사건 대처를 야기한 구조적 요인

강태호 북한의 도발 여부를 떠나서 보더라도 천안함사건은 군의 총체적 부실을 드러낸 것입니다. 그럼에도 조사대상이 되어야 할 군이 조사주체가 되다보니, 객관적이고 철저한 조사가 이뤄졌는가라는 의문이 제기될 수밖에 없었죠. 사실 민군합동조사단이라고 말하지만 구성원을 살펴보면 군복을 입지 않았다고 민간이라고 할 수는 없겠죠. 결국 이 정부 스스로 불신을 자초한 셈인데, 정부는 도리어 시민들에게 '왜 못 믿는가' '무슨 말을 해도 안 믿는데 도대체 누구 편이냐' '당신들은 어느 나라 국민인가' 식으로 몰아붙이고 있습니다. 이는 첫단추를 잘못 채웠기 때문에 생긴 문제가 아닌가 합니다.

최문순 군의 폐쇄성과 책임회피, 내부 보고체계의 혼선, 문민통제의 부재, 정치권에 의한 정치적 왜곡 등 여러 원인이 있겠지만, 이번 조사결과를 놓고 보면 천안함사건은 사실로 확립되지 않은 사안, 가설단계에 머물고 있는 사안을 기정사실로 간주하고, 이를 바탕으로 국내외적 후속조처를 강행함으로써 신뢰를 상실하고 국익을 현저하게 손상시킨 국기문란 사건으로 규정할 수 있을 것입니다.

국민들이 왜 천안함 조사결과를 사실로 간주하지 않느냐. 첫번째 이유는, 사실상 모든 것이 잠정적·중간적 단계에 있기 때문입니다. 민군합동조사단도, 감사원도 중간조사를 발표한 것이었고, 당시 국회도 진상조사 특위가 가동 중이었을 뿐, 모든 공식기구들이 최종결론을 내릴 수 있는 단계에 있지 않았던 것입니다. 두번째, 천안함사건 이후 북한이나 주변국의 움직임을 볼 때 정치·군사적으로 긴급하게 후속조처를 취해야 할 만한 이유가 없었습니다. 세번째, 현 정부가 지방선거를 겨냥해 이 문제를 다루었기 때문입니다. 외교안보 사안에 대해서는 충분한 시간을 갖고 철저한 조사를 바탕으로 사건의 원인을 밝혀내고 그에 따라 후속조처를 취해야 함에도, 일사천리로 신속하게 결론을 내려버린 것이지요. 5월 24일 우선 북한에 대한 제재조치로 9가지가 발표됐습니다. 하나씩 열거하자면, 남북교역 중단, 우리 국민의 방북 불허, 대북 신규투자 불허, 북한 선박의 남측해역 운항 전면 중단, 유엔 안보리 회부, 대북심리전 재개, 서해 대잠훈련, PSI(대량살상무기확산방지구상) 이행 등입니다. 이 내용을 자세히 들여다보면, 대부분이 북한에 고통을 주기보다는 우리 스스로가 피해를 입는 일종의 자해입니다. 애초부터 그 효과가 의문시되었지만, 결과적으로 국익만 손상되고 대외적으로는 망신을 샀습니다. 그런 점에서 천안함사건을 놓고 이 정부가 취한 조처는 국기문란에 해당한다고 생각합니다.

강태호 외교안보 차원에서 보면 이 정부 스스로도 위기라는 인식 아래 총괄외교안보점검기구를 발족해 근본적인 대책을 세우겠다고 했는데…… 그뒤로 사실 그 어떤 대책도 발표되고 있지 않습니다. 외교안보 면에서 볼 때, 이 사건을 통해 드러난 문제점은 뭐라고 보시는지요.

정세현 이번 사건과 관련하여 너무 많이 거론되어 진부한 얘기가 됐지만, 사령탑이 부재하고 총괄조정능력이 전무한 상황에서 앞뒤가 맞지 않고 목표 달성이 어려운 여러가지 정치행위와 외교적 조처들이 진행되지 않았는가라는 생각입니다. 총괄조정능력이 전무한 것은 국가안전보장회의(NSC)를 해체시킨 것도 하나의 원인이 됐다고 볼 수 있겠지요. 하지만 기본적으로는 최고정책결정권자의 철학, 바로 외교와 남북관계 그리고 안보문제에 대한 철학의 문제와 관련된 것이라고 봅니다. 이명박 대통령이 경제문제는 어느정도 현장감각이 있다고 할 수 있을지 몰라도 이 분야는 경험이 전무한 것 아닙니까?

대통령의 철학이 그러하다 보니 밑의 참모들도 그런 철학에 맞춰 움직이는 것인지, 그런 참모들을 뽑았기 때문에 거꾸로 상부의 철학이 그렇게 된 것인지는 모르겠습니다만, 이대통령의 사고의 틀은 '밀어붙이면 뭐든지 된다'에 국한된 듯 보입니다. 유엔 안보리 회부가 대표적인 경우이죠. 중국이 어떻게 나올지는 이미 알고 있었던 것 아닙니까. 또 러시아 조사단이 다녀갔을 때 그들이 남기고 간 발언의 편린만 봐도, 유엔에서 어떻게 될지는 충분히 예견할 수 있는 것이었습니다. 그럼에도 6월 4일 안보리에 천안함사건을 상정한 걸 보고는 '정말 불도저구나'라는 생각이 들었습니다.

또 하나는 중국의 동북아정책, 대북정책의 기본에 대한 이해가 전혀 없이 미국과 손잡고 중국을 압박하면 중국도 손들 것이라고 본 것입니다. 얼마 전 일본을 다녀오다가, 이명박 대통령이 토론토에서 열린 G20 정상회의에서 일본 총리를 만나서 한 이야기가 일본 신문들에 실린 걸 봤습니다. 국내 언론에는 그 내용이 제대로 보도되지 않았지만, 일본 신문에는 이대통령이 일본한테 중국을 설득·압박해 우리 입장에 동조하게 해달라는 부탁을 했다는 내용이 매우 상세히 나와 있었습니다. 그게 될 일입니까. 결국 외교적 망신을 자초했습니다. 그때 외교안보수석, 외교부장관은 '노'라고 말했어야 했습니다. 이대통령이 철학이 있느냐 없느냐의 문제를 떠나, 바른 말을 해야 할 자리에 있는 사람들이 직무유기를 했던 것이지요.

천안함사건 이후의 외교는 결과적으로 자해행위가 됐습니다. 안보리 의장성명에 뭐가 담겼습니까? 행위의 주체도 명시되지 않았습니다. 이쪽에서는 '발가락이 닮았다'는 식으로 갖다붙여 유엔 안보리가 북한을 강력하게 규탄했다고 해석하지만, 정작 안보리 의장성명의 결론은 '대화로 풀라'는 것입니다. '직접 대화하고 협상하는 것을 가급적 권장한다'는 이야기를 들으려고 그렇게 요란을 떤 것입니까. 제 요지를 정리하자면 이 문제를 불러온 것은, 이대통령의 외교안보 문제에 대한 인식의 결여, 철학의 부재였다는 것입니다.

김대호 이명박 대통령과 측근들이 국가간 외교문제와 비즈니스를 구분하지 못한다는 느낌을 받습니다. '비핵·개방·3000'의 요지는 '핵을 버리고 개방하면 내가 잘살게 해주겠다'였습니다. 비즈니스의 영역에서는 주고받기가 가능할지 몰라도, 남과 북, 외교에선 이 논리가 통하지 않습니다. 선거에서야 공약으로 내놓을 수 있을 것이라고 봤지만, 천안함사건에서 이대통령이 일을 풀어가는 모습을 보니 그때와 변함이 없다는 생각이 들더군요. 단적으로 김정일 위원장이 5월초 중국을 방문하자 이명박정부는 중국을 향해 매우 거친 언사로 불만을 표출했습니다. 북한이 천안함사건의 유력한 용의자인 상황에서, 왜 그 수장이 방문하는 사실을 한국에 미리 알려주지 않았느냐는 것이었죠. 중국이 우리와 교역량이 얼만데, 중국이 그 정도는 충분히 귀띔해줄 수 있는 것 아니냐는 생각을 한 것도 같습니다. 천안함 조사차 직접 방한한 러시아 대표단에 대해서도 안이하게 대응한 것 같습니다. 마찬가지로 북러간 교역량보다 한러간 교역량이 월등히 많고, 따라서 한국이 러시아 물건을 많이 사주니 당연히 러시아는 한국 편일 것이라고 본 것이지요. 비즈니스 논리와 국가간의 외교안보 논리를 구분하지 못한다면, 외교 대참사는 자연히 뒤따를 수밖에 없습니다.

천안함사건에 대한 이명박정부의 태도에 답답함을 넘어 화가 치미는 것은, 부실한 증거를 가지고 상대를 군사적 도발자로 규정하여 전쟁불사를 선언해버리면 긴장완화와 화해·협력 모드라는 출구를 찾기가 어려워지기 때문입니다. 한쪽은 상대를 테러집단으로 규정하여 전쟁불사를 공언하며 또한 정부의 공신력을 걸고 국제적으로 문제화했고, 다른 한쪽은 천인공노할 모략극이라며 역시 전쟁불사를 공언하는 마당에 어떻게 출구가 있겠습니까? 대개의 다른 사건들은 유야무야하고 시간이 지나면 넘어갈 수 있을지 몰라도 천안함사건은 정말 출구가 없어 보입니다.

출구전략과 진상규명의 사이에서

강태호 김대호 소장의 말처럼 지금은 출구를 찾을 수 없을 정도의 극단적 상황입니다. 북한의 범죄를 시인하고 책임자를 처벌하지 않는 이상, 또는 한국정부가 북한을 범죄자로 지목한 것을 철회하지 않는 이상, 양쪽의 타협이 불가능한 상황입니다. 천안함의 진실은 결국 정권의 운명을 거는 문제가 되어버렸습니다.

정세현 천안함의 진실은 살아있는 권력의 신뢰가 걸려 있는 문제이므로, 권력이 유지되는 한 진실은 밝힐 수 없을 것이라고 봅니다. 책임자 처벌과 사과를 거론하지만 막상 실체적 진실을 밝히는 국면으로 들어가면 출구를 찾긴 더 어려워집니다. 진실규명을 중요시하는 사람들은 정권의 도덕성에 대한 문제의식에서 출발할 수도 있습니다. 하지만 그렇게 들어가면 출구를 찾기란 요원합니다.

이번 사건이 북한에 의해 자행됐다는 걸 전제로 하는 얘기는 아닙니다만, 과거 남북간에 이런 문제를 놓고 시인(是認)과 사과, 책임자 처벌 등을 요구한 선례들이 있습니다. 대표적인 게 1983년 10월 버마 랑군사건입니다. 랑군사건 뒤 북한이 먼저 대화를 제의했습니다. 사건이 터지고 석달이 지난 1984년 1월 미·북, 남·북의 양면대화를 여느냐를 놓고 논의가 시작되었는데 우리 정부가 이를 받느냐 마느냐를 놓고 판문점을 통해 편지를 주고받는 협상을 벌였습니다. 그렇게 서너번 편지를 주고받다가 북쪽의 진정성에 문제가 있다는 판단으로 논의는 중단되었지요. 하지만 북이 이번엔 그해 4월에, 1984년 LA 올림픽 단일팀 구성을 위한 회담을 제의해왔습니다. 이야기를 거슬러 올라가보면, 당시 우리 정부는 랑군사건에 대해 북한의 소행이라는 확신이 있었습니다. 17명의 외교사절들이 순직한 사건이었고 나중엔 범인도 잡혔기 때문에, 당시 전두환 대통령은 북한에 대한 복수심에 불타고 있었습니다. 하지만 북한이 제안한 협상이 명분도 있고 국제정치적 상황 변화도 고려해야 했기 때문에 결국 이 회담 제의를 받았습니다. 그 배후에는 미국이 있었다고 생각합니다. 당시 단일팀은 못 만들었지만, 1984년 여름에 남쪽에 수해가 나자 북한이 인도적 수해물자 제공을 제의하면서 남북관계는 대화국면으로 접어들었습니다. 수해 당시엔 우리가 출구를 찾으려 한 것은 아닌데, 국제정치의 흐름을 빨리 읽어낸 북한이 먼저 움직인 것입니다. 1987년 대한항공 KAL 858기 폭파사건도 다음해 노태우정부가 적극적으로 움직이고 마찬가지로 북한이 먼저 대화를 제의하면서 풀렸습니다. 결국 당시로서는 전혀 타협할 수 없는 사건이었음에도 남북관계에선 잊혀진 사건이 되어버렸습니다.

천안함사건을 봅시다. 지금 실체적 진실을 찾아야 한다고 주장하는 분들이 있지만 남북관계에서 현실의 흐름으로 보건대 이 사건은 결국 잊혀질 수밖에 없다고 봐야 합니다. 천안함사건은 의장성명으로 마무리된 것입니다. 중국이 6자회담의 조속한 재개 의지를 표명하고 북한도 6자회담에 나오겠다고 하고, 미 국무부 브리핑에서도 6자회담이 강조되고 있습니다. 7월말에는 합조단도 해체될 예정입니다. 우리가 스스로 출구를 찾기도 전에 정세의 흐름에 따라 출구가 열리고 있는데, 그렇다면 우리가 그 출구에 들어가느냐 마느냐의 문제만 남은 형국인 된 셈입니다. 국제정치의 세계에서 진실은 중요하지 않습니다. 문제의 우선순위가 높은 사안이라도, 단 하루아침에 그 우선순위가 낮아져 다른 문제에 밀려버리고 잊혀지게 마련입니다.

강태호 이번 천안함사건은 과거 북한이 저지른 것으로 드러난 도발사건과는 다르게 봐야 하지 않을까요. 다시 말해, 합조단의 조사결과가 오히려 어뢰에 의한 버블제트의 가능성을 부정하는 근거가 되고 있다는 과학적 반론에 직면했고, 합조단이 내놓은 증거·증언·실험 등의 조작 가능성마저 제기되면서 사건의 진상을 규명하는 문제가 바로 정권의 운명을 좌우할 수도 있다고 보는 시각도 있는데요.

정세현 그렇다면 다르게 이야기를 해보겠습니다. 일각에서 보는 것처럼 정권의 도덕성과 민주주의의 문제를 기반으로 여론을 조성해 결국 이명박 대통령이 임기를 마치지 못하고 중간에 물러나게 할 능력을 과연 야당이 가지고 있는지 의문입니다. 문제를 제기하고 여론을 조성해서 하나의 바람을 일으킬 힘이 없는 상황에서, 물론 여기 최문순 의원은 예외겠지만(웃음), 야당이 이 문제에 대해 관심이 있기나 한 것인지 의구심도 듭니다. 사실 민주당의 최문순 의원은 언론분야 전문가이고 김효석 의원은 경제전문가입니다. 다시 말해 이번 사건의 전문가가 아닌 이런 의원들은 입을 열고 있고, 민주당의 외교안보분야의 전문가인 의원들은 일절 입을 열지 않고 있어요. 말을 해야 할 사람들이 말을 하지 않는 당에 무슨 기대를 걸 수 있겠습니까.

최문순 그 부분에 대해 좀더 폭넓게 답을 드리자면…… 천안함의 의문이 제대로 밝혀지지 않고 지지부진한 이유는 네가지로 꼽아볼 수 있습니다. 첫째, 군의 기밀주의·폐쇄주의로 인해 정보접근이 어렵다는 것입니다. 둘째, 레드컴플렉스가 아직 남아 있어 이것을 파헤치는 언론이나 의원에 대한 공격이 심합니다. 천안함사건 초기에 열의를 보이던 지역구 의원들이 차츰 떨어져나간 이유 중의 하나가 바로 이것입니다. 셋째, 설마 그렇게까지 거짓말을 하겠는가, 우리 정부가 그렇게까지 거짓말을 하겠는가라는 시민들의 상식에 대한 기대도 있습니다. 넷째, 묻어두는 게 도움이 된다는 시각입니다. 이런 네가지 이유가 진상규명의 큰 걸림돌이지요. 하지만 제가 볼 때 무시할 수 없는 것은, 이번 사건은 하나의 버블이라는 사실입니다. 어쩌면 통제가 불가능한 상황에서 한번에 뻥 터질 수 있는 사안이라는 것입니다.

천안함 버블, 언젠가 터지게 되어 있다

강태호 어뢰공격에 의한 버블이 아니라 이 사건 자체가 버블이라는 말씀이지요? 어떤 측면에서 그렇게 보시는 것입니까?.

최문순 천안함사건의 버블은 어느날 갑자기 우리가 통제할 수 없는 곳에서 터질 수 있습니다. 사안 자체가 그렇습니다. 사건 관련자가 너무 많아요. 다시 말해 이해당사자들이 너무 많습니다. 지금까지는 모두 '행복한' 게임을 해왔다고 볼 수 있습니다. 한마디로 거품의 부피를 키우는 게임을 해왔는데, 그러다 보면 어느 순간에 그 거품은 터지게 되어 있습니다. 현시점은 이 사건이 어떤 분기점에 상당히 근접하고 있는 형국으로 보입니다.

지금은 어뢰공격이든 어떤 근거든 가설단계에 있습니다. 그 가설들은 몇가지로 분류할 수 있지요. 좌초, 침수절단, 피로파괴, 내부폭발, 어뢰폭발 혹은 기뢰충돌 등 그중에서 어느 것도 단정할 단계가 아닙니다. 제 견해를 말씀드리자면, 내부폭발의 가능성은 없다고 해도 가장 무리가 따르는 가설은 어뢰설입니다. 결정적 증거가 결정적 의문이 된 셈인데 이게 참 아이러니지요.

문제의 핵심은 바로 이른바 '1번 어뢰'의 문제에 집중되어 있습니다. 그동안 제기된 결정적 의문들은 세가지 층위로 범주화할 수 있습니다. 첫째, 설명이 불가능한 것들이지요. 스크루가 휘고 훼손된 현상은 설명이 불가능합니다. 둘째, 앞뒤가 바뀐 말들이 있습니다. 합조단도 처음엔 물기둥이 없다고 했다가, 나중엔 물기둥이 있었다고 억지로 꿰맞추고 있습니다. 셋째, 합조단 스스로 모순에 빠진 문제가 있습니다. 예를 들어 어뢰폭발의 증거로 흡착물질을 내놓았는데, 그 흡착물질은 도리어 폭발이 없었다는 반론의 증거가 되어버렸습니다. 한마디로 합조단의 조사결과는 기소를 할 수 없는 수준의 공소장입니다. 즉 현 정부가 새롭게 조사해 신뢰를 회복해야 하는 상황입니다.

강태호 각종 여론조사를 통해 이 문제를 물어보면, 국민의 70% 정도는 북한의 공격으로 보는 견해에 동의하고 있다고 하지요. 하지만 광범위한 국민적 정서나 생각 이른바 '민심조사'에 의하면 정부 발표를 믿지 못하겠다는 쪽이 더 많지 않은가 싶은데요. 그만큼 재조사의 요구나 천안함의 진실이 밝혀져야 한다는 요구가 크다고 볼 수 있는데……

김대호 외교안보 전략가의 관점과 언론 및 시민들의 관점은 다릅니다. 외교안보 전략가의 관점은 이번 사건의 원인이 밝혀질 수도 없고, 밝혀지는 게 바람직하지도 않다는 것입니다. 그러니 이제 미래를, 6자회담을 이야기하자는 것이죠. KAL 858기 폭파사건이나 아웅산테러 이후의 남북관계의 선례처럼, 그렇게 갈 수밖에 없다는 것입니다. 그러나 국민과 시민사회는 진상과 진실에 목말라 있습니다. 사실 천안함사건에 관한 한 조·중·동과 MB정부, 그리고 남북간 긴장을 먹고 사는 일부 세력이 한패였다고 볼 수 있습니다. 이들은 북풍을 이용해 지방권력을 움켜쥐려고 했습니다. 이번 사건은 외교안보 전략상 덮자고 해도 덮을 수 있는 문제가 아닙니다. 이 문제는 계속 팽창해나 갈 것입니다. 단적으로 '결정적 증거'라는 게 너무 취약합니다. 정부, 국방부 수뇌부, 보수세력이 자신들과는 다른 의견을 제시하는 사람들의 입을 막고, 보안법과 가스통으로 위협하는 상황에서 버블은 바늘 하나로도 뻥 터질 수 있는 상황입니다.

정세현 천안함사건은 정치적 이용이란 측면에서 그 효용성이 지방선거로 끝났다고 생각합니다. 정치적 용도로는 더이상 쓸모가 없으니, 이대통령과 참모들이 생각이 있다면 끝까지 북한 소행이라고 밀어붙이기보다는 이제라도 스스로 이 문제를 덮고 6자회담으로 넘어가는 게 나을 수 있습니다. 시민사회와 일반 국민들이 끊임없이 이 문제의 진실규명이 중요하다고 요구한다면, 두 분께서 말씀하신 대로 어느날 갑자기 내부의 문제들이 버블처럼 터져버릴 가능성도 있습니다. 그럴수록 정권 입장에서는 그런 상황으로 가지 않도록 국면을 반전시켜 관심의 정도를 떨어지도록 만드는 게 필요하다고 판단할 수도 있습니다. 현 정권이 이런 현실의 흐름을 간파하고 있다면 빨리 다른 파도로 옮겨 타야 하는데 그 경직된 자세는 여전해 보입니다.

강태호 이런 측면도 고려해봐야 하지 않을까요. 대통령이 북한의 사과, 책임자 처벌, 재발 방지를 요구했는데 그 어떤 것도 충족되지 않은 상황에서 6자회담으로 넘어간다면, 설사 그렇게 되더라도 남북관계가 현재와 같이 단절된 상황이 계속되면 6자회담의 진전 또한 기대하기 어렵잖습니까? 이와 더불어, 이 정부의 입장에서도 천안함이 침몰하고 우리 장병 46명이 숨졌고 정부가 범인으로 지목한 북한이 아무 사과도 하지 않았는데 아무 일도 없었다는 듯 넘어갈 수는 없는 것 아닌가요?

정세현 지금은 사건이 일어난 지도 얼마 되지 않았고, 정부가 그런 말을 한 것도 불과 얼마 전이라서 그것이 전부인 것으로 보이고 큰 장벽처럼 여겨지기도 합니다. 하지만 과거 사례를 보면 대부분 유야무야 끝맺곤 했습니다. 우리만이 아니라 북한도 남쪽을 향해 "시인하라" "사과하고 재발방지 약속을 하라"고 요구한 사안이 있었지만, 그게 당시엔 도저히 넘을 수 없는 장벽처럼 보였더라도 결국엔 넘어가는 식이었습니다. 즉 남이나 북이나 앞으로 상대방이 잘할 것으로 기대한다면서 미래지향적 관점에서 풀어나가는 방식을 택했다는 것입니다.

흔히 지식인들은 한 사건의 논리적 모순과 정책의 일관성을 놓고 고민하는데, 현실정치는 그렇지 않습니다. 제가 1989년 중국에 처음 방문했을 때 들은 이야기입니다. 1972년 2월 닉슨 미 대통령의 중국 방문 당시 마오쩌둥 주석이 큰 결단을 내려 방문을 받아들인 것은 잘 알고 있을 것입니다. 그 일은 당시 중국 총리 주은래가 주도한 게 아니었지요. 문화대혁명의 한복판에서, 미 제국주의와의 일전불사론, 반제반미, 반수정주의의 기치를 내건 마오쩌둥이 닉슨의 방문을 받아들이자, 주은래 총리는 무슨 말로 인민들을 설득할까 고민했다고 합니다. 하여 자신이 평소 가깝게 지내던 김일성 주석에게 전화로 그 문제를 상의했는데, 김주석이 그 자리에서 "미제가 백기를 들고 북경에 기어들어왔다고 하면 되는데 무얼 고민하냐"고 했더랍니다. 중도 실용주의의 이명박 대통령도, 앞으로 북한이 사과할 것이라 믿고 앞으로 이렇게 할 것이라고 다짐하고 넘어가면 끝입니다. 정치인들은 말을 쉽게 바꿉니다. 국민들도 그 정도는 알고 있습니다.

김대호 손으로 벽돌을 깰 때 완벽히 깨버리면 손을 다치지 않습니다. 하지만 못 깨면 자기가 다칩니다. 북한 보고 "범죄자야"라며 손으로 내리쳤는데, 뒤이어 의문이 제기되면 자신이 크게 다칩니다. 이번 사건의 정치적 이용은 명백합니다. 조사내용이 부실하다 등등의 반박이 차츰 설득력을 얻게 되면, 이명박정부와 조·중·동 등 천안함 사건으로 정치적 재미를 보려고 했던 세력이 치명타를 입게 됩니다. 따라서 이들은 다른 큰 이슈로 천안함에 쏠린 국민적 관심을 덮어버리고 싶을 것입니다. 하지만 이게 쉽게 될 일입니까?

우려스러운 것은 하나입니다. 천안함사건에 대한 국민적 관심을 확실히 덮고, 정부와 군에 대한 의심과 비판을 확실히 잠재울 수 있는 초강력 이슈가 바로 남북간의 대규모 군사적 충돌이라는 사실이지요. 우리가 대북 확성기 방송을 한다면, 북한은 전부터 공언한 대로 방송시설을 공격할 가능성이 있고, 당연히 이쪽도 몇배로 맞대응하고 이에 북한도 맞대응하는 식으로 갈 수도 있습니다. 그렇게 간다면, 어떤 참극으로 비화될지 알 수 없습니다. 솔직히 저는 이런 사태를 가장 우려하고 있습니다. 상대에 대한 대중적 적개심을 고취하고 그 결과를 놓고 서로 자신의 승리라고 강변할 수 있는 남북간의 어느 정도의 무력대결은 적대적 의존관계에 있는 남북한의 위정세력에게는 호재입니다. 이게 사실이라면 기가 막힐 노릇이지요.

정세현   이번 사건보다도 더 큰 사건이 생긴다면 이 사건의 진실은 덮힐 수 있을지 모릅니다. 그러나 그건 그야말로 자멸하는 짓일 뿐입니다. 1983년 랑군사건이나 1987년 KAL 858기 폭파사건 당시엔 지금처럼 인터넷도 없었지요. 당시 언론들은 국익을 내세운 정부의 보도협조를 잘 따랐습니다. 하지만 지금은 상황이 달라져서 그럴 가능성은 없다고 봅니다. 또한 6자회담 국면으로 가서 북핵문제 해결이 최우선과제가 되고 불가피하게 남북관계가 그 해결을 뒷받침해주는 쪽으로 가는 상황이 된다면, 그때에도 실체적 진실에 대한 요구가 계속될지 의문이 들기도 합니다.

'1번 어뢰'의 등장과 진상규명의 요구

강태호   천안함사건이 합조단 스스로 드러낸 과학적 오류로 인해 과거의 황우석사태처럼 뒤집어질 가능성이 있다는 시각에 대해서는

어떻게 보시나요. 최문순 의원은 당시 MBC 사장으로서 〈PD수첩〉을 통해 황우석사건의 진실을 밝혀내는 데 역할을 한 것으로 아는데요.

최문순 이번 사건은 황우석사태보다 그 충격은 적지만 실제 잘못을 저지른 것은 더 많습니다. 두 사건 모두 일정한 분기점이 있었는데, 황우석사태 당시엔 황박사가 병원에 입원했을 때였습니다. 이번 사건은 '1번 어뢰'가 등장했을 때였습니다. 버블이 터지는 상황에까지 이르지 않으려면 지금이라도 천안함사건을 단순하고 고립된 하나의 사건으로 보고 그 시각에 맞춰 다뤄야 합니다. 본래 이 문제는 단순하고 고립된 사건이었는데 국내외의 정치적 사건으로 비화된 것입니다. 본래의 사건 영역으로 되돌려놓고 다루는 게 맞다고 생각합니다. 다시 말해 6자회담과도 분리해야 한다고 봅니다.

이번 사건은 크게 만들면 만들수록 한미FTA에도 영향을 끼칠 수 있습니다. 우리 정부가 빈약한 증거만으로 자기 주장만 강하게 내세우다 보면, 미국 등 동맹의 지지를 필요로 하게 되고 그럴수록 결국 미국이 요구하는 문제에 대해서는 저자세가 될 수밖에 없을 테니 말입니다. 단적인 예로, 러시아 조사단의 조사가 끝난 뒤, 이명박정부는 사실 이 문제의 전문가라고 보기도 애매한 러시아 조사단의 한 퇴역 대령의 한마디 한마디에 깜짝깜짝 놀라는 식입니다.

미국과 중국은 이익의 균형을 모색하면서 자신의 길을 가고 있습니다. 지금 가장 입지가 약한 게 한국입니다. 천안함사건은 우리 정부가 안고 가면 갈수록 불리한 사안입니다. 철저히 진상을 규명하다 보면, 어쩌면 이명박정부가 정치적으로 어려움을 겪을 수 있습니다. 하지만 그건 일시적인 것입니다. 진실에 입각해 문제를 처리하는 게 최선입니다. 이미 멀리 나가서 돌이킬 수 없다고 볼 수도 있지만, 그렇게 생각했을 때가 가장 빠른 때라는 것을 명심해야 합니다.

김대호 최문순 의원의 말씀은 국가나 민족의 관점에서 보아도, 이성과 상식의 관점에서 보아도 분명 맞습니다. 하지만 정권이나 보수세력 관점에서는 받아들이기 쉽지 않을 것입니다. 거대한 거짓 내지 부실의 버블이 터지면 이는 대통령에 대한 탄핵이자, 조·중·동 등 그동안 분단체제를 이용하여 재미를 보던 보수세력 전체의 공신력에 대한 총체적 탄핵이 될 수 있습니다. 당연히 그들은 그런 상황으로 가도록 내버려두지는 않을 것입니다. 하지만 진실과 진상을 갈망하는 양심세력 역시 거짓과 비상식의 버블을 용인하지 않을 것입니다.

지극히 부실한 근거로 남북관계를 파탄낸 보수세력이 이 국면을 타개하기 위한 방책으로 무엇을 고민하고 있을까요. 북·중을 한편으로 하고, 한·미를 한편으로 한 군사대결 구도를 연출한 그들에게는, 북한정권이 빨리 무너지길 기도하는 것 외엔 방법이 없는 것처럼 보입니다.

강태호 시간이 지난다고 해서 사건이 잊혀지는 건 아닐 것입니다.

결국 언젠가는 진실이 밝혀지는 것 아닐까요. KAL 858기 폭파사건도 이후 정권이 바뀌고 의혹이 끊이지 않자 결국 재조사를 통해 그 실체에 접근할 수 있었습니다. 이번 사건도 이 정부가 물러난 어느 시점이 되면 실체적 진실에 접근할 수 있는 것 아닐까요? 최의원이 아까 말씀하신 대로 어뢰공격도 하나의 가설적 영역에 있다면, 언젠가는 이번 사건의 실체적 진실이 규명될 수 있으리라 보십니까?

최문순 다른 나라의 선례를 보면 대개 조사기간은 1년 반에서 2년가량 걸리고 그 다음에 종합적 조사보고서를 내고 후속조치를 취하는 게 정상입니다. 천안함사건은 그 조사과정이 너무 빨라서 문제가 생겼는데, 처음부터 다시 시작한다면 진실을 밝히는 것은 어렵지 않을 것입니다.

강태호 당사자인 천안함 함장, 승선했던 장병들에 대한 조사가 충분히 이뤄졌다고 생각하십니까?

최문순 그들이 자유로운 상태에서 외부와의 접촉이 이뤄지지 않았습니다. 일례로 합조단 조사결과를 봐도 폭발이 있었다는 증거는 하나도 없습니다. 천안함에 탔던 장병들의 조사결과 발표를 보면 오히려 폭발이 없었다는 결론으로 모아집니다. 생존자 전원, 초병 중에서 물기둥을 보았다고 말한 사람은 아무도 없습니다. 화약 냄새, 열기, 시신의 상태도 폭발이 있었다는 증거로 볼 수 없지요.

강태호 버블제트 현상에 따라 나타날 수 있는 현상은 우리가 알고 있는 것과 다르다는 반론도 있는데……

김대호 얼마든지 있을 수 있는 반론입니다. 정부 발표를 지지하고 두둔하는 사람들의 얘기를 들어보았는데 논리구조가 이렇더군요. 하나는 대한민국 정부가 공식발표를 했으니 믿어야 한다는 것입니다. 반대로 북한 얘기는 콩으로 메주를 쑨다고 해도 못 믿겠다는 것이지요. 미국, 일본, 유럽연합 등의 논리도 그렇습니다. 이들은 실체적 진실에는 관심이 없습니다.

다른 하나의 논리는 좌초냐 피로파괴냐, 내부폭발이냐, 외부폭발이냐를 놓고 그 가능성을 하나하나 제거해나가는 방식입니다. 북한 어뢰에 의한 폭침설을 주장하는 사람들은 대개 좌초설, 피로파괴설, 내부폭발설을 배제하는 가장 유력한 증거로 인양된 선체 상태를 들고 있습니다. 그들은 인양된 선체를 보지 않았으면 얘기도 하지 말라고 합니다. 그런데 인양된 선체를 두번이나 보았고 자타가 공인하는 이 분야 전문가인 이종인 알파잠수기술공사 대표는 여전히 좌초라는 주장을 굽히지 않고 있습니다. 어쨌든 백보 양보하여 외부폭발로 본다 하더라도 그 원인은 외부공격일 수도 있고, 아닐 수도 있지요. 폭탄은 북한만 가진 것이 아니니까요.

그런데 좌초설, 피로파괴설, 내부폭발설을 간단히 배제하면서 육안으로 본 선체 파괴상태를 근거로 외부폭발설도 넘어 북한 공격설로 건너가버렸습니다. 북한 중어뢰에 의한 폭발을 입증하는 것은 또 하나의 거대한 검증의 강을 건너야 하는데, 합조단은 이 강을 너무 가볍게 건너버린 것입니다. 결정적 증거로 제시된 어뢰 후미부 추진체와 프로펠러 등이 버블제트에 의한 공격을 입증하는 이른바 과학적 논거들인데, 이것에 수많은 의문이 제기되면서 북한 어뢰공격설이 뿌리부터 흔들리고 있는 상황이 된 것입니다.

남북관계의 열쇠를 어디서 찾을 것인가

강태호 보수세력 본류의 입장에선 북한이 천안함을 공격해 해군 장병 46명을 죽였다, 우리 안보는 취약한데 북한과 대화하라 하고 확성기 방송도 하지 말라고 한다, 이렇게 볼 수도 있을 텐데요. 그렇다면 이런 상황은 군이나 보수세력에게는 어마어마한 좌절감으로 느껴지지 않을까요.

정세현 그 좌절감은 어마어마하겠지요. 하지만 남북문제, 통일문제의 여론 동향을 보면 국민 가운데 60% 정도는 중도란 명분으로 웬만하면 정부정책을 따라갑니다. 정부정책이 진보성향이든 보수성향이든, 그들은 정부가 하면 대체로 따라주는 편인데, 나머지 40%는 진보와 보수로 나뉘어 각자 확고한 견인불발(堅忍不拔)의 자세로 버틴다고 볼 수 있지요. 또한 그중에서 극진보, 극보수는 각각 7~8%의 분포를 보입니다. 이명박정부가 꽉 막힌 보수 즉 7~8% 국민들의 문제제기에 포로가 되어 움직이지 못한다면 정말 더 큰 망신을 당할 것입니다. 더욱 큰 국가적 손실을 자초하지 않으려면 '북한의 잘못된 행위는 따지지도 않고 쌀부터 주느냐'는 소리에는 귀를 기울이지 말아야 합니다.

강태호 북은 천안함사건을 두고 '날강도의 모략극·자작극' 등 극언에 가까운 말을 동원해 이 정부를 공격했는데요. 그런 북한이 앞으로 이 정부와 대화하겠다고 나오는 것이 가능할지 의문입니다. 특히 이명박정부에 대한 불신은 그 뿌리가 매우 깊다고 할 수 있는데……

김대호 일용할 양식이 필요한 북의 입장에선 6자회담도 먼 이야기일 것입니다. 그런 점에서 이 국면을 타파하는 데는 민간단체 역할이 필요합니다. 현 정부는 자신이 뱉어놓은 말이 있기에 적극적 지원에 나서기는 힘들 것입니다. 순복음교회, 소망교회 등 보수기독교 주류조차 썩어가는 쌀 버리지 말고 북한에 주자고 했습니다. 정부가 못 이기는 척하며 '대북 쌀 지원하자' '가능하면 대규모로 하자' 그리하여 1만톤, 2만톤이 아니라 50만톤 정도 지원하면, 남북간 감정이 조금이나마 누그러뜨려지지 않을까요. 그리고 나서 6자회담을 정상적으로 가동시키면 좋지 않을까 싶습니다.

정세현　맞습니다. 못 이기는 척하면서 가는 것입니다. 구체적으로 이야기하자면, 이것은 순서의 문제라고 볼 수 있습니다. 정부가 앞장서서 인도적 지원에 나설 수는 없을 것입니다. 그런데 기왕에 소망교회, 순복음교회 등에서 대북 지원을 해야 한다고 나섰습니다. 한나라당 윤리위원장을 지낸 인명진 목사, 이명박 대통령의 대부나 다름없는 소망교회 곽선희 목사가 그런 길로 가겠다고 한 것이지요. 그러니 대통령은 '그분들이 하는 일을 말릴 수는 없지 않은가' 이런 식으로 남북이 어느정도 화해협력으로 나갈 토대를 만들어놓고 6자회담이 열렸을 때 가는 게 낫지 않을까 싶습니다. 이런 기대와는 다르게, 이제 6자회담이 다 준비됐으니 한국도 어떤 식으로든 대화에 나서라는 식으로 주변국에 떠밀려가는 식이라면 모양새가 좋을 수 없습니다.

강태호　이명박정부는 그동안 성역이었던 인도적 지원 문제에서도 북의 영유아 등 취약계층에 한정시키는 제한된 조처를 했는데요. 앞으로 식량지원이 어떻게 가능할 수 있다고 보시나요?

정세현　'영유아'가 아니라 '영유아 등'이란 표현에 묘미가 있습니다. 게다가 취약계층이라고 했지요. 사실 북한주민 전체가 취약계층입니다. 얼마 전 우리 농림부장관이 본인의 철학인지 상부 지시인지는 모르겠지만, 남는 쌀을 사료로 쓰겠다고 했습니다. 이 말은 두고두고 기록에 남을 것입니다. 방금 김대호 소장은 50만톤 지원을 이야기했는데 2005년에 당시 정부는 북에 50만톤을 보냈습니다. 당시 농림부는 100만톤 보내는 게 농민과 농촌에 이익이라고 했습니다.

지금 당장 북에 쌀 100만톤을 줄 수는 없겠지만, 사료로 쓸 30만톤은 북한에 주고 뒤에 지원량을 서서히 50만톤으로 올리고 나중에

100만톤 주는 쪽으로 계획을 세워야 합니다.

자꾸 옛날이야기를 해서 그렇지만, 이명박정부가 참고할 게 1995년 6월에 쌀 15만톤을 지원했던 당시의 상황입니다. 당시에도 남북관계는 최악의 상황이었습니다. 김영삼 대통령이 "핵을 가진 자와 악수할 수 없다"고 하는 바람에 남북관계가 중단되었습니다. 김일성 주석이 사망한 뒤에는 대통령이 직접 북한붕괴론을 거론하기까지 했었지요. 이에 북한이 김영삼 대통령을 겨냥해 조문도 불허하는 패륜아라고 비난하자, 김영삼 대통령은 더 강하게 나갔지요. 1994년, 95년 북한이 김영삼 대통령을 비난했던 말들은 차마 입으로 옮길 수 없는 욕이었습니다. 현재 이대통령 주변 사람들이 북한이 대통령 욕한다고 흥분하는 것은 그에 비하면 아무 것도 아니란 말입니다. 1995년 6월에도 북한에 쌀을 주는 것은 논리적으로 큰 모순이 있었습니다. 당시 남북관계나 김영삼 대통령의 대북관에서 보면 도저히 일어날 수 없는 사건이었던 것입니다. 그러나 북한주민들이 굶어죽어가고 바로 옆 일본이 쌀 50만톤을 지원한다고 하는데 같은 동포인 우리는 뭐하는가라는 여론도 만만찮았습니다. 이를 내세워 우리가 먼저 서둘러 15만톤을 지원한 것입니다.

천안함사건에 대한 야당의 대처는 유효했나

강태호   이제 국내정치적 측면을 따져봐야겠습니다. 이번 사건을 처리하는 과정에서 야당의 역할은 무척 오락가락했습니다. 사건이 터지자 대다수 야당은 현 정부의 안보태세 무능력을 비판했는데, 그건 북한이 공격했다는 것을 전제해야 가능한 말인데요. 아무튼 사태가 진행되면서 북한의 어뢰공격이라는 이 정부의 조사결과가 도리어 공격받는 상황이 되어버렸습니다. 최문순 의원은 국회 천안함특위에서 이 문제를 집중적으로 제기했지만, 야당 전체로 보면 핵심쟁점에 대해 침묵하다시피 했다고 볼 수 있습니다.

정세현　이 정부가 북한과 관련이 없다고 하다가 북한 소행으로 몰아가는 시점에서 야당이 그 고리를 끊었어야 했는데, 그때 민주당 내 안보전문가들은 과연 무엇을 했는가라는 생각이 듭니다.

최문순　그때 그 고리를 끊고 바짝 물고 늘어졌으면 상황이 이렇게까지 되진 않았을 것입니다. 국방부 내에서도 보수언론의 북한소행설에 끌려갔다는 얘기가 있습니다. 한나라당과 언론, 군이 한 덩어리가 되었고, 야당과 시민사회는 공동대처하지 못했고 지금도 여전히 그런 상태입니다. 연대의 틀을 만들어 재정비할 때라고 생각합니다.

강태호　정치권이라는 게 선거를 통해 권력을 장악하는 걸 목표로 삼는다면, 천안함사건으로 야당은 지방선거에서 수세로 몰린 국면이었습니다. 하지만 이제는 이번 사건이 이 정부의 약점이며, 덮어야 할 문제이자 국민들이 잊어줬으면 하는 문제가 된 셈입니다. 그런 정치공학적 논리로 보면, 이제 야당에서는 반대로 이 사안을 적극적으로 파헤치고 공세적으로 물고 늘어져야 할 텐데 지금으로선 전혀 그런 움직임이 감지되지 않습니다. 그 이유는 무엇인가요?

최문순　5월 20일 지방선거운동을 공식적으로 시작하는 날, 천안함 조사결과가 발표됐습니다. 나흘 뒤인 24일엔 그 후속조처를 발표했고 그 며칠 동안에는 선거가 실종되어버리고 말았습니다. 당시 저는 서울시장 후보인 한명숙 선거캠프에 들어가 있었는데 당시엔 이런 상황에서는 선거를 보이코트해야 한다는 논의가 나올 정도였지요. 그런 암담한 상황이었지만 다행히 국민들이 선거에서 표로 바로 잡아준 것입니다. 야당은 이런 민의의 흐름을 읽어내는 정치감각을 갖지 못했을 뿐만 아니라 군의 기밀주의를 돌파하지 못했고 무엇보다 레드콤플렉스로 위축되어 있었습니다. 천안함사건이 발생한 3월 26일부터 조직적으로 팀을 꾸려 이 문제에 대처했다면 이렇게까지 되지는 않았을 텐데요.

달리 보면, 이번 사건도 근본적으로는 한반도의 평화체제에 관련된 문제입니다. 결국 우리들이 평화체제에 대한 확고한 신념과 자신감이 없었기 때문에 결국 이 문제가 터진 것이라고 봐야 합니다. 사고가 나던 날도 남북한 군간에는 통신망이 살아 있어서 그날도 남쪽은 몇차례 북쪽을 호출했다고 합니다. 그러나 이명박정부 들어 남북관계가 악화되면서 벌써 오래전부터 이런 호출에 북은 응답하지 않았던, 사실상 연락이 끊어진 상태였습니다. 만일 그날 북한이 통신망 대화에 응했더라면 그것은 어쩌면 북한의 소행이라는 주장에서 벗어날 수 있는 근거가 될 수 있었습니다. 지난 10년간 만들어낸 평화체제의 편린들은 그만큼 소중한 것입니다. 이를 신념을 갖고 되살려내야 한다고 주장하고, 평화가 돈이며 국력이라는 믿음으로 이 문제에 접근했어야 했는데 그렇게 하지 못했던 것입니다.

강태호 북한의 테러나 도발은 과거엔 성역화된 안보의 영역이었고 따라서 정부 발표는 누구도 거부할 수 없었습니다. 그런데 이번 사태의 경우엔 시민사회에서 사건의 근본적 의문까지 제기하는 단계까지 끌고 왔다고도 볼 수 있습니다. 그런 측면에 대해서는 어떻게 보시나요.

김대호 지식정보사회란게 바로 그것입니다. 황우석사태나 광우병시위를 돌이켜보면 당시 사건을 주도적으로 검증한 것은 정치권이 아니지 않습니까. 지금은 많은 문제들이 시민사회, 네티즌들에 의해 규명되고 또 그렇게 될 수밖에 없습니다. 이번 천안함사건을 두고 나타난 네티즌들의 문제제기는 그런 점에서 이례적이라고 볼 순 없습니다.

다만 야당인 민주당에 대한 아쉬움이 있겠지요. 사건 초기단계인 4월초 이명박 대통령이 신중한 자세를 취하고 있을 때 야당이 보인 태도 즉 정부의 조사를 기다려보자는 식의 자세는 옳았다고 봅니다. 하지만 북한 어뢰설 유포를 선도했던 중앙일보는 4월 5일 '해저에 있을 폭발물 파편 찾는 게 관건'이라는 제목의 기사를 내보냈고, 그러자 4월 중순부터 보수언론 전체가 북한소행설을 주장하며 북한 어뢰 파편의 발견이 증거의 핵심이라면서 분위기를 몰아갔습니다. 4월 22일에는 조선일보가 그 유명한 '인간어뢰' 그림을 내보냈습니다. 저는 이 일련의 과정을 지켜보면서 섬뜩한 느낌이 들었습니다. 어뢰 파편이야 사후적으로 누군가가 슬쩍 사고현장에 갖다놓을 수도 있는 것이니까요.

바로 이 시점부터는 야당이 진상규명, 정보공개 등에 적극적으로 나섰어야 했습니다. 침몰한 금양호, 또한 당시 아직 찾지 못했던 가스터빈실 등의 수색과 인양을 위해서라도 야당이 좀더 공세적인 태도를 취했어야 했습니다. 무엇보다도 합조단에서 야당의 시각과 목소리를 대변할 수 있는 야당추천 민간위원을 늘리고, 활동여건을 마련했어야 했습니다. 사건의 진상을 왜곡할 가능성이 많은 합조단 등을 대상으로 견제구를 날리지 못한 것은 야당의 큰 실책이라고 생각합니다.

천안함사건 진상규명과 출구전략의 관계

강태호　좌담을 마무리할 때가 된 것 같습니다. 앞서 언급해주신 것처럼, 이번 사건의 진상은 버블이 꺼지면서 어느 한 순간에 터져나올 수 있습니다. 하지만 정부차원의 재조사가 이뤄지지 않는 한, 현재 야당이 보여주고 있는 무기력한 모습으로 볼 때 시민사회의 힘만으로는 진실을 규명하는 데 한계가 있다는 생각을 하게 됩니다.

이런 명확한 한계들이 존재함에도, 이번 사건이 이 정부의 본질을 드러내는 아킬레스건이라면, 이 국면을 정면돌파해서 진실을 밝히는 게 야당이나 시민사회의 주요과제라고 보는 입장도 있을 수 있습니다. 더불어 이 사건의 실체적 진실을 밝혀내는 일은 우리 사회의 반민주적 문화, 즉 상식적인 문제제기를 '빨갱이'로 몰아붙이며 침묵을 강요하는 문화나 관행을 바로잡는 계기가 될 수 있을 것입니다.

물론 6자회담 재개로 가는 국제정치의 큰 흐름이 존재합니다. 그 관점에서 보면, 남북관계를 대화·협력 국면으로 전환하고 한반도의 긴장을 해소하는 것이 사건의 근본적 해결책입니다. 다만 이 출구전략이라는 게, 의도하든 하지 않든 상식있는 시민들의 진상규명 노력을 무력하게 하는 측면도 분명합니다.

이 두가지 관점이 강조점을 달리하게 되면 상황에 대한 평가는 각각 다를 수 있겠지요. 어찌 보면, 이 두가지 관점은 하나로 종합할 수 있다고 봅니다. 가령 시민사회의 진상규명 요구가 정부를 강하게 압박할수록, 그동안 천안함을 내세워 남북간의 갈등을 심화시키고 대결로 몰고갔던 현 정부의 잘못된 한반도 정책의 방향을 개선할 수도 있다고 보는데요. 그렇다면 이런 식으로 다양한 해법을 하나로 묶어내는 관점에서 과연 바람직한 방향은 무엇인가, 현 정부와 야당, 시민사회 등에 지금 요구해야 할 것은 무엇인가에 대해 고민할 때라고 봅니다.

정세현 이명박정부는 원칙 자체를 바꿔야 한다는 이야기를 하고 싶습니다. 이명박 대통령이 대선 당시엔 '비핵·개방·3000'을 내세웠지만 당시 선거공약 중 지키지 않은 게 한두 개가 아닙니다. '747공약'은 잊혀진 지 오래지요. 747공약이 현실적으로 불가능해서 버린 것이라면, '비핵·개방·3000' 또한 현실적으로 불가능하다는 것을 알았으니 이제 버리라는 것입니다. 원칙의 노예가 되어 임기 5년 안에 아무것도 못했다고 할 것입니까. 다시 한번, 이번 문제를 실용주의의 관점에서 평가해주었으면 합니다.

김대호 진보진영 측에서는 사건의 진실을 밝혀 이명박과 보수세력과 조·중·동을 총체적으로 탄핵하려는 생각을 할 수도 있습니다. 하지만 그 세력들이 결사적으로 방어할 것이 뻔하기 때문에, 저는 그 정면돌파가 쉽지 않으리라 보는 것입니다. 하지만 다른 측면을 보면, 이 사건은 파묻는다고 해서 묻히지도 않을 것입니다. 한마디로 제 요지는 이 국면을 돌파하지 말자는 게 아니라 '우회 돌파'하자는 것입니다. 쌀 지원은 현 정부 차원의 문제가 아니라 민족사적으로 큰 일입니다. 국내적으론 개헌의 적기이고 '87년 헌법'의 문제가 심각한 상황입니다. 이런 정황을 놓고 보면, 이명박정부 입장에서는 충분히 받아들일 수 있는 카드라고 봅니다. 그리고 천안함사건의 진실은 이미 이 정부가 통제할 수 있는 범위를 떠났다고도 볼 수 있습니다. 시민사회의 손으로 넘어온 것이지요.

이 정부는 비즈니스 사회에서나 통용되는 상식을 외교나 남북관계에서 적용하는 모습이 너무 뚜렷합니다. 비즈니스 논리에서 외교 안보 논리로 모드를 전환해야 합니다. 이번 사건 이후의 대응을 단순화하면 '확성기냐 쌀이냐'로 압축이 됩니다. 지금은 확성기를 내려놓고 쌀을 들어야 할 때입니다. 쌀 지원은 100만톤, 여기서 될 수 있으면 정부는 나서지 말아야겠지요, 그런 다음에 외교 분야로 넘어가 6

자회담으로 가야 합니다. 내치 측면에서는 개헌 국면으로 가야 합니다. 지금은 개헌의 적기입니다. 하지만 이때 정부와 여당이 앞장서면 될 일도 안됩니다. 얄팍한 정략을 드러내지 말고 개헌 여건을 조성해야 한다는 말입니다. 야당도 피해의식에 사로잡혀 정략 시비만 하지 말고, 크고 긴 안목에서 지금은 수명을 다한 '87년 헌법'의 개정을 전향적으로 검토했으면 합니다.

최문순 버블은 천안함사건 내부에도 있고, 국정 전체에도 있습니다. 현 정부 출범부터 지금까지의 상황을 쭉 돌이켜보자면, 각 시기마다 버블이 터질 듯 말 듯 존재해왔습니다. 주식 버블, 아파트값 버블, 4대강 버블, 그리고 이번 천안함사건의 버블까지 이명박정부 들어서 부글부글 끓어온 이 버블들은, 이미 국정 전체적으로 언제 터지느냐의 문제일 뿐입니다. 이번에 이명박정부가 개각하고 새 진용을 짜게 된다면 진정성과 내실이 있는 정치를 했으면 합니다. 정권의 명운은 그들의 선택에 따라 달라집니다.

강태호 오늘 좌담에 참석하신 세 분은 제도권과 비제도권, 정부와 비정부기구, 외교안보와 시민사회 그리고 언론 등 각각 분야도 다르고 이력과 경험도 다르다는 점에서 이번 천안함사건을 보면서 느낀 소회라고 할까, 스스로 생각하는 강조점이 조금씩 다를 수 있을 것 같은데요. 그 점에 대한 발언을 마지막으로 좌담을 정리했으면 합니다.

김대호 저는 시민사회 쪽에 있지만, 이공계 출신이기도 해서 그런 측면에서 본 이번 사건에 대해 짧게 말씀드리겠습니다. 근래 들어 저는 우리 사회가 새로운 문약(文弱)에 빠져 있다고 느낍니다. 조선시대의 문약과는 좀 다른 의미지만, 제가 말씀드리고자 하는 문약이란 '이공계'의 기풍, 마인드, 인맥이 현재 우리 사회의 언론, 정치, 시민운동에 지나치게 취약하다는 뜻입니다. 사실 이번 사건의 수사발표가 부실한 것은 '어뢰파편 발견이 관건'이라고 써댄, 과학수사에 대한 기본지식이 부족한 보수언론의 기자, 편집진의 무지와 밀접한 관련이 있다고 생각합니다. 진상규명과 관련한 야당의 공세가 날카롭지도 집요하지도 못했던 것 또한, 야당 내에서 이번 사건의 주요 주제인 물리·화학적 현상을 다루는 이공계의 마인드와 노하우가 인식되지 않은 탓이 큽니다. 야당의원들의 상당수가 합조단이 들이대는 엉성한 물리·화학적 증거에 주눅이 들지 않았나 하는 느낌도 받았습니다. 그런데 되짚어보면 이번 사건에 대한 여러가지 의혹 제기가 결정적으로 힘을 받은 것은 서재정·이승헌 교수, 양판석 박사의 과학적 데이터 분석이 시작되면서부터였습니다. 이로 미루어보건대, 언론과 정치와 지식사회의 이공계적 기풍의 중요성을 절감하지 않을 수 없습니다. 지금은 과거와는 다른, 새로운 문약을 벗어나야 할 때라고 봅니다.

최문순 저는 남북관계에 대해 비관과 낙관을 동시에 갖고 있습니다. 예전에 접촉했던 북한사람들은 이명박정부를 보고 이익정권, 기업정권이라고 했습니다. 그런데 이 기업정권에게 이번 천안함사건보다 더 중요한 것은 어쩌면, 북한에게 중국이란 대안이 생겼다는 것이고 우리 정부와 미국이 이 사실을 간과하고 있다는 사실입니다. 심각한 상황입니다. 이 정부가 부시행정부처럼 북한이 '악의 축'이라고 여기며 근본주의적 시각을 바꾸지 않는 한 아무런 성과도 내지 못할 것입니다. 다만 낙관적으로 볼 것은 과거처럼 우리 사회가 냉전의 틀에 갇혀 있지 않다는 것이겠지요. 백령도에 가보니 천안함사건으로 주민들이 관광객이 끊겨 심각한 타격을 받았습니다. 그 주민들은 이렇게 말하더군요. "북한에 퍼주야 한다." 지금은, 왜 안 퍼주냐 퍼주는 게 뭐가 문제냐고 당당하게 말할 수 있는 정도가 된 것이지요.

정세현　마지막으로 덧붙이자면, '북한경제의 중국화'는 두고두고 민족사적 범죄가 될 것입니다. 학술적으로 통일은 민족공동체의 형성 또는 회복이라고 규정할 수 있습니다. 그리고 통합이론 관점에서 보자면, 민족공동체 형성은 대체로 경제공동체, 사회문화공동체, 정치공동체, 군사공동체 순으로 형성됩니다. 결국 남북통일을 의미하는 한민족공동체 형성도 남북간 경제공동체를 형성하는 것으로부터 시작된다고 할 수 있겠지요.

'퍼주기'라고 비난받고 있는 지난 10년 동안의 대북정책을 통해서, 남북간 경제공동체를 형성해나갈 수 있는 토대가 마련되고 있었지만, 이명박정부 들어 그 토대는 허물어졌습니다. 그 대신 '북한경제의 중국화' 현상을 강 건너 불 보듯 할 수밖에 없게 된 상황에 처했습니다. 이런 현상이 지속되면 통일은 정말 '물 건너가는' 겁니다. 그래서 많은 분들이 우려하는 것이지요. 보수정권인 이명박정부가 북한을 달갑지 않게 여기는 것은 충분히 이해되는 일이지만, 그렇다고 해서 '북한경제의 중국화'를 방치하는 것은 민족사적으로 큰 죄가 될 것입니다.

(좌담일: 2010년 7월 16일, 정리: 권혁철)

3월 26일 21시 22분(국방부 최종발표) 백령도 해상에서 해군 제2함대 소속 1200톤급 초계함 '천안함' 침몰.

3월 26일 21시 28분 2함대사령부 상황장교, 천안함 포술장으로부터 상황접수.

3월 26일 21시 30분 2함대사령부 고속정편대 긴급출항 지시.

3월 26일 21시 45분 2함대사령부, 해군 작전예규상 가장 강도 높은 단계의 군 사대비태세 '서풍 1' 발령.

3월 26일 21시 58분 해군 고속정 및 인천해경 501함정, 현장 도착 후 인명구조 시작. 당시 천안함 함미는 이미 침몰했고, 함수는 구조 직후 침몰.

3월 26일 22시 55분 속초함, 북상하는 미확인물체 발견 후 함포 130여발 발사.

3월 26일 23시 13분 천안함 승조원 104명 중 58명 구조 완료, 46명 실종.

3월 26일 23시 20분 합동참모본부, 첫 보도자료 배포.

3월 26일 22시 00분 청와대, 27일 오전까지 두차례 긴급안보관계장관회의 개최.

3월 28일 사고발생 후 이틀이 지나서야 유실된 함수 및 함미 발견.

3월 30일 국방부, 합동조사단 편성. 백령도 해상에서 생존자 수색작업을 벌이 던 잠수요원 한주호 준위 사망.

4월 1일 군, TOD 화면 전체 분량 공개, 사고시각 21시 22분으로 정정.

4월 2일 한주호 준위 사망 이후 잠정중단되었던 수색작업 재개. 선체탐색에 참 가했던 저인망어선 금양98호, 조업구역으로 돌아가던 중 대청도 인근에서 침몰.

4월 2일 김태영 국방부장관, 국회 긴급현안질문에서 'VIP 메모'로 논란.

4월 3일 실종자 남기훈 상사의 시신 인양. 실종자 가족, 거듭되는 인명손실 우려해 수색작업 중단을 요청하는 기자회견.

4월 4일 구조수색작업을 선체인양작업으로 전환.

4월 7일 성남 국군수도병원에서 합조단의 중간 조사결과 발표와 천안함 생존장병 기자회견 열림.

4월 8일 실종자 가족, 생존자들과 만남.

4월 12일 국방부, 기존의 합동조사단을 민·군합동조사단(민간조사단장: 윤덕용 KAIST 교수)으로 개편. 백령도 해상에서 크레인 인양작업으로 함미가 수면 위로 모습을 드러냄.

4월 15일 천안함 함미, 침몰 20일 만에 인양. 실종장병 36명의 시신 수습.

4월 16일 합조단, 조사활동 2차발표를 통해 처음으로 외부폭발 가능성 시사.

4월 17일 함미 육상거치 후 유류 및 무기류 분리. 북한 조선중앙통신, "천안함 북 관련설은 날조"라고 주장.

4월 19일 이명박 대통령, 39차 라디오연설 통해 "침몰원인을 끝까지 밝혀낼 것이며, 그 결과에 대해 단호하게 대처할 것"이라는 입장 표명.

4월 23일 연돌(연통) 인양과정에서 장병 시신 1구 추가 발견.

4월 24일 천안함 함수, 침몰 29일 만에 인양. 함수 수색 중, 자이로실에서 시신 1구 발견. 해군, 침몰해역의 실종자 수색을 공식적으로 중단.

4월 25일 합조단, 조사활동 3차발표를 통해 침몰원인으로 '비접촉식 외부폭발에 의한 것임'을 발표. 사망장병 46명에 대한 해군장이 2함대사령부에서 치러짐.

4월 26일 함수 부분 무기류 해체 및 증거류 채증.

4월 29일 천안함 사망장병 46명에 대한 영결식, 사망장병 전원을 '전사자'로 승격하고 무공훈장 수여. 국립 대전현충원서 안장식.

5월 3일 김정일 북한 국방위원장 방중. 감사원, 천안함 감사 착수.

5월 4일 대통령 주재 전군 주요지휘관회의 개최.

5월 6일 중국 장위 외교부 대변인, 한국 측의 '김정일 방중 유감'에 두가지 일
의 연관성 없음을 강조. 국방부, 인양된 함수 및 함미에서 어뢰탄약으로
추정되는 화약성분 검출되었음을 발표.

5월 9일 김태영 국방부장관, 박선원 전 청와대 통일안보전략비서관을 명예훼
손 혐의로 고소. 이후 5월 19일 해군은 신상철 전 합조단 민간위원을, 합참
소속 대령 7명은 5월 25일 민주노동당 이정희 의원을 고소했고, 경찰은 천
안함 관련 네티즌들의 문제제기에 대해 허위사실 유포로 수사 개시.

5월 10일 김태영 국방장관, 어뢰제조용 화약성분인 RDX 검출 발표. 쌍끌이 어
선을 이용한 해저 증거물 채증활동(5월 20일까지).

5월 13일 합조단, 수거한 금속파편과 북의 어뢰쌤플을 비교하고 있다고 발표.
국내 주요언론, 북한 소행설 대대적 보도.

5월 15일 민간 쌍끌이 어선으로 백령도 해상에서 어뢰추진체 인양.

5월 18일 주한 중국·일본·러시아 대사 등에 천안함사건 사전브리핑. 다음날인
19일에는 30여개 국가에 비공개 브리핑.

5월 19일 주요언론, 수거한 어뢰 파편에 '한자'가 표기된 사실을 근거로 이 어
뢰가 중국제 '漁-3G' 음향어뢰로 합조단이 사실상 결론낸 것으로 알려졌
다고 보도.

5월 20일 합조단, 천안함 침몰이 북한의 어뢰공격에 의한 것이라고 공식 발표.
'결정적 증거물'로 '1번'이라고 표기된 어뢰 잔해 공개. 북한, 천안함 조사
결과에 대해 '검열단'을 파견하겠다고 발표. 국방부장관 주관 전군 작전
지휘관회의 개최.

5월 21일 대통령 주재 국가안전보장회의 개최. 합조단, 외신기자 간담회.

5월 24일 이명박 대통령, 전쟁기념관서 천안함사건 관련 담화문 발표, 남북간 교역 단절하고 북한의 무력도발시 엄중 대처하기로.

5월 28일 북한 국방위원회, 평양 주재 외교단과 내외신기자들을 대상으로 천안함사건과 북한이 무관하다는 내용의 회견을 함.

6월 1일 러시아 전문가팀, 천안함 침몰원인을 조사하기 위해 방한, 조사 착수.

6월 2일 지방선거, 여당의 패배로 끝남.

6월 5일 정부, 천안함사건 유엔 안보리에 회부.

6월 10일 감사원, 감사결과 발표. 이상의 합참의장 등 지휘부 25명 징계 요구. 참여연대, 유엔 안보리 의장 등에게 천안함 조사결과 의문제기 문건 발송. 이후 수일간 보수단체 회원들, 참여연대 앞 도로점거 시위.

6월 15일 정부, 유엔 안보리에서 천안함 조사결과 브리핑. 유엔 주재 북한대표부, 조사결과 반박하는 브리핑 개최.

6월 29일 합조단, 언론3단체 대상 설명회. 어뢰설계도 불일치, 알루미늄의 성질 등의 논란이 이어짐.

7월 9일 러시아, 비공식적으로 어뢰의 증거력 의문 제기.

7월 9일 유엔 안전보장이사회 의장성명 채택. 천안함 침몰의 공격 주체 명시하지 않음.

버블효과(bubble effect)

폭발물질이 폭발하는 순간 발생하는 고열가스가 고속으로 팽창하며 일종의 풍선을 형성하는 현상이다. 이 버블은 내부의 가스압력과 외부의 수압이 평형을 이루는 지점에서 팽창을 중단해야 하지만, 일종의 팽창 관성 때문에 이 지점을 넘어 과도 팽창한다. 이후 최대 팽창점에 도달한 버블은 수압이 내부 가스압력보다 높기 때문에 수축에 들어가고, 이때 과대 수축되면 다시 팽창하는 싸이클을 반복한다. 만약 버블의 최대 팽창점 안에 한 척의 함정이 있다고 가정한다면 그 함정은 버블에 직접 타격을 받아 선체가 변형되고, 함정 전체는 버블의 팽창과 수축에 따라 요동된다. 함정의 요동 주기에 함정 공명현상까지 추가되면 함체가 절단될 수도 있다.

스모킹건(smoking gun)

범죄·사건 등을 해결하는 데 있어서의 흔들리지 않는 '결정적 증거(단서)'를 말한다. 영국의 추리소설 작가 코넌 도일(Arthur Conan Doyle)이 쓴 표현 '스모킹 피스톨'(smoking pistol)에서 유래했으며 미국의 워터게이트 사건을 통해 널리 알려졌다. 범죄뿐 아니라 사건에 있어서의 명백한 증거, 또는 어떤 가설을 증명할 수 있는 과학적 증거도 스모킹건이라고 한다.

쏘나(sound navigation and ranging)

바닷속 표적의 탐지나 표적의 위치를 지도 위에 표시하는 음향표정장치(音響標定裝置)를 통칭한다. 1차대전 이래 개발되어, 특히 2차대전 전후에 급속히 발달했다. 쏘나는 바닷속 환경을 고려해(바닷속에서는 가시광선 등의 전자파와 레이더파가 전달되지 않는다) 초음파를 발산, 이것이 물체에 부딪혀 되돌아오는 데 걸리는 시간을 재어 물체까지의 거리를 측정한다. 참고로 바닷속 소리의 빠르기는 대략 1,500m/s다.

유엔 안보리 결의안 1874호

2009년 5월 25일 북한이 벌인 2차 핵실험에 대응해 유엔 안전보장이사회가 채택한 제재 결의안이다. 기존의 대북 제재결의안 1718호보다 훨씬 강도 높은 안으로, 모든 무기류의 수출입을 금지하고 유엔 회원국 영토 및 공해상에서 북한행·발 화물을 검색하는 등의 강력한 규제안을 담았다.

천안함

공식명칭은 'PCC-772 천안'으로, 충청남도 천안시의 이름을 딴 대한민국 해군의 포항급 초계함이다. 포항급 초계함(浦項級 哨戒艦, Patrol Combat Corvette, PCC)이란, 1982~91년 사이 28척이 건조된 초계함(PCC 동해급, 포항급)에 속한 함급으로 고속정 다음으로 한국에서 자체 생산이 이루어졌다. 주요목적은 대잠전(잠수함, 잠수정 대상 전투)과 경계임무활동, 호위함이나 구축함 보조를 통한 대수상전 등이다. 천안함은 1989년 건조된 포항급 후기형(쏘나, 어뢰, 폭뢰가 탑재된 대잠공격형이라는 특징을 지닌다)에 속하며 건조후 해군 제2함대 소속으로 배치되어 활동해왔다.

파스칼(Pa)

압력을 측정하는 국제단위로 단위면적(m^2)당 작용하는 힘(N)을 뜻한다. 즉, $1Pa=1N/m^2$이며 여기서 N은 힘을 측정하는 국제단위로 질량 1kg의 물체를 $1m/s^2$의 속도로 움직이는 힘을 말한다.

피로파괴(疲勞破壞, fatigue failure)

재료에 가해지는 외부의 힘이 반복적으로 가해지면서 어떤 시간이 경과된 뒤 재료가 파괴되는 현상을 말한다.

흘수선(吃水線, water line)

선체가 물에 잠기는 한계선을 말한다. 안전한 항해의 기준으로 허용된 최대의 흘수선을 만재(滿載)흘수선이라 하며, 국제해양법 협약상 이를 초과하여 화물을 적재해서는 안된다.

EDS(Energy Dispersive Spectroscopy) 분석

EDS라는 원소분석기를 이용한 실험을 말한다. 전자빔을 쌤플에 쪼이면 엑스레이가 쌤플에서 나오는데 엑스레이의 에너지를 분석함으로써 물질 안에 있는 원자들을 찾아내는 실험방법이다. 원소가 다르면 나오는 엑스선의 에너지가 다르다. 어느 에너지의 엑스레이가 나오냐를 봄으로써 어떤 원소인지를 알 수 있다.

KNTDS(Korean Naval Tactical Data System)

미 해군의 전술지휘통제씨스템(NTDS)를 한국화한 것으로 1995년 말 미국에서 도입하여 2함대에 처음 설치됐으며 지금까지 수천여억원이 투입되어 각 함대별로 설치되어온 최신의 씨스템이다. 이 씨스템은 작전 중인 해군함정 레이더와 P-3C 등 대잠초계기, 주요 도서의 레이더기지 등에서 잡힌 수백개의 항공기 및 선박들을 해군 함대사령부, 작전사령부, 합참 지휘통제실의 대형전광판에 실시간으로 표시해준다.

RDX(Reserch Development Explosive)

헥사겐(hexogen)의 다른 이름이며, TNT보다 폭발력이 1.6배 크고 점화 속도 면에서는 1.3배 빠른 화약물질을 말한다.

TOD(Thermal Observation Device)

열영상관측장비, 전방감시용 열상장비, 열영상탐지기 등 다양한 이름으로 불린다. 가시광선이 아닌 적외선을 감지하여 영상으로 보여주기 때문에 빛이 전혀 없는 캄캄한 밤에도 사람과 물체의 위치 및 동태를 파악할 수 있다.

XRD(X-Ray Diffraction) 분석

쌤플에 X선을 쪼인 후 X선이 회절되는 패턴으로부터 쌤플 안의 물질이 어떤 화학물질을 어떤 결정구조로 이루고 있는지를 알 수 있는 실험이다.

제1부 천안함사건, 100일의 기록

천안함사건 100일의 기록

　권혁철이 천안함사건의 발생과 그간의 경위를 종합하여 새로 쓴 글.

천안함사건의 흐름과 반전

　정현곤이 5월 24일 '시민평화포럼'에서 '천안함사건, 어떻게 이해하고 어떻게 대응해야 하는가?'라는 제목으로 발표한 글을 다소 수정함.

臣에게 아직 열두 척의 배가 남아 있습니다

　김대호가 5월 26일 『창비주간논평』(weekly.changbi.com)에 발표한 글을 본서에 수록하면서 현 시점에 맞춰 부기함.

제2부 결정적 증거, 결정적 의문

결정적 증거, 결정적 의문

　서재정·이승헌이 그간의 연구·조사결과를 종합하여 새로 쓴 글. 계간 『창작과비평』 2010년 가을호 게재.

KNTDS 좌표 오류, 고의인가 실수인가

　신상철이 5월 31일 『서프라이즈』(www.seoprise.com)에 'KNTDS 좌표 오

류—고의인가 실수인가 2'라는 제목으로 발표했고, 본서에 수록하면서 다소 수정함.

좌초와 기뢰는 침몰원인이 될 수 없는가

박선원이 6월 20일 『훅』(hook.hani.co.kr)에 '천안함 침몰 민군합동조사단 발표에 대한 박선원 보고서'라는 제목으로 발표했고, 본서 수록을 위해 현 시점에 맞춰 대폭 보완함.

천안함 진실찾기, 이제부터 시작이다

황준호가 6월 29일 합조단의 언론3단체 대상 공개설명회 이후 논쟁의 추 이를 종합하여 새로 쓴 글.

제3부 감춰진 정보, 선택된 사실

천안함사건 조사에서의 군의 정보통제

참여연대가 5월 24일 '천안함 이슈리포트 2: 천안함 침몰 조사과정의 6 가지 문제점'이라는 제목으로 발표한 글을 본서 수록을 위해 이태호가 현 시점에 맞춰 대폭 보완함.

감사원이 군을 단죄한 속내는 무엇인가

김종대가 외교안보지 『디앤디 포커스』(www.dndfocus.com) 7월호에 '거 짓말 하고, 압력 넣고, 이간질하고… 군을 단죄한 감사원 진짜 속내'라는 제목으로 발표한 글을 본서 수록을 위해 다소 보완함.

제4부 천안함과 정치·외교·안보

스스로의 덫에 갇힌 천안함 외교

강태호가 새로 쓴 글.

천안함사건과 남북관계

김연철이 『한겨레』 등 주요 일간지 칼럼에 '누가 전쟁위기를 부추기는 가?' '천안함, 6자회담, 그리고 신뢰' 등의 제목으로 발표한 글들을 종합하여 수정·보완함.

무너진 국방개혁이 초래한 이상한 패배

김종대가 『디앤디 포커스』(www.dndfocus.com) 6월호에 '무너진 국방개혁이 초래한 아주 이상한 패배'라는 제목으로 발표한 글을 다소 보완함.

제5부 좌담 – 천안함사건의 출구와 해법

7월 16일 오전 7시, 강태호(엮은이)의 사회로 정세현(전 통일부장관), 최문순(민주당 국회의원), 김대호(사회디자인연구소 소장)가 만나 2시간 가량 좌담한 내용을 녹취하여 정리함.

강태호(姜泰浩) 한겨레신문 국제부 기자, 한겨레통일문화재단 산하 통일연구소 수석연구위원. 한겨레신문 통일팀장, 남북관계 전문기자 역임. 주요 편역서로 『미국의 세계전략: 닉슨부터 레이건에 이르는 반혁명세계전략』 『코리안 엔드게임』 등이 있음.

권혁철(權赫哲) 한겨레신문 정치부문 통일외교팀 기자. 한겨레신문 통일부와 국방부 출입기자, 전국언론노조 민주언론실천위원회 위원 역임.

김대호(金大鎬) 사회디자인연구소 소장, '이 거리를 바꾸자'(fixmystreet.kr) 상임공동대표. 대우자동차 금속개발팀, 기술연구소 근무. 주요 저서로 『대우자동차 하나 못 살리는 나라』 『한 386의 사상혁명』 『진보와 보수를 넘어』 『희망한국 프로젝트』(공저) 『노무현 이후: 새시대 플랫폼은 무엇인가』 등이 있음.

김연철(金鍊鐵) 인제대학교 통일학부 교수. 삼성경제연구소 북한연구팀 수석연구원, 통일부장관 정책보좌관, 고려대학교 아세아문제연구소 연구교수 역임. 주요 저서로 『북한의 산업화와 경제개혁』 『냉전의 추억』 등이 있음.

김종대(金鍾大) 군사전문지 『D&D FOCUS』 편집장. 14, 15, 16대 국회 국방

위 보좌관, 대통령직인수위 국방전문위원(16대), 청와대 국방보좌관실 행정관, 국무총리비상기획위원회 혁신기획관, 국방장관 정책보좌관 등 역임. 주요 저서로『노무현, 시대의 문턱을 넘다』등이 있음.

박선원(朴善源) 한국미래발전연구원 연구실장, 브루킹스연구소 초빙연구원. 국가안전보장회의사무처 전략기획국장, 前 노무현대통령 안보전략비서관 역임. 주요 논문으로 "Strategic Posture Review: South Korea"(*World Poltics Review*) 외 다수가 있음.

서재정(徐載晶) 존스홉킨스대학 국제대학원 교수. 참여연대 평화군축센터 자문위원과 대통령자문 정책기획위원회 통일외교분과 위원 역임. 주요 저서로『한미동맹은 영구화하는가』『한반도의 선택』등이 있음.

신상철(申祥喆) 『서프라이즈』대표이사. 필명 '독고탁'. 마산대학 보건행정과 겸임교수, 천안함 진상조사 민군합동조사단 조사위원 역임. 前 예비역 해군 중위, 前 한진해운 항해사로 미주 정기선 운항 승선경력 및 前 신조선 건조감독관으로 13척의 대형선박을 건조한 경력이 있음.

이승헌(李承憲) 버지니아대학 물리학과 교수. 중성자와 엑스레이 산란을 이용한 고체물리학 전공. 미국 국립표준연구소 물리학자 역임. 동 연구소 '젊은과학자상' 수상, 재미 한국물리학자협회의 '젊은과학자상' 수상 및 미국 중성자산란협회 과학상 수상. 5편의 *Nature* 자매지 논문을 포함, 현재까지 100여편의 SCI 논문 출판.

이태호(李泰鎬) 참여연대 협동사무처장 겸 평화군축센터 실행위원. 평화포럼 정책위원, 이라크파병반대국민행동 정책담당 간사, 6·15공동선언실천남측 위원회 정책담당 협동사무처장 역임. 주요 저서로『시민평화백서 2008』(공저) 『시민평화백서 2010』(공저) 등이 있음.

정세현(丁世鉉) 김대중평화센터 부이사장. 민족화해협력범국민협의회 대 표상임의장, 통일부 장관, 민족통일연구원 원장, 대통령비서실 통일비서관, 통 일원 남북대화운영부장 등 역임. 주요 저서로『한반도의 통일 전망』『남북한 통일정책 비교』등이 있음.

정현곤(鄭鉉坤) 세교연구소 상임기획위원. 민족화해협력범국민협의회 사 무처장, 6·15공동선언실천남측위원회 사무처장 역임. 주요 논문으로「남북사 회문화교류 발전을 위한 방안」「남북교류거버넌스의 실태 분석 및 평가」등이 있음.

최문순(崔文洵) 제18대 국회의원(민주당). 한국방송협회 회장, MBC 대표이 사 사장, 전국언론노조 위원장, MBC 보도국 부장대우, 기동취재반 기자 등 역임.

황준호(黃俊皓)『프레시안』국제팀 기자.

천안함을 묻는다: 의문과 쟁점

초판 1쇄 발행 / 2010년 7월 30일
초판 2쇄 발행 / 2010년 8월 18일

엮은이 / 강태호
펴낸이 / 고세현
책임편집 / 염종선 박대우
펴낸곳 / (주)창비
등록 / 1986년 8월 5일 제85호
주소 / 413-756 경기도 파주시 교하읍 문발리 513-11
전화 / 031-955-3333
팩시밀리 / 영업 031-955-3399 편집 031-955-3400
홈페이지 / www.changbi.com
전자우편 / human@changbi.com

ⓒ (주)창비 2010
ISBN 978-89-364-8567-2 03300